यायावरी आवारगी शृंखला की पहली किताब

आज़ादी मेरा ब्रांड

यायावरी आवारगी

श्रृंखला की पहली किताब

आज़ादी मेरा ब्रांड

अनुराधा बेनीवाल

सार्थक
राजकमल प्रकाशन का उपक्रम

ISBN : 978-81-267-2836-7

मूल्य : ₹299

पहला संस्करण : जनवरी, 2016
सातवाँ संस्करण : सितम्बर, 2024

सार्थक राजकमल प्रकाशन का उपक्रम

प्रकाशक
राजकमल प्रकाशन प्रा. लि.
1–बी, नेताजी सुभाष मार्ग, दरियागंज
नई दिल्ली–110 002

शाखाएँ
अशोक राजपथ, साइंस कॉलेज के सामने, पटना–800 006
पहली मंजिल, दरबारी बिल्डिंग, महात्मा गांधी मार्ग, प्रयागराज–211 001
1, अनमोल सोराबजी सन्तुक लेन, धोबी तलाव, मरीन लाइंस, मुम्बई–400 002
वेबसाइट : www.rajkamalprakashan.com
ई–मेल : info@rajkamalprakashan.com

मुद्रक
यश प्रिंटोग्राफिक्स
नोएडा–201 301 (उत्तर प्रदेश)

AZADI MERA BRAND
Travelogue by Anuradha Beniwal

दादी को...

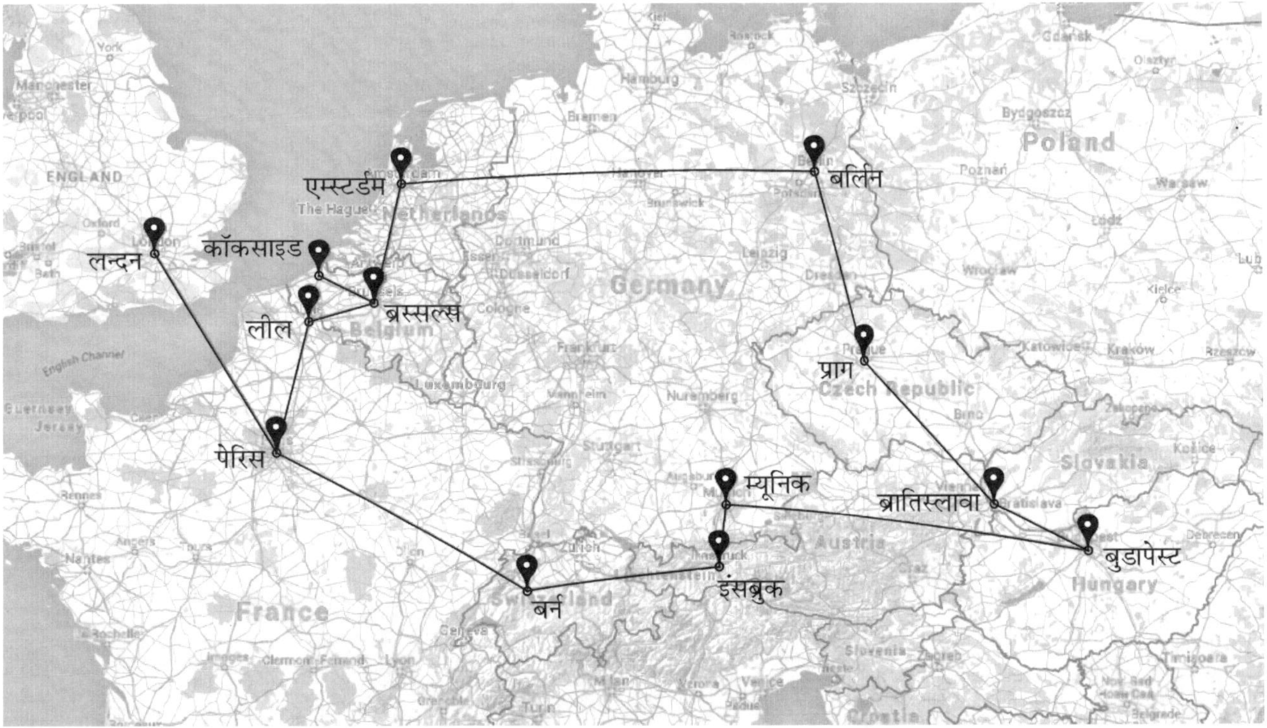

लन्दन
कॉकसाइड
एम्स्टर्डम
लील
ब्रस्सल्स
पेरिस
बर्लिन
प्राग
ब्रातिस्लावा
बुडापेस्ट
म्यूनिक
इंसब्रुक
बर्न

अनुक्रम

नए ज़माने की भारतीय फ़क़ीरन

मैं क्यों इतना भाव-विभोर हो रहा हूँ? किसी का यात्रा-वृत्तांत ही तो है! कितने तो पढ़े-सुने हैं! मराठी लेखक पुरुषोत्तम लक्ष्मण देशपांडे ने जिस यूरोप और अमरीका से मेरा परिचय आज से लगभग 20 वर्ष पहले कराया था, वह इतना प्रभावकारी था कि मैं आज भी जब वहाँ जाता हूँ, उनकी लिखी बातें मेरे कानों में गूँजने लगती हैं। उनके यात्रा-वृत्तांत मराठी साहित्य की अमर कृतियाँ हैं, और वह सिर्फ़ इसलिए कि पी.एल. देशपांडे हमसे बात करते हैं। उनके लिखे की एक अहम बात यह थी कि वे ख़ुद अच्छी तरह जानते थे कि वे कौन हैं, कहाँ से, किस देश से आते हैं, और किन लोगों को संबोधित कर रहे हैं। और जब लेखक यह जानता हो तब उसे बाहर की दुनिया में क्या देखना है—यह पता चल जाता है।

नई लेखिका अनुराधा बेनीवाल जो ग़नीमत है कि ख़ुद को लेखिका नहीं मानती, ख़ुद को जानती है। वह अपनी जड़ों से भली-भाँति वाक़िफ़ है और इसीलिए दूसरों की अच्छाई या बुराई की जड़ तक स्वाभाविक रूप से पहुँच जाती है। भले पीठ पर सामान लादे, शॉर्ट्स पहने वह यूरोप घूम रही है, लेकिन उसका संवाद उसी छोटे शहर की अपनी सहेली से चल रहा है जो कहीं रोहतक या हिसार में है। अनुराधा का दिल नितांत भारतीय है। दूसरी उल्लेखनीय बात यह है कि

वह एक लड़की है और उसको अपने लड़की होने पर गर्व है। उसमें अकेले चल पड़ने की हिम्मत है। इसका श्रेय शायद उसकी परवरिश को जाएगा कि वह अपने-आप को ग़लत कहने से भी नहीं झिझकती। अनुराधा को मैं व्यक्तिगत रूप से बिलकुल नहीं जानता, लेकिन 'आज़ादी मेरा ब्रांड' किताब को पढ़ते हुए लगा कि इसके ज़रिए वह ख़ुद से और बाहरी दुनिया से मुझे इतनी सहजता से मिलवाती चली गई कि मैं जाने-अनजाने जैसे उसका सहयात्री बन गया!

अनुराधा लेखन-कला के दाँव-पेंच नहीं जानती। वह शब्दों के काँधे पर अर्थों का बोझ नहीं डालती। उसकी भाषा उसके बैक-पैक की तरह ही ज़रूरी है, उतनी ही हलकी या भारी। सबसे महत्त्वपूर्ण बात—उसकी हिंदी। वह हिंदी में लिखती है, उस ज़बान में जो अधिकांश साहित्यिकों ने सम्मानों को इम्प्रेस करने की चाह में इतनी पेचीदा बना दी है कि आज की युवा पीढ़ी उन्हें पढ़ने के बजाय किसी भारतीय अंग्रेज़ी लेखक की बेस्टसेलर का हिंदी अनुवाद पढ़ना ज़्यादा पसंद करती है। सतही हो या उथली, बात समझ में तो आती है! मेरी यह बात बहुत लोगों के रोष का कारण बन सकती है, पर मेरी राय में हिंदी ज़ुबान का साहित्य अपने पाठकों से बात करना भूल चुका है और अनुराधा की हिंदी लगातार आपसे बात करती चलती है। एक और बेहद ज़रूरी बात है—विचार। अनुराधा के पास विचार है जो आज के युवा वर्ग का विचार है। मैंने यह विचार अंग्रेज़ी में तो जगह-जगह पढ़ा है, पर हिंदी में आते ही उसकी सहजता खो जाती है। सबसे अच्छी बात यह कि अनुराधा उत्तर नहीं देती, प्रश्न पूछती है—बेहद लॉजिकल, जायज़ प्रश्न।

मैंने जहाँ-तहाँ कई महिला लेखकों को पढ़ा है। उनकी लेखनी में ग़ुस्सा है। होना भी चाहिए। उन पर मेरा आक्षेप नहीं, पर कई बार वह ग़ुस्सा बेमानी या उद्दंड बन जाता है और मुद्दा पीछे छोड़ विरोधियों को उन्हें ग़लत साबित करने की अच्छी-ख़ासी जगह दे देता है। अनुराधा की लेखनी चतुर है, ग़ुस्सैल है, पर उद्दंड नहीं है। वह स्त्री-पुरुष दोनों को समाहित करती है और मुद्दे को जितना ज़रूरी है, ठीक उतना समय देने के बाद आगे बढ़ती है—सौंदर्य की तरफ़, जीवन की तरफ़...अनुराधा मैं हूँ—न स्त्री, न पुरुष...जीवन को सरल बनाने का एक रूमानी स्वप्न लिये जीने वाला एक इनसान! इस 'वाद' या उस 'इज़्म' से उसे कोई सरोकार नहीं। उसे सिर्फ़ इतना पता है कि यहाँ समानता नहीं है और वह होनी चाहिए। और इतनी आसान-सी चीज़ का होना क्यों इतना मुश्किल है...!

अनुराधा एक छोटी-सी बच्ची की मासूमियत के साथ सही-ग़लत, अच्छे-बुरे को समझने की कोशिश करते हुए आज़ादी के नए अर्थ तलाशती भटकती जाती है और हमें भी साथ लिये जाती है। अनुराधा भटकती है, पर उसकी लेखनी नहीं। वह नए ज़माने की नितांत भारतीय फ़क़ीरन है, फ़क़ीरन! शायद यह संबोधन उसे अच्छा लगे!

मुम्बई, 2016

स्वानन्द किरकिरे

बस, यों ही...

कैसे निकल जाऊँ घर से यों ही? घरवाले जाने देंगे? अकेले कैसे जाऊँ? कितना सेफ़ है यों अनजान जगहों पर जाना? कितने पैसे लगेंगे? बिना पैसों के कैसे दुनिया घूमूँगी? कुछ हो गया तो? हथियार लेकर जाऊँ? टिकट-विकेट की बुकिंग कैसे होगी? कहाँ रहूँगी? क्या खाऊँगी? अकेले बोर तो नहीं हो जाऊँगी? —जैसे सवाल अगर आपके मन में हैं तो आपका मन अभी तक सच में घूमने का नहीं हुआ है। जब होगा तब ये सवाल नहीं होंगे।

मैं तुम्हारा हाथ पकड़ कर नहीं ले जाऊँगी। तुम ख़ुद ही निकलोगी। तुम्हें इस बात का यक़ीन भी नहीं दिला सकती कि सब अच्छा ही अच्छा होगा। शायद मेरे और तुम्हारे अनुभव एकदम अलग-अलग हों। एक ही शहर को हम अपनी-अपनी निगाहों से देखेंगी। मौसम भी शायद अलग-अलग हो। कभी लोग अलग होंगे तो कभी गलियाँ अलग होंगी। ट्रेन सही समय पर होगी, इसकी भी कोई गारंटी नहीं। जूते शायद टूट जाएँगे, या बिना छाते के कभी भींगना पड़ सकता है, कभी रुकने की जगह ठीक नहीं होगी, कभी गर्म खाना नसीब नहीं होगा। फिर भी कहूँगी एक बात कि ये अनजानी गलियाँ—जहाँ तुम फिरोगी टैम-बेटैम, बेकाम-बेवजह—तुम्हारे अपने घर से ज़्यादा सुरक्षित होंगी।

एक अकेली बेकाम, बेफ़िक्र, बेटैम फिरती लड़की में एक अलग–सी ताक़त होती है। एक अलग–सा साहस होता है। वह साहस जो किसी (बाप, भाई, पति) का हाथ पकड़ कर निकलने में कहीं छुप जाता है। वह साहस जिससे हमारा समाज घबराता है। वह साहस जिसे कभी बाहर निकलने का मौक़ा ही नहीं दिया गया। वही साहस ढूँढ़ने तुम निकलोगी। तुम फिरोगी उस साहस को जीने। वो तुम्हारा ही है। जब निकलोगी, तब पाओगी।

***

मैं कोई लेखक नहीं। शब्दों की कलाकारी नहीं आती मुझे। सीखने की कोशिश करती हूँ, लेकिन कुछ चीज़ें शायद सीखने से नहीं आतीं। मैं घुमक्कड़ हूँ और कोशिश कर रही हूँ कि अपने अनुभव आप सब के साथ बाँट पाऊँ; इस किताब के जरिए कोशिश है कि आपको ललचा पाऊँ। कितना आसान है बस निकल जाना, दुनिया फिरना, यह बता पाऊँ। कितना मज़ेदार है नई दुनिया के न्यारे–न्यारे रंग देखना, ये दिखा पाऊँ।

किताब लिखने का कभी कोई सपना नहीं था। वह सपनों से भी बड़ी चीज़ थी। 'किताबें तो कोई और लोग लिखते हैं,' यही सोचा हमेशा। लेकिन कुछ ऐसे संजोग बने कि आज मैं किताब की भूमिका लिख रही हूँ। मुझे याद नहीं कि मैंने किसी किताब की भूमिका कभी मज़े लेकर पढ़ी हो। सीधा कट–टू चैप्टर वन ही हुआ है अधिकांश। तो जब भूमिका लिखने ख़ुद बैठी तो नहीं समझ आया कि क्या लिखा जाए!

ऐसे आइडिया थोड़े ही लगते हैं! तो आपको अपनी तरह से बताती हूँ। घूमना मैंने बचपन से ही शुरू कर दिया था, हर दूसरे महीने चैस टूर्नामेंट खेलने कहीं ना कहीं दूर रेलगाड़ी से जाना होता था। लेकिन फिरने का चस्का मुझे बाद में लगा। जब सातवीं में पापा का स्कूटर सीखा, उसको गोहाना की गलियों में दौड़ाने का चस्का। जब कभी दोपहर में माँ–पापा झपकी लेते, मैं चिलचिलाती धूप में स्कूटर लेकर ख़ाली गलियाँ छानती। यूँ ही बेवजह। कभी ये गली तो कभी वो गली। वह शायद मेरा बेकाम—बेवजह फिरने का पहला स्वाद था। बस यूँ ही टहल के आना।

मेरे समाज की लड़कियाँ यूँ ही बिना काम नहीं टहलती थीं। लड़की का बाहर जाना बिना किसी काम के अकल्पनीय था। क्यों जाएगी लड़की बाहर?

क्या करने ? ज़रूर किसी से मिलने जाती होगी। या कोई काम करवाने। बाहर के काम तो घर के लड़के लोग कर देते थे। बिजली–पानी का बिल भरना, घर का सामान लाना, सब्ज़ी–भाजी लाना सभी तो लड़कों के ज़िम्मे था। लड़कियाँ तो सिर्फ़ लिस्ट बनाती थीं। लेकिन लड़के अक्सर कह दिया करते थे, 'मैं जरा टहल के आता हूँ।' 'बाहर जाके आता हूँ।' ये शब्द मैंने लड़कियों के मुँह से कभी नहीं सुने थे—'मैं जरा टहल के आती हूँ।' 'यूँ ही थोड़ी हवा खा के आती हूँ।'' लड़कियों के मुँह से ये शब्द अपने गाँव के समाज में तो कभी नहीं सुने थे मैंने!

लेकिन मुझे तो चस्का लग गया था। कभी–कभार मैं अपनी पड़ोस की सहेली सीमा को भी पीछे बिठा लेती, और हम दोनों अक्सर अपने बाल खुले छोड़ हवा में लहराते स्कूटर पर उड़तीं। यह चस्का धीरे–धीरे और बढ़ता गया और मैं गोहाना की गलियों से निकल लंदन–पेरिस की गलियों को नापने लगी। लेकिन आप सबसे मैं बाँटती कैसे अपनी घुम्मकड़ी की दास्तान ? ना–ना, किताब का तो कभी ख़्याल आया नहीं था।

***

पहली बार किताब का कीड़ा डाला प्रियंका दुबे ने—'अन्नू तुम लिखो। कितना कुछ है यार, तुम्हारे पास! कितने सारे अनुभव...लिखो यार अन्नू, लिखो!' फिर जाने कहाँ से निरुपम मुझे मिल गए...और जैसे एक अच्छा डायरेक्टर ही अच्छी मूवी बनवा सकता है, अपने छोटे से अनुभव से मैं कहूँ तो एक अच्छा एडिटर ही अच्छी किताब लिखवा सकता है। मेरी भाषा की कमी को उन्होंने कभी मेरी कमी नहीं बनने दी। और बारह महीने के हमारे लेखक–एडिटर के नाते में कभी एक बार भी मुझे महसूस नहीं होने दिया कि मैं एक नौसिखिया लेखिका हूँ। निरुपम ने मुझे कभी सलाह नहीं दी, बस सवाल पूछे। और मैंने किताब में उन्हीं सवालों के जवाब लिखे।

यह किताब मुमकिन नहीं हुई होती, अगर मेरे स्टुडेंट की माँ और मेरी सहेली ज़हरा अपना घर मुझे लिखने को नहीं देती। अपने एक स्कूल की क्लास से दूसरे स्कूल की क्लास के बीच के समय में मैंने ये किताब लिखी है। और ज़हरा ने अपना घर, अपना लैपटॉप और चाय सब ऑन डिमांड सामने रखा। यह शायद हिंदुस्तान और पाकिस्तान कनेक्शन है!

मेरी सबसे प्यारी दोस्त अनुप्रिया के बिना पढ़े और बिना हर चैप्टर की बेहद तारीफ़ किए भी यह किताब मुमकिन नहीं थी। और समीर जिसने पहली बार जाने कैसे पूछा था, कई साल पहले, "किताब कब आ रही है?" तब मैंने जिसे मज़ाक में उड़ा दिया था, उस ऐलानिया सवाल के बिना भी तो शायद किताब मुमकिन नहीं थी। ज्योति (बेबी) दी, जो स्लो इंटरनेट कनेक्शन पर मेरे ईमेल के खुलने का इंतज़ार करती थीं, और बड़ी बारीक़ी से पढ़कर घंटों फ़ोन पर सलाह देती थीं। उनके लाड़ के बिना भी कहाँ यह हो पाता। और रूबल, जो मिली तो मुझे किताब के अंत में, लेकिन मेरी किताब को अंत शायद उसी की बातचीत में कहीं मिला। उसके सुंदर घर में घंटों बैठकर चाय पीना और हमारा एक दूसरे को अपना लिखा पढ़ाना...हमारा छोटा-सा राइटर्स क्लब, इसके बिना भी इसे कहाँ पूरा होना था!

और अखिल, जिसने कभी महसूस नहीं होने दिया कि मैं अब राइटर होने जा रही हूँ! न एक प्याला चाय का एक्स्ट्रा पिलाया और न ही एक्स्ट्रा घर की सफ़ाई की! बस अपने हिस्से का काम उतना ही किया, जितना बनता था। और मेरे लाख मनाने पर भी एक भी चैप्टर नहीं सुना। कहता था, "कोई तो छप के आने पर भी पढ़ने वाला बचना चाहिए!"

और माँ-पापा का तो कहना ही क्या! हर चैप्टर पढ़कर कहते, "वाह-वाह, हमने आज तक ऐसा कुछ नहीं पढ़ा!" उनके इस अटूट प्यार ने ही तो आज मुझे यहाँ खड़ा किया है।

आखिर में मैं राजकमल प्रकाशन और श्री अशोक महेश्वरी का धन्यवाद करती हूँ, जिन्होंने मेरी किताब में अपना भरोसा जताया।

—अनुराधा बेनीवाल

जनवरी, 2016

१

आज़ादी मेरा ब्रांड, फ़ेवरेट!

इक्कीस साल की वह इतालियन लड़की, पुणे शहर में एकदम अकेली आई थी! नाम था उसका रमोना। वह यूँ ही बिना किसी बात के, बेमतलब, बेफ़िक्र दुनिया घूमने निकली थी। वह हम भारतीयों की नज़र में काम-से-काम रखने वाली अच्छी लड़की नहीं थी। मैं आई थी पुणे पढ़ने, और उसके साथ घूमने के बहाने ढूँढ़ने लगी। मैं थी काम-से-काम रखने वाली लड़की, लेकिन उसके साथ ने मुझे भी कहीं का नहीं छोड़ा।

उसे तो किसी आंटी की पड़ी नहीं थी, पर मेरा बड़ा सवाल सोसाइटी में इज़्ज़त का था! मेरे तो घर का कॉन्ट्रैक्ट भी 'अच्छी लड़की' बने रहने से ही रिन्यू होता था। थोड़ी इधर-उधर हुई नहीं कि सर पर छत के ही लाले पड़ जाने वाले थे! लेकिन उसकी बातों में मुझे बहुत मज़ा आता। उसके साथ बेमतलब घूमने का चस्का लग गया मुझे। वह दुनिया-भर के क़िस्से सुनाती। किस देश में कहाँ रुकी, कैसे रही, क्या देखा, कितने लड़कों के साथ सोई, किस देश के लड़के बिस्तर में अच्छे होते हैं, कौन-से देश के एकदम फिसड्डी—ऐसी बातों का तो खुला पिटारा था मानो उसके पास! वे तमाम बातें जो मैं हर रात सोने से पहले सोचती थी, वह मुझे अपनी की हुई बताती। उसे जैसे मेरे सोच से फ़र्क़ ही नहीं पड़ता था! उसको किसी के भी कुछ सोचने से कोई फ़र्क़ नहीं पड़ता

था! अच्छी और बुरी लड़की का भेद ही उसे जैसे नहीं मालूम था! वह अपने जिए हुए सच इतने आराम से कह जाती कि मैं उनको लिखकर भी अभी नहीं दुहरा पाऊँगी, तब तो मुँह बाए बस सुनती रहती। एक असंभव दुनिया के संभव सत्य! उसकी लत मुझे तब कुछ यूँ लगी कि मैं जल्दी ही उस बुरी लड़की की साथी बन गई। सच बताऊँ, मुझे तो वह बहुत अच्छी लगती थी। आज तक की सब अच्छी लड़कियों से अच्छी!

रमोना को भारतीय लड़के बड़े पसंद थे और वह अपनी पसंद का, ढोल बजाकर इज़हार भी करती। कौन–सा 'अच्छी लड़की' का सर्टिफ़िकेट देने वाले उसके पास खड़े थे! मुझे भी भारतीय लड़के कोई बुरे नहीं लगते थे, लेकिन मैं भला कैसे अच्छी लड़की की सीमा लाँघती! वह तो किसी के साथ ज़्यादा टिकती नहीं थी तो उसे कोई भी चल जाता! नौकरी वाला, बेरोज़गार, काले–भूरे रंग का, यहाँ तक कि जात–पात का भी कोई लफड़ा उसे तंग नहीं करता था। पर हमारे देश में तो 'अच्छी' लड़कियाँ 'एसेक्सुअल' होती हैं, उन्हें न किसी के साथ हमबिस्तर होने का मन करता है; ना किसी का हाथ पकड़ने का, न वे किसी के होंठ चूमना चाहती हैं, ना किसी की बाँहों में खो जाना चाहती हैं...ना ही उनके पेट में तितलियाँ उड़ती हैं...और उड़ती भी हैं तो पहले कुल–गोत्र, अच्छी नौकरी, यहाँ तक कि घर–परिवार जैसी चीज़ें देखकर ही पंख खोलती हैं!

मैं अच्छी लड़की थी, लेकिन मन के किसी कोने में 'किस' करने की ललक तो मेरे अंदर भी थी। ऐसे में मैं कभी–कभी सोचती कि जैसे वह मेरे देश में,अपने देश से दूर, इतनी आज़ाद है; क्या मैं उसके देश में, अपने देश से दूर इतनी ही आज़ादी महसूस कर पाऊँगी ? क्या हम लड़कियों की आज़ादी मूल समाज से दूरी में है ? यह गुत्थी तब मुझसे सुलझती न थी, चाहे जैसे भी चाहूँ। हाँ, यह समझ गई थी कि दूर देश में 'किस' तो कर ही सकती थी, किसी को क्या पता चलना था। मैं बचपन से ही ऐसे देशों में जाना चाहती थी जहाँ हाथ जोड़कर नमस्ते करने के बजाय लोग 'किस' कर के मिलते हैं। शायद मैं बचपन से ही 'बेकार लड़की' थी।

शायद हम दोनों में यही कनेक्शन था। वह 'बेकार' थी, मैं 'बेकार' होने के ख़्वाब देखती थी। इस तरह हमारी दोस्ती टिक गई और दोनों में ख़ूब जमने लगी। अब मैं उसके साथ शहर नापती और मुँह बाए उसकी बीती हुई रातों के

रोमांचक क़िस्से सुनती। वह भी मुझे बड़े चाव से अपने साथ रखती; जाने उसे मुझमें क्या अच्छा लगता था!

शायद वह भी कभी मेरे जैसी रही होगी। शायद उसको भी कोई रमोना मिली हो कभी, जिसने उसे झिंझोड़ दिया होगा। उसने मुझे कभी नहीं बताया कि वह मेरे साथ इतना क्यों रहती-फिरती है, बताया तो मैंने भी नहीं; लेकिन बन गए थे हम गाढ़े यार। जाते वक़्त उसने एक जोड़ी पायल खरीदी। जोड़े में से एक मुझे दे गई थी जिसे मैंने आज भी सहेजकर रखा हुआ है।

अब वह ठहरी रानी मधुमक्खी, सब ततैये उसके आस-पास मँडराते। मेरी हाय-हेल्लो वाली लड़का पार्टी भी आजकल मुझमें ज़्यादा इंटरेस्ट दिखाने लगी थी। 'एक बार मिलवा दे', 'बस, इंट्रो करवा दे'—टाइप मनुहारें आने लगीं। ख़ैर, रमोना को कभी कोई आपत्ति नहीं होती। वह बिना संगत की परवाह किए जो मन आए सो करती, और जो नहीं मन आए वह नहीं करती।

वह एक छोटे-से कैफ़े में पार्ट टाइम काम करती थी और मैं अक्सर उसकी छुट्टी के वक़्त गप्पें मारने, तफ़रीह करने उसके पास पहुँच जाती थी। तब मेरे दो-चार लड़के दोस्त भी वहीं आ भटकते। हम सब यों ही बतियाते या घूमने निकल जाते। एक शाम मैंने और मेरे एक दोस्त विकी ने एमजी रोड घूमने का प्लान बनाया और रमोना को कैफ़े से लेने चले गए। वह हिंदी सीख रही थी और जैसे हम किसी भी भाषा की गालियाँ और प्यार भरे शब्द पहले सीखते हैं, उसने भी ख़ूब सारी हिंदी गालियाँ सीख ली थीं। वह हमेशा हमारा स्वागत हिंदी गालियों की बौछार से करती और फिर अपनी इतालियन एक्सेंट में कहती, "मेरी जान, क्या चाहिए!" जवाब में लड़के दोस्त हमेशा कुछ-ना-कुछ ऐसा माँगते कि वह कहती, "Every dog has it's day", और खिलखिलाते हुए उन्ही के कंधों पर हाथ रख मस्त चलती।

जब हमने उसे अपना उस शाम का प्लान बताया तो वह झट तैयार हो गई। इतना ज़रूर बोली कि वह पूरे दिन काम करके थक गई है, इसलिए शावर लेकर ही हमारे साथ चल सकती है। अब हमें उसके घर जाना पड़ता और ख़ाली-पीली कसरत हो जाती सो मेरे दोस्त ने तपाक से कहा, "तुम तो ऐसे ही बहुत ख़ूबसूरत हो, तुम्हें नहाने की कोई ज़रूरत नहीं।" मैंने भी कहा, "चलो ना, बाद में आकर नहा लेना।" यूँ दोस्तों की जिद के आगे झुक जाना मेरे लिए बहुत मामूली बात थी। अपनी बड़ी-से-बड़ी इच्छा को औरों की अपील के सामने भुला देना भी

कोई बड़ी बात नहीं थी, फिर यह तो महज़ 'ना नहाने' की बात थी। लेकिन उसने शायद अपनी इच्छाओं को तरजीह देना सीखा था, वह इच्छा चाहे कितनी भी मामूली क्यों ना हो! वह बोली कि उसके नहाने और सुंदर दिखने में कोई कनेक्शन नहीं है, सुंदर तो वह दस दिन ना नहाए तो भी दिखेगी। उसकी नहाने की इच्छा से भी हमारा कोई ताल्लुक़ नहीं है। अगर हमें देर हो रही है तो हम जाएँ, वह बाद में आ जाएगी। एकदम सीधी बात, दोटूक; मैं हैरान! कोई लड़की अपनी इच्छाओं के बारे में ऐसी साफ़ राय रख सकती है, मामूली लगने वाली बातों के लिए भी इस हद तक निश्चय रख सकती है—एक पल के लिए मैं किसी और दुनिया में पहुँच गई!

मैं कितनी ही बार नहाना-खाना, क्लास-आराम और कई बार ज़रूरी काम भी दोस्तों के कहने पर छोड़ देती थी। नींद आई है और दोस्त बोली कि पारलर चलो, और मुँह धोकर निकल लिये। भले मन-ही-मन ख़ूब झुँझलाई। दोस्तों के लिए क्लास बंक कर दी, मन चाहे न चाहे। लेकिन यह तो कभी कोई काम औपचारिकतावश नहीं करती! हम भारतीय, (ख़ासकर लड़कियाँ) औरों की बात मानकर अपनी ज़रूरतें अक्सर दरकिनार कर देते हैं, बाद में कोसते हैं ख़ुद को भी, दोस्तों को भी। ना ही हम औरों के हो पाते हैं, ना ही ख़ुद के। और फिर वही पुरानी ब्लेम-गेम, 'मैंने तुम्हारे लिए यह किया, वह किया, फलाने के लिए ये करा, ढीमका के लिए वह करा...' अरे यार, अगर नहीं मन है तो मत करो, और करो तो फिर जताना कैसा?

रमोना मेरे लिए बिजली जैसी थी, जो मुझे करंट दे-देकर जगा रही थी। उसकी हर बात मुझे चकित करती। अब मैं सवाल करने लगी थी, ख़ुद से भी और अपने आस-पास से भी। जाने उसे ख़बर थी कि नहीं, पर उसकी हर अदा, उसकी हर बात, मुझे जगा रही थी, कोई ज़रूरी-सी बात बता रही थी, जीने का गुर समझा रही थी।

***

रमोना ने एक बहुत खस्ताहाल सोसाइटी में एक कमरा किराए पर ले रखा था, जिसमें उसका बैक-पैक, कुछ गाइड बुक्स और एक स्लीपिंग बैग भर थे। अकेली आई थी तो अकेली रहती थी। आपका मन नहीं करता कभी अकेले रहने को? हम में से जाने कितने लोग शायद कभी भी अकेले न रहे

हों! मेरा तो बचपन से मन था, ख़ुद का घर, ख़ुद का कमरा, ख़ुद का कोना। घर में अलग कमरा नहीं था तो मैंने अपना कमरा ख़ाली कूलर में बना लिया था। चारों तरफ़ दुपट्टे टाँग लेती और अकेली खाना बनाती, मेहमान बुलाती, नौकरी जाती, चाय बनाती। वही रोज़मर्रा के काम, लेकिन अकेले करने में बहुत मज़ा आता था। और क्योंकि पापा हमेशा मेरे बाल बढ़ने से पहले ही कटवा देते तो मैं अकेले रहकर घुटने तक ख़ूब लंबे बाल कर लेना चाहती थी। यह अलग बात है कि मेरे बाल आज भी गर्दन तक ही हैं, लेकिन ये अपनी ख़ुद की अबकी पसंद से हैं। और वो कूलर वाला मेरा अकेले का घर भी छुटपन की बात हुई...

रमोना उस शाम हमारे संग अपने एक कमरे के फ़्लैट में दाख़िल हुई और देखते-ही-देखते सीधे गुसलख़ाने में घुस गई। मैं और विकी आपस में बातें कर रहे थे कि पाँच ही मिनट में वह तौलिया लपेटे बाहर कमरे में आई, और फिर उसी को देह से अलग कर अपने गीले बाल झाड़ने लगी। वह हमारे सामने थी, सिर्फ़ तौलिए में जो कि अब उसके सिर पर बालों में लिपटा हुआ पानी सोख रहा था। उसके शरीर पर एक धागा तक नहीं था! मैंने तब तक बिकिनी में भी कोई लड़की नहीं देखी थी और यहाँ मेरे सामने रमोना एकदम नंगी खड़ी थी। हमारे होने से ऐसे बेपरवाह जैसे वह भूल गई हो कि कमरे में उसके अलावा हम भी हैं या जैसे कि उसे गुसलख़ाने से कपड़े पहनकर निकलना ध्यान न रहा हो! लेकिन नहीं, वह हमसे बात करती रही और एक-एक कपड़ा ऐसे पहनती रही, जैसे यह कोई आम बात हो। वह ना तो हमारा वहाँ होना भूली थी, ना ही कपड़े पहनना। वह अपनी रोज़मर्रा की सहजता में थी। एकदम कंफ़र्टेबल! लेकिन मैं? मैं जैसे सब कुछ भूल गई थी! विकी का तो मुझे कुछ होश रहा ही नहीं, ख़ुद की भी हालत यह थी कि उसे देख भी लेना चाहती थी और नहीं भी देखना चाहती थी। यह उसकी सुंदरता का सम्मान था।

ब्रा की स्ट्रैप तक को छुपाने वाली लड़की के सामने एक लड़की बग़ैर किसी कपड़े निःसंकोच खड़ी थी; खुली हुई, सजीव और स्वाभाविक। मेरा स्कार्फ़ जो मैंने अपनी टाइट टी-शर्ट पर ढाँप रखा था, मेरा मज़ाक़ उड़ा रहा था। मेरी ब्रा का हुक मेरी पीठ में चुभने लगा था। कपड़े पहनते हुए वह हमसे बातें किए जा रही थी लेकिन मुझे उसकी आवाज़ सुनाई पड़ना बंद हो गई थी; बस कानों में एक गूँज भर उतर रही थी । एक भीनी-भीनी ख़ुशबू ने मुझे चौतरफ़ा घेर लिया

था...वह रमोना के परफ़्यूम की ख़ुशबू तो हरगिज नहीं थी...शायद वह आज़ाद आदम इच्छाओं की ख़ुशबू थी जिसे मैं प्राणों में समोते हुए महसूस कर रही थी...उसने मेरे भीतर कुछ बदल दिया उस पल...इतने सालों से 'अच्छी लड़की' बने रहने की मेरी सारी मेहनत पर वह ख़ुशबू फिर गई, एकदम पानी की तरह, "I was corrupted!"

उस शाम उस कमरे से एक रमोना निकली थी, एक विकी निकला था और मैं अपने नाम से तो वही निकली थी लेकिन अंतर्मन अब वह नहीं था जो अंदर जाते वक़्त था। यह घटना मेरे लिए किसी भी तरह से साधारण नहीं थी। मुझे अपने सामने सिर्फ़ वही लड़की नहीं दिखी थी जो देह की इज़्ज़त को कपड़ों में समेटकर नहीं जीती। मुझे व्यक्तित्व की ऐसी आज़ादी दिखी थी, जिसमें शरीर लज्जा और इज़्ज़त की गडमड ग्रंथियों से परे था। मुझे उसके बेझिझक अंदाज़ में एक भयानक ऊर्जा दिखी थी। एक ऐसी ऊर्जा जो किसी दूसरे पर निर्भर नहीं थी। एक ऐसी ऊर्जा जो उसे इस समाज की बंदिशों से ऊपर करती थी। उस पर ये सामाजिक क़ानून लागू नहीं होते थे, वह एक रौशनी थी जो अँधेरे को निगल गई थी। दरअसल, वह एक ख़ुद से वाक़िफ़ लड़की थी जिसे उसने शायद इत्ती-सी उम्र में आधी दुनिया घूमकर समझा था। इस लड़की के अंदाज़ में ख़ुदमुख़्तारी बोलती थी। उसके थेगली लगे कपड़ों और गाँठ लगे हुए जूतों का ब्रांड अमीरी नहीं, आज़ादी था।

एक रोज़ उससे मैंने पूछा कि "क्या तुम्हारे मम्मी-पापा तुम्हें खर्चा भेजते हैं?" वह ऐसे खिलखिलाई जैसे इससे बचकाना सवाल कोई धरती पर ना हो—"I should be sending them money, I am twenty one!" मैं उस समय सत्रह साल की थी, और मुझे मेरी फ़ेवरेट ब्रांड का पता चल गया था।

"Go travel alone, If you really want to live," रमोना ने मुझसे केवल यही नहीं कहा था, लेकिन मुझे याद सिर्फ़ यही रह गया। वह मेरी हीरो थी। मेरा लक्ष्य इस जीवन में गाड़ी-बंगला बनाना नहीं, अपने शरीर के साथ, अपने इमोशन्स के साथ इतना ही कंफ़र्टेबल होना था। मुझे इन बेड़ियों को काटकर आसमान में उड़ना था। और कोई चारा भी नहीं था, एक बार आज़ादी चख लेना ख़ून चख लेने जैसा है, एक बारी चख लिया तो फिर कोई वापसी नहीं।

***

रमोना को चले जाना था, चली गई। उसके साथ जो वक़्त गुजरा वह यादों का जिन्दा बाग़ है। उसकी संगत में मैंने जो आज़ादी चख ली थी, वह दिन-ब-दिन मेरे दिलो-दिमाग़ में फैलने लगी थी। समय बीता और आख़िरकार दस साल बाद मैं उसे आजमाने निकल पड़ी। ये दस साल क्यों और कैसे लग गए मुझे—इन सवालों के जवाब मैं आगे दूँगी। लेकिन आज जहाँ मैं जैसी हूँ, वहाँ वैसी होने का बड़ा श्रेय, मैं आज़ादी की उस पहली झलक को देना चाहूँगी।

२

नक़्शे से बाहर कोई रास्ता

मैं जिस समाज में पैदा हुई, पली-बढ़ी, उसमें व्यक्तिगत स्वतंत्रता जैसी कोई चीज़ नहीं थी। वहाँ किसी घर में कोई संतान पैदा हुई नहीं कि उसे 'संस्कारी' और 'लायक' बनाने की हर कोशिश उसके माता-पिता, परिवार और रिश्तेदार—सबकी तरफ़ से शुरू हो जाती। उसके कोरे दिमाग़ में समाज के क़ायदे-क़ानून और रिवाजों-परम्पराओं को पूरा का पूरा उतार देने के सभी जाने-पहचाने तरीक़े आजमाए जाते। बच्चों को अपनी पारिवारिक और सामाजिक मान्यताओं के अनुकूल ढाल देना—बस यही होती 'संस्कार' की शिक्षा भी! ज़्यादातर घरों में तो बच्चा पैदा होने से पहले ही उसे क्या बनाया जाएगा—जैसे मसले तय हो जाते हैं। लड़का हुआ तो इंजीनियर, लड़की हुई तो डॉक्टर! ऐसे में 'निजता' गई भाड़ में! शेक्सपियर ने कहा है—"To be, or not to be : that is the question"; भारत में प्रश्न है कि To be allowed to be, or not allowed to be—और होना भी तो क्या होना?

होना—यह क्या है मेरे लिए? ख़ुद के जैसा हो सकना ही न? लेकिन ख़ुद को जानने और समझने का माहौल कहाँ है? जान सकने भर का अवकाश या मौक़ा ही कहाँ है? बच्ची या बच्चे को तो होश सँभालते ही, लगातार मिल रहे निर्देशों के मुताबिक जीवन को ढालना है। सब कुछ पहले से ठसाठस भरा हुआ

है। अगर कहीं कुछ उन्होंने अनलोड करने की कोशिश की तो वही पुराना राग—'आख़िर सब तुम्हारे भले के लिए ही तो है, मनमानी क्यों कर रहे/रही हो! इससे क्या मिलेगा? जीवन ऐसे नहीं चलता!'

ऐसे में किसी के भी अंदर एक कसमसाहट का होना स्वाभाविक है। ख़ुद को उलझनों से घिरे पाना आम बात है। हममें से जाने कितने लोग एक ही रोज़ में अलग-अलग तरह से यही सोचते रहे हैं—क्या यही करना था मुझे? क्या जो करना चाहती थी/चाहता था, वह कभी मुमकिन नहीं होगा? क्या इससे अलग कोई जीवन नहीं? ऐसे ही जीना क्या परफ़ेक्ट लाइफ़ है? कई बार हममें से कई लोग इतने उलझ चुके होते हैं कि उन्हें तय नक़्शे के बाहर का कोई रास्ता नज़र ही नहीं आता। फिर तड़प आजीवन बनी रहती है। यह कर लेते तो शायद, वह कर लेते तो शायद—ऐसा सोचते-सोचते या तो एक उदासीन जीवन जीने लगते हैं या 'किस्मत' और 'संयोग' की बात करने लग जाते हैं। अध्यात्म के भेष में पाखंड ओढ़ लेते हैं। अरे, अध्यात्म क्या नाक दबाने, सर के बल खड़े होने या मंदिरों में घंटी बजाने का नाम है! नहीं, अध्यात्म का मतलब है—'होना'। जो संभावनाएँ हमारे अंदर छुपी हैं, उन्हें उभार सकना। उन्हें पूरा करने के मौक़े मिलना और ख़ुद में पूर्ण हो सकना।

***

मैं पैदा हुई, 12वीं क्लास तक कभी फॉर्मल स्कूल नहीं गई, शतरंज खेली, 15 साल की उमर में अपने आयु-वर्ग में नेशनल चैम्पियन बनी, कॉलेज गई, अंग्रेज़ी साहित्य में बीए-एमए किया, लॉ की पढ़ाई की, नौकरी की, पत्रकारिता की पढ़ाई की, फिर नौकरी की, प्रेम-विवाह कर अपना घर बसाया—कहने को एक परफ़ेक्ट लाइफ़ जी रही थी। और क्या चाहिए होता है एक लड़की को—घर, नौकरी, गाड़ी, फ़र्नीचर, कामवाली बाई और जीवनसाथी के अलावा? और कुछ नहीं न! लेकिन वह क्या था, जिसे ढूँढ़ने की तड़प मेरे भीतर उबल रही थी! मैं किस स्वतंत्रता की बात सोच रही थी? क्या थी मेरी निजता? मैं आज़ाद देश की आज़ाद नागरिक होकर भी ख़ुद को आज़ाद महसूस क्यों नहीं कर रही थी? अटकाव कहाँ था? बाधा क्या थी? मेरे पास मेरे इन सवालों का कोई जवाब नहीं था, लेकिन उन्हें ढूँढ़ने की चाह ज़रूर थी।

***

मेरी निजता सिर्फ़ मेरी देह के मुक्त होने भर में नहीं—यह मैंने बहुत जल्द समझ लिया था। वह भी ज़रूरी है, आज भी मानती हूँ। लेकिन असली आज़ादी का बोध उतने भर में सीमित नहीं। देह की आज़ादी को पाना आसान है। इस लड़ाई से पार पाना अपने वश में है; बशर्ते 'बिगड़ी हुई', 'ज़्यादा-ही-फॉरवर्ड', 'बदचलन', 'चरित्रहीन', 'लूज़ कैरेक्टर', 'होर', 'रंडी'—जैसे विशेषणों को हँसकर उड़ाने भर की मानसिक मज़बूती हो। आर्थिक आज़ादी ने काफ़ी हद तक देह को आज़ाद कर दिया। लेकिन उसको पूरी आज़ादी अच्छे-बुरे की कंडीशनिंग टूटने से मिली। सिर्फ़ किसी के साथ सो सकने की आज़ादी ही नहीं, किसी के साथ 'नहीं' सो सकने की आज़ादी भी। किसी भी तरह की हिचक और परवाह से आज़ादी!

मेरे जीवन में सारी मुश्किलें तब तक थीं, जब तक पाँव दोनों नावों में साधे रखने की कोशिश बनी हुई थी। एक तरफ़ मान्यताओं और पाबंदियों से आज़ाद भी होना था और दूसरी तरफ़ ख़ुद को 'संस्कारी' भी कहलवाना था। देह और मन की भी सुननी थी और समाज की भी। लेकिन जब मैंने निश्चय कर लिया कि मुझे कैसा होना है या कैसे जीना है, यह केवल मैं तय करूँगी—तो जाने किस तरह से आस-पास के परिचित, दोस्त-रिश्तेदार भी मेरे अनुकूल होते चले गए! मेरी बेपरवाही ने मेरा जीना आसान कर दिया।

मैंने एक बात महसूस की है। सबके मामले में सही है कि नहीं, कह नहीं सकती। लेकिन जब भी मैंने अपने ऊपर यक़ीन किया है और दूसरों की परवाह किए बग़ैर अपनी मर्जी की इज़्ज़त की है, तब जाने कैसे, औरों ने भी मेरी मर्जी की इज़्ज़त की है।

मुझे याद है—जब मैं बारह या तेरह वर्ष की थी, एक लड़के से पहली बार बोलने-बतियाने लगी थी। यह मेरे लिए नया अनुभव था। अभी तक सब लड़कों को 'भैया' बोलना सिखाया गया था। लेकिन इस लड़के को बिना 'भैया' बोले मैंने बातचीत की। और जाने प्यार कहें, अट्रैक्शन कहें या नॉन-भैया सिंड्रोम, मैं जैसे उड़ने लगी। अब सोचती हूँ तो लगता है कि पहली बार हार्मोन्स 'भैया' की दीवार टपे थे, शायद इसीलिए पूरे उफान पर थे। उसने जब पहली बार सबके सामने तपाक से मेरा हाथ पकड़कर मुझे रुक जाने को कहा तो जैसे मेरे क़दमों के नीचे की ज़मीन नाचने लगी थी!

उस छूने की याद भर से मेरे शरीर में कई दिनों तक झुनझुनी होती रही। लेकिन मेरे मन में रह-रहकर किसी लड़के की पकड़ में आने, उससे ख़ुद को छुआ लेने

का जैसे एक अपराधबोध-सा भी उभरता। 'अच्छी लड़कियों' ने मुझसे एक दूरी बनानी शुरू कर दी। वो सब मुझे गर्व से बतातीं कि कैसे वे अपनी ब्रा का स्ट्रैप भी सेफ्टी पिन लगाकर छुपाती हैं; और मैं? मैं मन-ही-मन हीन भावना से भरती चली गई। क्यों मैं उन 'अच्छी लड़कियों' जैसी नहीं थी? वे मुझे परिवार में बदनाम लड़कियों के क़िस्से चटकारे लेकर सुनातीं और मैं कहीं दफ़्न हो जाना चाहती। शायद उनको पता चल गया था कि मैं उन जैसी नहीं हूँ। मेरे मन में यक़ीन जैसा एक विचार उभरने लगा कि मेरे साथ कुछ 'ग़लत' हुआ है। इसीलिए मुझे सबसे एक तरह का डर-सा लगने लगा। कोई दो लोग आपस में बातें करते दिखते तो लगता, जैसे मेरे बारे में ही कर रहे होंगे। मुझे सबकी नज़रों में अपने लिए कोई अजीब भाव दिखने लगा।

एक तरफ़ कैशोर्य का रहस्यमयी आगमन, और मैं हैरान-परेशान अपने शरीर में हो रहे हर बदलाव को लेकर हद जिज्ञासा से भरी हुई; दूसरी तरफ़ एक 'गन्दी लड़की' कहलाए जाने का डर! एक तरफ़ उसको फिर से छू लेने की चाह थी, दूसरी तरफ़ सभी नज़रें जैसे मुझे ही घेरे हुए थीं। एक तरफ़ रात-भर, सोते-जागते उसके आलिंगन के सपने देखती तो दूसरी तरफ़ 'अच्छी लड़की' का ख़िताब छिन जाने का डर भी रहता। आख़िरकार शरीर की इच्छाओं की विजय हुई और एक रोज़ मैंने आगे बढ़कर उसे 'किस' कर ही लिया! और इस तरह विदेश जाकर किस करने का मेरा एक सपना, दक्षिण भारत के ही एक शहर में पूरा हुआ! मैं ख़ुश थी।

लेकिन यह क्या! जो चुम्बन उसके लिए गर्व बना, वही मेरे लिए शर्म बन गया! वह दुनिया-भर को बताता फिरे, और मैं दुनिया-भर से छुपाती फिरूँ...अब मुझे पक्का यक़ीन था कि मैंने एक बहुत 'ग़लत काम' किया है, किसी भी हिंदी फ़िल्म की नायिका बनने लायक अब मैं नहीं थी। जी हाँ, हिंदी फ़िल्मों की नायिकाएँ ही तब मेरी आइडियल थीं, 'अच्छी लड़की' होने का आदर्श पैमाना! वे सब नायिकाएँ जो सफ़ेद घोड़े पर सवार एक अदद राजकुमार का इंतज़ार करती हैं, अब मैं वैसे इन्तज़ार करने के लायक नहीं रही थी। मैं किसी लड़के का चुम्बन कर चुकी थी। मेरी पवित्रता पर एक चुम्बन का दाग़ लग गया था। मुझे अपने-आप से चिढ़ होती कि क्यों नहीं मैं इंतज़ार कर पाई? मुझे अपने शरीर पर भी ग़ुस्सा आता कि क्यों वह इतना बेसब्र हुआ! लेकिन उस आलिंगन के सुख की याद मुझे अपने-आप से नफ़रत भी नहीं करने दे रही थी। मैं उस दिन ग़लत और

सही में बँट गई। अच्छी और गन्दी लड़की का भेद भी उस दिन धुँधला पड़ गया। तब तक ख़ुद को मैं दुनिया की सबसे अच्छी लड़की लगती रही थी, लेकिन मेरे लक्षण तो अब अच्छी लड़कियों वाले नहीं थे!

इस घटना ने मुझे 'गन्दी लड़की' बनाया कि नहीं, पता नहीं! हाँ, मेरे मन में 'गन्दी लड़कियों' के लिए एक तरह की सहानुभूति ज़रूर पैदा कर दी।

उस घटना को तीन-चार साल बीते होंगे कि पुणे में मेरी मुलाक़ात रमोना से हो गई! जैसा कि मैं पहले ही बता चुकी हूँ, वह थी सब गन्दी लड़कियों से भी 'गन्दी'! लेकिन उसमें कहीं मैंने ख़ुद को छुपा पाया था। शायद उसमें मुझे अपनी झलक मिल गई थी। लेकिन वह तो बहुत ख़ुश थी! वह तो अपने बारे में कभी ऐसे नहीं सोचती थी, न ही दुनिया के नज़रिए के बारे में सोचती थी। वह तो जैसे ढोल बजाकर, बेपरवाह अपने मन की करती थी। शायद तभी वह मेरी हीरो भी बनी!

रमोना की तरह हर रात पार्टनर बदलना तो मुझे कभी नहीं आया, ना शायद गवारा ही हो। हमें अपने शरीर की भूख को सुलाए रखना बहुत कम उम्र से ही सिखा दिया जाता है, इसलिए इस हद से बाहर निकलना इतना भी आसान नहीं! लेकिन हाँ, उस भूख को पहचानना ज़रूर सीखा मैंने। उस भूख की इज़्ज़त करना भी मैंने सीखा। उस भूख की पवित्रता मैंने पहचानी। और इमोशन्स के तौर पर ही सही, उसको शांत करना भी सीखा। चूमना अपने देश में रहते हुए ही सीख लिया था। शायद उससे आगे, और भी बहुत कुछ...आंटियों के बोल-कुबोल को अपने तक पहुँचने देने से पहले ही म्यूट करना भी सीख लिया था। अब मुझे न डर लगता था, न फ़र्क़ पड़ता था। और जब मैं ख़ुद की इज़्ज़त करने लगी, तब जैसे सब मेरी इज़्ज़त करने लगे। जब मैं ख़ुद मज़बूत हो गई तो औरों ने भी जैसे मेरी ताक़त को पहचान लिया। अब जैसे फ़र्क़ नहीं पड़ता था कि मैं ईस्ट में हूँ या वेस्ट में। लेकिन भावनात्मक और शारीरिक इच्छाएँ आपस में इस क़दर घुल-मिल गई थीं कि शायद उनको अलग करने में यह जन्म कम पड़े। मुझमें आज भी शरीर की भूख भावनाओं के ऐपिटाइज़र के बग़ैर नहीं जगती।

बस, क्या यही स्वतंत्रता थी? निजता का हासिल!

और फिर मेरी भावनात्मक आज़ादी? मेरे लिए तो वह सच में कठिन उपलब्धि की तरह थी। मेरे दुख मेरे हों, मेरे आँसू मेरे। मेरा सुख मेरा हो, मेरी हँसी मेरी। मेरे सुख-दुख किसी दूसरे इन्सान से न जुड़े हों—कि वह ख़ुश तो मैं

ख़ुश, वह दुखी तो मैं दुखी। मैंने अपने सुख-दुख कई बार एक से, तो कई बार कई लोगों से जोड़ लिए। जितने ज़्यादा लोगों से जुड़ती, उतने ही सुख-दुख से और लद जाती। जैसे मैं भावनात्मक रिश्तों का बल नहीं, अपने दिल में सबकी पोटली जमा करती जाती। और ज़ाहिर है, उनका वजन मुझे ही ढोना होता।

मेरी कैसी भी ख़ुशी किसी एक क़रीबी की हरकत से ग़ायब हो सकती थी! मैं समझ नहीं पाती कि अगर मैं वाक़ई ख़ुश हूँ तो कोई और कैसे मुझे एकदम से दुखी कर जाता है? उसकी छोटी-छोटी बातें दुखी कर जाती हैं—कि उसने मैसेज का जवाब नहीं दिया, फ़ोन नहीं उठाया, फ़ोन रखते वक़्त ऐसी टोन थी, वो वाली बात न थी—ऐसी इत्ती-बित्ती-सी जाने कितनी ही बातें कैसे मेरी ख़ुशी को छूमंतर कर देती हैं; क्यों? मेरे लिए बड़ा सवाल था कि कैसे मिले मौक़े-बेमौक़े के इन अनचाहे सुख-दुख से आज़ादी? मैं तब सोचती कि क्या मैं अकेले नहीं खिल सकती, फूलों की तरह, जो बिना यह परवाह किए खिलते हैं कि बालकनी के गमले में हैं या बगीचे की क्यारी में या कि जंगल की तमाम धक्कामुक्की में। मैं शायद बहक रही हूँ! लेकिन यक़ीन मानिए, हम औरतों की दौड़ में एक बड़ी पगबाधा यह भी है। वैसे सच कहूँ, आज़ादी मुट्ठी का खुलना नहीं है कि खुले तो बस एक बार में खुल जाए!

***

जितनी गिरहें ज़िंदगी की हैं, आज़ादी की उससे ज़्यादा ही होंगी। एक को खोलिए तो दूसरा सामने ऐंठा रहता है। ये सब सामाजिक सभ्यता के निर्माण की गाँठे हैं, जिनसे जीवन को भले स्थायित्व मिला, लेकिन पग-पग पर उसकी चाल को झटका लगा। अब मुझे ही देखिए। एक छोटी-सी आज़ादी थी जो मुझे नहीं मिल सकी कभी। वह ऐसी कोई बड़ी बात न थी। उसे मेरा समाज मुझे दे सकता था। उसे मेरे आस-पास के लोग मुझे दे सकते थे। परिचित और अपरिचित दोनों तरह के लोगों से वह मुझे मिलनी चाहिए थी—केवल चल सकने की आज़ादी। टैम-बेटैम, बेफ़िक्र-बिंदास, हँसते-सिर उठाए सड़क पर निकल सकने की आज़ादी। कुछ अनहोनी न हो जाए—इसकी चिंता किए बग़ैर, अकेले कहीं भी चल पड़ने की आज़ादी। घूमते-फिरते थक जाएँ तो अकेले पार्क में बैठकर सुस्ता सकने की आज़ादी। नदी किनारे भटकते हुए हवा के साथ झूम सकने की आज़ादी। जो मेरे मनुष्य होने के अहसास को गरिमा भी देती है और ठोस यक़ीन भी।

अपनी मर्ज़ी का संसार हम बना नहीं सकते। लेकिन क्या इस संसार में अपनी मर्जी से हम कहीं आ-जा भी नहीं सकते! महज इसलिए कि कहीं कोई अनहोनी न हो जाए; किसी पुरुष के भीतर कहीं कोई जानवर न जाग जाए? लेकिन राह चलते हुए तो पशु भी यों पीछा करके किसी को नहीं दबोचते! तो क्या पुरुष के भीतर जानवर का जगना ग़लत मिसाल है। हाँ, ग़लत ही है।

ग़लत क्या और सही क्या—यह भी हम अपने अनुभव से कहाँ समझ पाते हैं! चूँकि हमें कहा जाता है कि यह ग़लत है और वह सही है, इसलिए हम मान लेते हैं कि ऐसा ही है। मानना हमारी बाध्यता है, स्वाभाविकता नहीं। जीवन को तर्क के चश्मे से देखने की आज़ादी भी हम लड़कियों के लिए एक दुर्लभ उपलब्धि है। उसको मैं अपने देश भारत में आधा-अधूरा ही पा सकी। जो पाया वह परिवार के स्तर पर, समाज के स्तर पर तो असंभव बात रही। शायद इन्हीं अभावों की बेचैनी लिये मैं लंदन आ गई! कहने में अच्छा तो यह लगता है कि यहाँ आज़ादी ढूँढ़ने आई थी। लेकिन यह भी कोई बात है भला! यूँ कोई आज़ादी ढूँढ़ने के मिशन पर निकला इन्सान कभी देखा है आपने? मैंने भी नहीं देखा है। जी नहीं, सपने में भी नहीं और आईने में भी नहीं! मैं भी पारिवारिक कारणों से और काम ढूँढ़ने के ख़्याल से आई थी लंदन; लेकिन मन में जो उलझने थीं, वो अपने सुलझने की कोई राह भी जैसे ढूँढ़ रही थीं। मुझे दुनिया के तयशुदा रास्तों के बीच से अलग एक रास्ता अपनी आज़ादी का बनाना था। एक आज़ाद लड़की का अपना बनाया रास्ता...

***

2007 में अखिल का जब लंदन आने का प्लान बना तो मैं पुणे में नौकरी कर रही थी। वह तो आ गया, और मैंने उसके पीछे से काम समेटकर आने का वादा किया। लेकिन अपनी नौकरी छोड़कर लंदन चले आने को एकबारगी मेरा मन बिलकुल नहीं हुआ। और मैं नहीं आई। वक़्त बीता, बात बीती, अखिल प्रोजेक्ट ख़त्म करके भारत वापस आ गया। कुछ समय बाद मुझे अपनी नौकरी से ऊब हुई तो मैंने तुरंत उसे छोड़ दिया। संयोग कुछ ऐसे हुए कि अखिल को फिर लंदन बुलाया गया। अबकी बार वह मेरे बिना नहीं जाता! और इधर मेरा भी मन पुणे से ऊब चुका था। तो ऐसे में लंदन के लिए मैंने भी अपना बोरिया-बिस्तर बाँध लिया।

जब लंदन आई तो लगा कि शेक्सपियर के शहर में पढ़ूँगी, यूरोप घूमूँगी, ग्लोब थिएटर में नाटक देखूँगी और कुछ-ना-कुछ कमा भी लूँगी। लेकिन जब पहली बार दूध और ब्रेड लेने सुपर मार्केट गई तो मुझे अहसास हो गया कि भारत में नौकरी करके जोड़ी गई पूँजी की बदौलत ज़्यादा दिन यह सुख नहीं भोग पाऊँगी। एक कमरे के फ़्लैट का किराया डेढ़ लाख रुपए महीना, दस हज़ार रुपए काउंसिल टैक्स के, दस हज़ार रुपए बिजली-पानी के और हफ़्ते भर की साग-सब्जी का ख़र्च भी सब पाँच अंकों में!

ऐसा नहीं है कि मैं आर्थिक तंगी से वाक़िफ़ नहीं थी, लेकिन 'तीन सौ रुपए का एक आम' वाली लक्ज़री में भी नहीं पली-बढ़ी थी। हर चीज़ हद महँगी थी, ख़ास कर के जब रुपया कन्वर्ट करना पड़ता था। एक जुटी धनिया दो सौ रुपए की, कुछ हरी मिर्चें केवल सौ रुपयों की, एकतरफ़ा बस का किराया एक सौ साठ रुपए, कपड़ा-लत्ता-शॉपिंग तो भूल ही जाओ—गुज़ारा हो जाए, वही काफ़ी था। अब तो एक ही समाधान दिखता था कि पढ़ाई-लिखाई के ख़्वाब भूलकर यहाँ की करेंसी कमाई जाए। पौंड में ख़र्चना है तो पौंड कमाए जाएँ।

हरियाणा की एक यूनिवर्सिटी से अंग्रेज़ी साहित्य में एम.ए. की हुई मुझ लड़की को यहाँ इन अंग्रेजों के देश में लेकिन नौकरी क्या मिलनी थी? मैंने सुना था कि इस देश में भारतीयों को आसानी से नौकरी सिर्फ़ आईटी कंपनियों में मिल सकती है। अगर आपको कोडिंग आती है तो काम मिलने में कोई दिक़्क़त नहीं होगी। लेकिन मेरे ख़ानदान में 'क' से किसान तो कई हैं, कोडर एक भी नहीं। एक बार को तो लगा कि ऑनलाइन आईटी कोर्स कर लेती हूँ लेकिन फिर श्रीमान गूगल की मदद से भी कुछ समझ में नहीं आया तो जाने दिया।

मैं कुछ भी करने को तैयार थी, होटल में वेटिंग करने को, बार में बार-टेंडिंग करने को, कॉफ़ी शॉप में कॉफ़ी बनाने को, जिम में रिसेप्शनिस्ट बनने को, किसी के घर में कुकिंग करने को, डॉग वॉक कराने को, बच्चों को ट्यूशन पढ़ाने को, किसी अपाहिज़ की देखभाल करने को। हर वह काम जो मुझे यहाँ की सब्ज़ियाँ ख़रीदने में मदद करता—मैं करने के लिए तैयार थी। जिस दुकान में बैठकर चाय पीती थी, उस दुकान तक में मैंने अपना सी-वी दे दिया था।

अभी तक अपना ख़र्च ख़ुद निकालती आई थी। एकदम से एक आदमी पर निर्भर हो जाना मुझे खटकने लगा था। कम-से-कम आधा किराया तो कमा ही

लूँ। कुछ घर के और खर्चों में हाथ बँटा दूँ। थोड़ा घूम-फिर पाऊँ, बस, इतना भी। पैसा जोड़ने-वोड़ने का तो ख़्याल ही कहीं दूर था।

मैंने कई तरह के सी-वी बनाए। बार में देने वाले सी-वी से मैंने 'फॉर्मर नेशनल चैस चैम्पियन' हटा दिया था, और यह भी कि मेरे पास एक लॉ डिग्री भी है! लंदन में तो इतने सारे बार हैं, हर एक गली में चार-पाँच। लेकिन मुझे नौकरी क्यों मिलती वहाँ? मुझे तो कॉकटेल बनानी भी नहीं आती और न ही 'क्यूट' ईस्ट यूरोपियन एक्सेंट ही है। इंडियन एक्सेंट के साथ बार में इंट्री नहीं मिल सकी। फिर भी मैंने राह में पड़ते हर 'बार' में अपना सी-वी दे रखा था।

किसी भी दुकान के सामने वैकेंसी का नोटिस देख मेरी उम्मीद बढ़ जाती और मैं वहाँ सी-वी देकर, अगले दिन कुछ अच्छा होने का इंतज़ार करती। लेकिन हर रोज़ कोई जवाब ना पाकर फिर निराश हो जाती। इस तरह बढ़ती मायूसी में और भी उल-जलूल काम खोजती। चाय की टपरी लगा लूँ? योग सिखा दूँ? धर्म बेच दूँ? पराठे बना के बेचूँ? टिफ़िन सर्विस शुरू कर दूँ? क्या करूँ मैं कि इस शहर का हिस्सा बन पाऊँ? रोज़ कुछ ऑप्शन ख़त्म होते, रोज़ मैं कुछ नए ऑप्शन तलाशती।

अब तो बस इंडियन रेस्त्राँ बचते हैं। वहाँ तो हिंदी भाषा और भारतीय खाने का मेरा ज्ञान प्लस पॉइंट हो सकते हैं। इंडियन रेस्त्राँ में मुझे ज़रूर नौकरी मिल जाएगी—ऐसा सोचकर रास्ते वाले महाराजा रेस्त्राँ में भी मैंने अपना सी-वी डाल दिया था। वेटिंग नहीं तो किचन में तो मिल ही जाएगी। मैं तो खाना भी इतना अच्छा बनाती हूँ। महाराजा वाले मैनेजर से हिंदी में बात की तो लगा यहाँ ज़रूर काम मिल जाएगा, लेकिन इतनी लंबी बातचीत के बावजूद उनका कई दिनों बाद भी कोई जवाब नहीं आया। फिर भी जाने क्यों मुझे लगता रहा कि इंडियन रेस्त्राँ में काम मिलना इतना मुश्किल नहीं होगा। कंपीटीशन कम रहेगा न! मैं कई सारे इंडियन रेस्त्राँ इंटरनेट पर ढूँढ़कर अपना सी-वी भेजती रही।

काम मिलना तो ज़रूरी था। माँगे हुए पैसों से तो चाय पीना भी मुश्किल हो रहा था, घूमना-फिरना तो दूर। बिना पैसे यूरोप कैसे घूमती, यहाँ तो लंदन घूमना दूभर हो रहा था। मेरा दिमाग़ दिन-रात घूमने के नए-नए रास्ते तलाशता रहता—न्यूड मॉडल बन जाऊँ चित्रकारों के लिए? स्पर्म तो डोनेट नहीं कर सकती, लेकिन किसी दवाई के एक्सपेरिमेंट का हिस्सा बन जाऊँ? रोज़ इवनिंग स्टैण्डर्ड (फ़्री अख़बार) में छपे हर तरह के विज्ञापनों में से पैसे कमाने के तरीक़े वाले

विज्ञापन अंडरलाइन करती। लंदन जैसे शहर में आकर भी अगर दुनिया नहीं घूम पाई तो भला यह सपना कब सच कर पाऊँगी ?

इस शहर में अगस्त में आई थी, सितम्बर आ गया। जाड़े के कपड़े भी नहीं लाई थी। पता भी नहीं था कि जाड़ा कितना ज़्यादा पड़ेगा तो सोचा, वहीं जाकर लूँगी। लेकिन जितने पैसे का कोट था, उतने में तो एक तरफ़ से दिल्ली की टिकट थी। अब लगने-सा लगा था कि वापस जाने का समय आ गया है। तभी अचानक एक भूला-भटका मेल आया 'लाहौर कबाब हाउस' से—'वेटिंग वैकेंसी'; मुझे लगा कि अब यही आख़िरी आशा है। अब या तो 'लाहौर' होगा या फिर 'दिल्ली'!

इधर मुझे नौकरी मिली और उधर मैं अपना पैर तुड़ा बैठी। ज़्यादा एक्सरसाइज़ के चक्कर में सीढ़ी ऊपर-नीचे भागते वक़्त पैर मुड़ गया और ऊपर से लंदन की सर्दी जिसमें चोट का ठीक होना बड़ा तकनीकी मामला होता है। लंबे इंतज़ार के बाद जॉब तो मिली, लेकिन अब पूरा दिन खड़े रहना पहाड़ हो गया। नया रेस्त्राँ था तो काम भी हर तरह का था। खाने के समय वेटिंग करनी होती, बाक़ी समय किचन में मदद करनी होती। शाम होते-होते पैर में चीस लगने लगती और घर आते-आते आधी रात हो जाती।

अब पता चला था कि टिप्स का क्या महत्व होता है जब पहली बार उन ब्रिटिश-भारतीय महिलाओं ने मेरी जेब में चुपचाप तीन पौंड रख दिए थे। वे तीन पौंड मुझे अचानक हाथ लग गए किसी खज़ाने से कम नहीं लगे थे। हर घंटा पूरा होने पर सात पौंड का कन्फ़र्म होना भी एक अजब-सा अहसास था। एक-आध दोस्ती भी होने लगी थी। ज़्यादातर वेटर पाकिस्तानी थे, हेड शेफ एक बंगाली बाबू थे और असिस्टेंट कुक सब अफ़ग़ानी। एक पोलिश लड़की थी, जिसके साथ मेरी शिफ़्ट सिर्फ़ हफ़्ते में दो बार क्लैश करती थी, लेकिन मेरी सबसे पटने लगी थी।

रसोई में बर्तन साफ़ करने वाला स्पेनिश लड़का चुपचाप-सा था, अकेले खड़े हो बर्तन माँजता और ख़ूब सारा खाना खाकर बिना किसी से बात किए निकल जाता। एक दिन पूछने पर पता चला कि वह यहाँ पी-एच.डी. कर रहा है। उसे भी घंटे के सात पौंड ही मिलते थे। यों तो मेरी सभी से अच्छी-ख़ासी पटती थी, पर अफ़ग़ानियों से थोड़ी ज़्यादा पटती थी। हम एक साथ कहवा पीते और ख़ान मुझे रोज़ नए-नए पकवान बनाकर खिलाता। हम सब हिंदी में बातें करते...और ख़ाली समय में उस घर की यादें ताज़ा करते रहते, जिसे छोड़ आए थे। इस तरह लंदन में एक छोटा-सा परिवार बनने लगा था।

मैंने हिसाब लगाया कि लगन से दिन में दस घंटे काम किया तो दिन के सत्तर, और महीने के कम-से-कम पंद्रह सौ पौंड हो जाएँगे। पाँच-सात महीनों में आस-पास के एक-दो देश देखने जितना तो कमा ही लूँगी। लेकिन मेरे ख़्वाबों पर जल्द ही पानी फिर गया...या कहूँ कि जिन एंड टॉनिक फिर गया! हुआ यूँ कि एक दिन पैर का दर्द दोपहर से ही असहनीय हो गया और मुझे लगा कि एक जिन एंड टॉनिक का शॉट ले लूँगी तो शायद दर्द बर्दाश्त कर पाऊँगी। मैंने अली से रिक्वेस्ट की कि एक पैग वह मेरे लिए बना दे। उसने मज़ाक़ समझकर बना दिया, मैंने होशो-हवास में पी लिया। लेकिन उसके बाद किचन में ये हंगामा मचा कि क्या कहने! हिन्दुस्तानी भाई यों रोएँ कि एक शरीफ़ दिखने वाली, भले घर की लड़की लंदन आकर बर्बाद हो गई! और पाकिस्तानी भाई यों कि जिस लड़की को अब तक इतना पाक और इज़्ज़तदार माना था, वह इस क़दर बेहया निकली! अफ़ग़ानी ख़ान बस मुँह ताके; कभी उनका, कभी मेरा!

मुझे बात की गहराई तब समझ में आई जब शाम को मुझे मेरे हिसाब के साथ नोटिस पकड़ा दिया गया—"यू कैन गो नाउ!" होटल के गुजराती मालिक ने मुझे, जरा भी विनम्र हुए बग़ैर, बाहर का रास्ता दिखा दिया।

मेरी नौकरी तो छूट गई थी, लेकिन मैं निराश बिलकुल नहीं थी। वहाँ से मिले ढाई सौ पौंड से मैंने एक हिम्मत-सी पा ली थी। एक बार पैसे हाथ में आए तो मुझे पता था कि आगे भी आ जाएँगे। मुश्किल से ही सही, रास्ता बन ही जाएगा। एक तरह का साहस मिल गया था यहाँ से। सबसे पहले मैंने टेस्को जाकर तीस पौंड का एक ऊनी कोट लिया, जुराबें लीं, एक आई लाइनर और कई दिनों से चेरी खाने का मन था, वह ली। और एक जोड़ी चलने के जूते भी ख़रीदे। अपने पहले कमाए पौंड से मैंने बाज़ार से इन चीज़ों के अलावा भी कुछ खरीदा—ढेर सारा आत्मविश्वास!

***

लाहौर कबाब हाउस की बदौलत घर की चारदीवारी के बाहर निकली तो और भी दरवाज़े खुलने लगे। नए जूतों में मैंने पैदल शहर नापना शुरू किया। एक दिन मुझे चैस दिखा जो एक समय मेरी पूरी दुनिया हुआ करता था। आज वह खेल मुझे एक अजनबी की तरह बेकर स्ट्रीट पर एक दुकान के सामने मिला। अंदर जाकर देखा कि वर्ल्ड चैम्पियनशिप का एक मैच लाइव चल रहा है, और

कुछ लोग मोहरे बिछाकर बैठे हुए अगली चालों का अंदाज़ लगाने की कोशिश कर रहे हैं। यों ही एक-दो चालें मैंने भी गेस कर दीं। किस्मत कहिए या मेरी होशियारी, ग्रैंड मास्टर ने वही-की-वही चालें चलीं! लोगों का ध्यान थोड़ा आकर्षित हुआ तो कुछ बातें शुरू हुईं। और बातों में बात निकली कि वो लंदन के स्कूलों में चैस सिखाते हैं, और यही नहीं, उन्हें एक चैस-टीचर की ज़रूरत भी थी। यह तो बिन माँगे जन्नत मिलने वाली बात हो गई! क्या कहूँ...

यहाँ चैस का माहौल भारत जैसा नहीं था। भारत में जितनी संख्या में लोग चैस सिखाते हैं, यहाँ इतनी संख्या में लोग चैस जानते भी नहीं थे। फीमेल प्लेयर्स और टीचर्स का तो मेजर अभाव है। मुझे अपनी पहचान बनाने में ज़्यादा समय नहीं लगा। अपने अतीत में एक इंडियन चैंपियन होने के नाते मुझे अभी भी इतना चैस याद था कि यहाँ के लोकल प्लेयर्स को धूल चटा सकूँ! जल्द ही मुझे अलग-अलग क्लबों से उनके लिए खेलने के ऑफ़र्स आने लगे, और स्कूल में सिखाना तो शुरू हो ही गया था।

मेरे घर से केवल दस मिनट की दूरी पर एक स्कूल में मुझे पढ़ाने का काम मिल गया। घंटे के सात पौंड से घंटे के चालीस पौंड—मेरे लिए यह बड़ी छलाँग थी। तीन पौंड की एक टिप पर उछलने वाला इंसान ही समझ सकता है कि चालीस पौंड प्रति घण्टे का मतलब क्या होता है! एक से स्कूल हुए दो, और दो से हुए आठ! धीरे-धीरे प्राइवेट ट्यूशन का भी काम मिलने लगा और दोस्तियाँ भी होने लगीं। अब लंदन से भी दोस्ती होने लगी थी। अलग-अलग स्कूलों में मैं ज़्यादातर पैदल जाती और रोज़ नई-नई गलियाँ खोजती। इस तरह एक अजनबी शहर ने मुझे अपनाना शुरू कर दिया...

***

जब ज़िंदगी-बसर के लिए दाना जुट गया तो आज़ादी की चिड़िया फिर फड़फड़ाने लगी। हालाँकि लंदन में मुझे काफ़ी हद तक आज़ादी मिल गई थी, लेकिन अब मुझे यह जानना था कि लंदन ही स्पेशल है या पूरा यूरोप ऐसा है? क्या पश्चिम सच में आज़ादी के मामले में हमसे आगे निकल गया है? 17वीं-18वीं शताब्दी के लेखकों, जैसे—जेन ऑस्टन, शार्लेट ब्रोंटे, एलिज़ाबेथ गास्केल या चार्ल्स डिकेंस की किताबों में तो औरतों की स्थिति हमारे समाज से बहुत बेहतर नहीं थी। फिर उनका समाज किस क़दर इतनी तेज़ी से बदला? कैसे

एकदम-से इतना आगे आ गया ? और हम जैसे एक ही जगह अटक गए ! आख़िर उन्हें ऐसी क्या 'चीज़' मिल गई ? दुनिया का नक़्शा अपने कमरे में देखकर रोज़ लगता कि मैं अभी दुनिया के एकदम बीचोबीच में हूँ तो जल्दी से निकल लूँ और उस 'चीज़' को तलाशूँ !

यूरोप के सारे देशों का एक ही वीज़ा लगता है, 'शेंगेन' वीज़ा। एक बार वह लग जाए तो फिर कहीं भी निकल जाओ, सब देश एक-एक, दो-दो घंटे की दूरी पर हैं। लेकिन अब मैं हिंदुस्तान में नहीं थी, जहाँ रहने-खाने के ठिकाने का इंतेज़ाम किए बग़ैर, इस विश्वास पर निकल लिए कि सँभाल लेंगे। जैसे मेरी असमंती बुआ कहती है, 'पास में पैसा हो और जुबान हो तो इन्सान पूरी दुनिया नाप दे।' लेकिन बुआ को शायद नहीं पता था कि ना तो हमारे 'रुपए' की यहाँ कोई बिसात थी, न ही हमारी जुबान की। यह भारत देश नहीं था, जहाँ इंसान दस रुपए में भी पेट भर ले और दस हज़ार भी कम पड़ जाएँ। यह यूरोप था। यहाँ उस वक़्त एक यूरो का मतलब था सत्तर रुपए ! और जहाँ हिंदी तो दूर, इंग्लिश जानने वाले भी मिल जाएँ तो किस्मत अच्छी मानी जाए।

***

जब मैं पहली बार अकेले घूमने निकली थी पुणे से राजस्थान, एक महीने के ट्रिप पर, तब मैंने काफ़ी हद तक जाना था कि पैसा घूमने की प्री-कंडीशन नहीं है। पैसा ज़रूरी है, लेकिन इतना नहीं जितना हमने बना दिया है। ज़्यादातर दुनिया घूमने वाले बैक-पैकर्स अमीर घरों में पले हुए लोग नहीं होते। वे बस घूमने की आग में पके होते हैं। उन्हें सस्ते से सस्ता ठिकाना, एक छत भर की तलाश होती है। वे स्विमिंग पूल वाले होटल नहीं ढूँढ़ते। वे पूरा दिन मूँगफली और केलों पर भी चला लेते हैं। उन्हें भारत में भी मिनरल वाटर की तलाश नहीं होती। वे ब्रांडेड कपड़े और बैग्स पर पैसे नहीं खर्चते। और ना ही वे पैसे जोड़-जोड़कर बुढ़ापे में आरामदेह ज़िंदगी के ख़्वाब बुनते हैं। वे आज के लिए जीते हैं और दुनिया के सबसे ख़ुश लोग होते हैं !

राजस्थान में बिताए उस एक महीने में मैं कई घुमक्कड़ों से मिली और उन सबमें जो बात एक जैसी थी, वह था उनका आत्मविश्वास। वह पैसों से ख़रीदा या सामाजिक रुतबे पर पला-बढ़ा आत्मविश्वास नहीं था। वह ख़ुद को जानने से आया था। अपनी मानसिकता और अपने जज़्बात, अपनी ताक़त और अपनी

कमज़ोरियाँ जानने से ही ऐसा आत्मविश्वास संभव है। ऐसा नहीं है कि इन लोगों का जीवन किसी तरह से सरल था या इनके जीवन में किसी तरह के बंधन या डर नहीं थे। लेकिन इन्होंने अपने डरों और बंधनों को समझा था और उनको अपने जीवन में बसा लेने के बजाय उनसे पार पाने की कोशिश की थी। उन्होंने अपने जीवन की ज़िम्मेदारी ख़ुद ली थी। कोई और नहीं था ब्लेम थोपने के लिए इनकी लाइफ़ में। ये अपनी ख़ुशी और अपने दुख के जिम्मेदार ख़ुद थे। और जब आप आगे बढ़कर अपनी जिम्मेदारी आप लेते हैं तो बदल पाना आसान होता है। जब ख़ुद ही चुनना हो तो कोई दुख क्यों चुने?

तीन महीने से दुनिया घूमती फ्लाविया मुझे जैसलमेर में मिली। फ्लाविया ब्राज़ील से थी और वह एशिया में थाईलैंड, बाली, वियतनाम और चीन होते हुए भारत आई थी। दिखने में एकदम नार्मल थी और कोई पंख भी नहीं लगे थे उसकी पीठ पर, लेकिन उसकी कहानी एकदम परियों वाली थी। फ्लाविया ने बतौर डेंटिस्ट सात साल काम करके घर ख़रीदने के लिए पैसे जोड़े थे। अपनी सारी जान काम और घर ख़रीदने के सपने को सच करने की कोशिश में झोंक दी थी। जब घर मिला और डाउन पेमेंट के पैसे देने का वक़्त आया तो फ्लाविया ने सोचा कि सात साल दिन-रात काम करके तो ये डाउन पेमेंट जोड़ी है, आगे बीस साल दिन-रात काम करके लोन उतारूँगी। इस घर को जीवन के सत्ताईस साल दूँगी! घर तो अभी भी है, नेम-प्लेट अपना नहीं तो क्या हुआ? इतना काम करके भी बँधी ही रही तो क्या पाया? फ्लाविया ने घर तो छोड़ा ही, नौकरी भी छोड़ दी; और जमा पैसों से दुनिया घूमने निकल पड़ी! बाली में एक जर्मन लड़के के प्यार

में पड़ी और अब जर्मनी में बसने का सोच रही थी। फ्लाविया का साथ नए-नए प्यार में पड़ी लड़की का साथ था—ख़ुश, रोमांचित, बेख़बर और दुस्साहसी! यहाँ से मैंने बेफ़िक्री सीखी।

पुष्कर में मिला मुझे फर्नांदो रेन्नी जो अपने को नंदू बुलाता था। नंदू ना कभी स्कूल गया था और ना ही कभी दफ़्तर! नंदू के हाथों में कला थी, मेटल और पत्थर को सुंदर ज्वैलरी में तब्दील करने की। वह उसी कला के दम पर अपने देश ब्राजील से बाहर निकल दुनिया घूम रहा था। अपने हाथों से बनाई ज्वैलरी को सड़कों पर बिछाकर बेचता हुआ नंदू अपनी चालीस साल की उम्र में अस्सी से ज़्यादा देशों में घूम चुका था। उसने मुझे पुष्कर में सबसे सस्ती रहने और खाने की जगह दिखाई। उसने अपने लिए बहुत ज़रूरी, लेकिन मेरे लिए पर्सनल सवाल पूछ लिया, 'विदेशी लड़कियों को भारतीय लड़कों के साथ सोने में कोई दिक़्क़त नहीं होती, लेकिन भारतीय लड़कियाँ कभी विदेशी लड़कों को भाव नहीं देतीं, ऐसा क्यों? भारतीय लड़कियों से तो बात करना तक मुश्किल है!' मैंने बिना अचकचाए कहा—'इस बारे में कभी सोचा तो नहीं, लेकिन मुझे नहीं लगता कि हमें विदेशी लड़कों से कोई दिक़्क़त है। हमें तो सब लड़कों से दिक़्क़त है। लड़कों से नहीं, हमें यों ही कैजुअल सेक्स से दिक़्क़त है। और भारतीय लड़का तो रहेगा, एक दिन शादी कर लेगा। लेकिन विदेशी तो चला जाएगा। हम सिर्फ़ शादी के

बदले सेक्स करती हैं!' मैं अपने दिए जवाब पर हैरान थी! ख़ैर, अगर उसने किसी ख़ास मक़सद से वह सवाल पूछा था तो वह पूरा नहीं हुआ। यह ज़रूर हुआ कि मैंने एक अजनबी को नम्रतापूर्वक 'ना' कहना सीखा। बिना चप्पल निकाले, हाथ जोड़कर अलविदा बोलना सीखा। अपनी मर्जी जानी और अपनी मर्जी की इज़्ज़त करना सीखा।

जैसलमेर में ही मिली मार्लुस रेगिस्तान से जुड़ी हर चीज़ की दीवानी थी। उसने सब ऊँट वालों से दोस्ती कर ली थी और उन्हीं के साथ हफ़्तों-हफ़्तों रेगिस्तान में घूमती रहती। मुझे उसके लिए कभी डर लगता, तो वह हँसती और कहती, 'सब भारतीय लड़के मुझसे डरते हैं।' लगभग पौने छः फुट लंबी-तगड़ी जवान थी जर्मनी से आई मार्लुस। एकदम निडर! अकेले घर से निकलने से पहले मार्लुस की माँ ने उसे ख़ूब सारी सलाहों के साथ एक सलाह यह भी दी थी, 'अपना ख़ूब ख़्याल रखना। पागल कुत्ते तो कहीं भी हो सकते हैं, तो अगर रेप हो जाए तो प्रेगनेंसी से बचने के लिए पिल्स अपने साथ रखना!'

मैंने पहली बार किसी माँ को रेप होने के सिलसिले में सलाह देते हुए जाना था। मैंने या तो माँओं को इस बारे में बात करते ही नहीं सुना, या सुना था कि 'यहाँ/वहाँ इस वक़्त सेफ़ नहीं है, बाहर मत जाओ!' लेकिन अपनी बेटी को रोकने की बजाय, हादसा होने पर क्या किया जाए—इस बारे में सलाह देना पहली बार सुना था! मार्लुस की माँ कहती है कि, 'रेप भी एक एक्सीडेंट है जो नहीं होना चाहिए, लेकिन होने पर शर्म की बजाय उस बारे में क्या किया जाए, यह पता होना चाहिए।' ऐसी माँ की बेटी कैसे निडर नहीं होगी? यहाँ से मैंने साहस सीखा।

फ्लाविया और मार्लुस के साथ जैसलमेर के आसपास के गाँवों में साइकिल चलाते, मार्लुस ने हमें एक जर्मन गाना सिखाया था—'mein herz tanzt...'; इसका मतलब था—'मेरा दिल नाच रहा है'। वो दोनों तो चली गईं, लेकिन मेरा दिल नाचता रहा। मैंने पहली बार महसूस किया कि दिल का नाचना क्या होता है! मैं अकेले रेगिस्तान में घूमते, गुम होते, खाते-पीते ख़ुश थी। वह ख़ुशी मेरी थी। उस दिन मुझे लगा कि शायद मेरी रचना प्रकृति ने घूमने के लिए की है, अकेले घूमने के लिए! यही शायद मेरी निजता है।

***

रमोना ने जो बीज बोया था, उसको सींचा इन घुमक्कड़ अजनबियों ने। अब वे सब तौर-तरीक़े जो मैंने इन अजनबियों से सीखे थे, मुझे यहाँ अपनाने थे। मुझे महँगे यूरोप में सस्ते में घूमना था। मुझे अकेले बेफ़िक्र घूमना था। एक लाख रुपए जो यहाँ के एक हज़ार पौंड थे—जोड़ लिए थे और छुट्टी थी एक महीने की। तय किया, चलो, अब वह 'चीज़' ढूँढ़ी जाए।

वो कहते हैं न, आज़ादी ना 'लेने' की चीज़ है, ना 'देने' की। छीनी भी तो क्या—आज़ादी, यह तो जीने की चीज़ है। रमोना से मिलने के दस साल बाद आज मैं निकली हूँ दुनिया घूमने, अकेले, बिना किसी मक़सद के, एकदम आवारा, बेफ़िक्र, बेपरवाह। आज मैं जीने निकली हूँ। मैं अपनी ख़ुशियाँ, अपने ग़म, अपनी हँसी, अपने आँसू खोजने निकली हूँ। क्या मैं यही हूँ, जो हूँ यहाँ 'जानने वालों' के बीच, क्या मैं परायों में कुछ और हो जाऊँगी? कौन हैं पराए? और अपने, वो कौन हैं? क्या मुझे अकेले में भी हँसी आएगी? क्या अकेलापन रुलाएगा मुझे? क्या मैं अनजान देश की अनजान गलियों में शरमा जाऊँगी या थिरक पड़ेंगे मेरे पैर वहाँ? कितने दिन फिरूँगी मैं बेमक़सद, कितने दिन कोई रह सकता है अनजानी दुनिया में अकेला, अदेखे लोगों से जुड़ता, अपरिचित लोगों को जोड़ता—बग़ैर किसी वादे के? यों भी इस निकलने का मक़सद है क्या? क्या मैं कभी घर वापस आऊँगी? और 'घर' है कहाँ?

अब और कुछ ना सही, इन सवालों के जवाब तो पा ही जाऊँगी! इन सब सवालों को साथ लिये मैं सवार थी यूरो-स्टार में। इंग्लिश चैनल के नीचे से होती हुई यह ट्रेन मुझे लिये जा रही थी—पेरिस!

३

पेरिस : एक स्लेटी-सा शहर

शायद ही किसी और शहर के बारे में इतना सुना हो, जितना कि पेरिस के बारे में सुना था। जाने क्यों 'पेरिस' नाम सुनने भर से आँखों के सामने चमकीले सितारे नाचने लगते और दिल रूमानी-सा हो उठता। यूरोप से भी पहले मैं पेरिस को जानती थी। दुनिया का सिर्फ़ एक शहर घूमने का ऑप्शन होता तो भी शायद मैं पेरिस को चुनती। ऐसे में मैंने अपने सफ़र की शुरुआत भी यहीं से की।

अब जितना पैसा मेरे पास था, उसमें होटलों में रुकने का ऑप्शन तो था नहीं। तो मैंने अपने डफल बैग में ज़रूरत के सारे सामान भर लिये। टूथब्रश से लेकर स्लीपिंग बैग तक, ताकि ज़रूरत आन पड़े तो स्टेशन पर भी सोने का बंदोबस्त हो जाए। ना लैपटॉप, ना आई-पेड, और ना ही महँगा फ़ोन। बैग में बस इतना सामान कि ज़रूरत पड़ने पर काम भी आए और गुम होने पर दुख भी ना हो। यों भी महीना था जुलाई का और 'द फेमस यूरोपियन समर' पीक पर था, ऐसे में रात को डेरा बाहर लगाने में भी दिक़्क़त नहीं थी।

कुछ जान-पहचान मैंने फेसबुक पर निकाली। यूरोप में फैले दोस्तों को ढूँढ़ा और पेरिस और एम्स्टर्डम में ठिकाने का जुगाड़ कर लिया। वैसे भारतीयों की मेहमाननवाज़ी में अगर कभी कोई शक था तो वह इस ट्रिप के दौरान ख़त्म हो गया, लेकिन उससे बड़ा शक दूर हुआ गोरों की मेहमाननवाज़ी को लेकर।

ऐसा कमाल हुआ कि नौ देशों के अपने सफ़र में मुझे एक भी होटल या हॉस्टल के दर्शन नहीं करने पड़े। इसमें शायद कहीं-ना-कहीं मेरा भी कमाल होगा। एक तो मैं कहीं भी किसी से भी दोस्ती कर सकती हूँ। मुझे बड़ा मज़ा आता है, अलग-अलग देशों के लोगों से मिलने में। उनकी संस्कृति, रहन-सहन, खान-पान, ओढ़ना-पहनना आदि जानने में। कुछ दिन उनके जैसा हो जाने में। और खाना तो मैं कैसा भी खा लेती हूँ। कच्ची मछलियों से लेकर ब्लड कटलेट तक। ऐसे में कहीं जो आर्थिक कमी है, उसको एडजस्ट कर सकने की मेरी क्षमता पूरा कर देती है।

पेरिस पहुँची तो दिन ढल चुका था और उसके उत्तर दिशा वाले रेलवे स्टेशन—गार-दे-नोर्ड—के बाहर का नज़ारा यों कि जैसे पहाड़गंज की गलियाँ। चमचमाते होटलों के इश्तिहार, जगमग फ़्लोरोसेंट रौशनी वाले रेस्टोरेंट्स और होटल, 'वेलकम' करते बार और तस्वीर को पूरा करता ट्रैफिक जाम। शायद दुनिया-भर के रेलवे स्टेशनों के बाहर का नज़ारा एक जैसा ही होता है—मुसाफ़िरों, राहगीरों की ज़रूरतों को भुनाता, लुभाता, पास बुलाता कारोबार। आप अगर रेलवे स्टेशन से शहर का मिज़ाज जानना चाहते हैं तो माफ़ कीजिए, नहीं जान पाएँगे। एक थके हुए मुसाफ़िर को होटल के इश्तिहार में 'बेड' की तस्वीर ऐसी ही लगती है, जैसे भूखे को पकवानों की तस्वीर। एक बार मैंने अपनी छोटी-सी कार में जबलपुर से पुणे तक सीधा ड्राइव किया तभी इस बात को समझ गई थी। भूख और नींद हमें बेसब्र बनाते हैं। लेकिन अगर उनको जज्ब करके हम दिमाग़ से काम न लें तो धोखा होने की सम्भावना पूरी-पूरी रहती है। कई बार बढ़िया चीज़ अगले ही मोड़ पर होती है, बस थोड़े संयम की ज़रूरत होती है।

मैं फिर भी जल्दी-से-जल्दी आइफेल टावर के दर्शन(!) कर लेना चाहती थी क्योंकि मैं पेरिस के पेरिस होने पर, तब तक यक़ीन नहीं कर सकती थी, जब तक उसे ना देख लेती। नौसिखिए मुसाफ़िर यों भी सबसे पहले पोस्ट-कार्ड वाला शहर खोजते हैं। लेकिन रात हो चुकी थी और घर-ठिकाना जमाए बिना, मुझमें कहीं जाने की हिम्मत नहीं थी। एक बार रुकने का इंतज़ाम हो जाए, एक कप चाय मिल जाए, तभी मैं नहा-धोकर शहर-दर्शन को निकल सकती थी। लगता है, यह चाय नहीं छूटेगी। एक-आध कमज़ोरी होनी चाहिए इंसान में—मैं ख़ुद को समझाती हूँ।

रात के आठ बजे मैं पहुँच गई फेसबुक-सहेली सविता के घर, जिससे पहले कभी नहीं मिली थी। वह पेरिस से घंटे भर की दूरी पर वरसाय (Versailles) गाँव में रहती थी। उस वक़्त मुझे थोड़ी निराशा थी कि शहर से इतनी दूर आ गई हूँ तो वापस आइफेल देखने तो नहीं जा पाऊँगी। लेकिन फ़ायदा यह था कि आइफेल तो देखना ही था, दोस्त के बहाने फ्रांस का गाँव भी देखने को मिल जाने वाला था। यहाँ के गाँव और शहरों में बस आबादी का फ़र्क़ है शायद। बाक़ी सब एक जैसे, पक्की सड़कें, पक्के घर, बाज़ार, हॉस्पिटल, बिजली-पानी, बढ़िया स्कूल, सब कुछ तो एक ही तरह से हैं। बल्कि गाँव शहर के मुक़ाबले कुछ मामलों में बेहतर ही हैं। जैसे कि फ़ॉरेस्ट वॉक, रेस कोर्स, घुड़सवारी स्कूल—जैसी तमाम सुविधाएँ खुली जगह में बेहतर ढंग से संभव हैं। तो अगर आप किसी मल्टीनेशनल कंपनी में काम नहीं करते हैं, जो सिर्फ़ पेरिस में है, तो वहाँ रहने का कोई ख़ास तुक भी नहीं है।

अब सविता ठहरी पेंटर; उसके लिए तो वरसाय एकदम फिट है। उसकी सात बरस की बिटिया—मिलि—यहाँ घुड़सवारी सीखती है। हरियाणा के गाँव से आई सविता यहाँ सब कुछ से अच्छी तरह घुलमिल गई है। घर में हरियाणा और फ्रांस का एक रोचक मेल दिखा मुझे। रसोई में स्टील के बर्तन और ड्राइंग रूम में फ्रेंच रेवोल्यूशन की किताबें। दरवाज़े पर तोरण और रसोई में पास्ता। बच्चे बोलें फ्रेंच और माँ हरियाणवी।

हम रात-भर की गप्पबाजी में ऐसे हो गए जैसे बचपन की सहेलियाँ हों! लड़कियों से दोस्ती करना मुझे उतना ही आसान लगता है, जितना कि लड़कों से कठिन। एक बार लड़की से पट गई तो पट गई, फिर तो हम फेविकोल के जोड़ के माफ़िक़ हो जाते हैं। यह पेरिस वाली भी कुछ ऐसी ही हो गई। लड़कों की दोस्ती में कब प्यार छुपा हो, कब प्यार में अहंकार—कभी-कभी ही समझ में आता है। लेकिन सहेलियों के साथ चड्ढी में, दो बजे की चाय में जो सरलता और जो अपनापन है, उसका कोई जोड़ नहीं है। लड़कों से दोस्ती नहीं पटती मेरी। उनके साथ या तो कस के रोमांस कर पाती हूँ या जम कर लड़ाई। या तो वे मुझ पर मर-मिट जाने के दावे करते हैं, या मार ही डालना चाहते हैं। बीच का मामला नहीं जमता।

अब जब खाना-ठिकाना जम गया था तो मुझे याद आई शहर की। सविता ने सुझाया कि मुझे वरसाय का शातेयू (Château de Versailles) देखना चाहिए

जो कि लंबे समय तक फ्रेंच रॉयल फ़ैमिली का घर रहा है। यह तो मेरे एजेंडा में नहीं था! वैसे मेरा कोई एजेंडा भी तो नहीं था, सो मैं नाश्ता कर के निकल पड़ी।

झोले में डाली मैंने एक किताब, ख़ाली डायरी, पेन्सिल, मूँगफली, पानी और सनस्क्रीन। मूँगफली या चना—इनका साथ में रहना बहुत ज़रूरी है। यह मैंने राजस्थान घूमते वक़्त जाना था। इतने बड़े-बड़े महलों को देखने में पूरा-पूरा दिन चाहिए होता है। चना या मूँगफली साथ में हो तो एक टाइम के खाने का समय बच जाता है। नहीं तो घूमो, फिर लंच की जगह ढूँढ़ो, फिर खाने के बाद वापस आओ। और फिर पूरा-पूरा लंच करने पर सुस्ती भी छा जाती है, चबेना ठीक रहता है। मैंने गूगल मैप्स से वरसाय का कच्चा-पक्का मैप काग़ज़ के एक टुकड़े पर उतारा, जूते पहने और टोपी लगाकर निकल पड़ी घर से।

एक क़दम, दो क़दम, तीन क़दम...मैं ऐसी जगह जा रही थी जो मैंने कभी नहीं देखी थी। मैं उन रास्तों से जा रही थी जो एकदम नए थे। मैं ऐसे लोगों के बीच से जा रही थी जो न मुझे जानते थे और न शायद जानना चाहते थे। मैं जा रही थी, लेकिन जाना ज़रूरी नहीं था। मैं कहीं-की-कहीं और भी चली जाती तो ठीक ही होता। मुझे कहीं जाना तो था, पहुँचना कहीं नहीं था। रास्ते तो थे, मंज़िल तय नहीं थी। और अगर मंज़िल थी तो रास्ते तय नहीं थे। वो कहते हैं न, धरती गोल है। लेकिन आपको पता तभी चलता है जब आप ऐसे घूमते हैं कि न कोई रास्ता ग़लत होता

हैं, ना सही; जब ना रास्ता मायने रखता है, ना मंजिल; जब रास्ता और मंजिल दोनों एक लगने लगते हैं; और जब हर रास्ता मंजिल की ओर ले ही जाता है। आप उड़े हैं कभी ? मैं उड़ रही थी उस समय। मुझे अपने क़दम हलके जान पड़ रहे थे...मैं ख़ुद को पूरी-की-पूरी हलकी जान पड़ रही थी...एक जम्प लगाकर देखा मैंने...मैं नाच सकती थी, अभी-के-अभी ! हम लड़कियाँ दुनिया का जो सारा बोझ उठाए फिरती हैं, वह तो मैं पीछे फेंक आई थी...और उस वक़्त मैं ज़मीन से दो इंच ऊपर थी !

मैं ज़ोर-ज़ोर से 'बोंजोर मिस्सिओर', 'बोंजोर मदाम' बोलकर प्रैक्टिस करने लगी। फ्रेंच भाषा में बोंजोर का मतलब सलाम या कि गुड डे होता है। फिर तो जो सामने आता, उसे 'बोंजोर' कहती और सामने वाला 'बोंज़ो' कहकर मुस्कुरा पड़ता। अलग-अलग तरह से बोंजोर कहकर देखो, बड़ा मज़ा आता है। 'र' साइलेंट रहता है, और जो 'ज़ो' हो जाता है। दिन के किसी भी समय, बोंजोर चल जाता है। यह थोड़ा नमस्ते जैसा ही है।

वरसाय शातेयू इतना बड़ा होगा, मुझे अंदाज़ा नहीं था। दूर से धूप में चमकता, सुनहले रंग का एक विशालकाय, लेकिन बेहद आकर्षक गेट। अगर कहीं कोई स्वर्ग होगा और उसका कोई दरवाज़ा होगा तो ज़रूर ऐसा ही होगा ! अंदर कई सारे छोटे-बड़े महल और मैनीक्योर्ड गार्डन। आज मुझे पता चला कि 'मैनीक्योर्ड गार्डन' क्या होता है। गार्डन सिर्फ़ साफ़-सुथरा ही नहीं, 'मैनीक्योर्ड' ! मतलब सब झाड़ एकदम एक जैसे शेप और साइज़ में छँटे हुए। पेड़ों की ऊँचाई बिलकुल एक समान। बिलकुल एक जैसे रंग की घास। बुके जैसे तरीक़े से लगे फूल और बीच-बीच में बड़े ही स्टाइल से बनी वाटर बॉडीज़ और फाउंटेन। यह काफ़ी दिलचस्प था, लेकिन पसंद तो मुझे बेतरतीब गार्डन ही हैं—जहाँ चाहे जो भी उग आया है। वैसे में तो कूदने-फाँदने में भी डर ना लगे ! यहाँ तो चलने भर से लग रहा था कि बैलेंस तो नहीं बिगड़ रहा गार्डन का।

ख़ैर, दिन ढलने को था, और मैं भी ढल चुकी थी। आज तो पेरिस जाना ना हो पाएगा !

***

दूसरा दिन था आइफेल टावर के नाम! मैं जैसे तड़प रही थी उसके दीदार को। तो सुबह–सुबह की लोकल ट्रेन पकड़कर आ गई पेरिस। यहाँ की डबल डेकर ट्रेन काफ़ी मज़ेदार थी, मैंने ऊपर वाले डेक में विंडो सीट हथिया ली। यूरोप में ट्रेन टिकट पहले ही ले लेना ठीक रहता है। यहाँ हर स्टेशन पर टिकट–घर नहीं होता और कभी–कभी छुट्टे पैसे के अभाव में भी काफ़ी दिक़्क़त हो जाती है। इसके बारे में और आगे प्राग के प्रसंग में बात करूँगी, जहाँ टिकट के चक्कर में काफ़ी मज़ेदार घटना घटी।

वरसाय से ट्रेन आपको सीधा पहुँचाती है मोपरनास (Montparnasse) जहाँ से आइफेल पैदल लगभग चालीस मिनट का रास्ता है, और मेट्रो से बीस मिनट का। लेकिन जब मैंने ख़ुद से पूछा कि पेरिस में ऐसा क्या है जो नहीं देखना था? जवाब था, 'कुछ नहीं।' तो मैं चली पैदल। और फिर क्या कहना! ऐसा न करती तो मेट्रो से वे गलियाँ कैसे देखती जो आइफेल तक ले जाती हैं? वे घर कैसे देखती जो आइफेल से दूर हैं, और जो पास हैं? वे लोग जो बिखरे हैं पूरे शहर में। वो अधमुँदी खिड़कियाँ, और उनमें लहराते हवा–से भी हलके लेस के परदे, परदों से झाँकते अलग–अलग चेहरे। वो ग्रेफिटी जो बना दी है किसी ने ग़ुस्से में, तो किसी ने प्यार में। वह बिल्ली जो चढ़ गई है लैंपपोस्ट पर, अपनी मालकिन की पुकार से बेपरवाह। और वे छोटे–छोटे फूल जो खिल गए थे यों ही, बिना आइफेल की विराटता की परवाह किए, उन्हें भी तो देखना था...

अगर टैक्सी/मेट्रो में ही साइट–सीइंग करनी है तो यू–ट्यूब पर भी शहर के वीडियो देख सकते हैं। अगर सही मायने में शहर देखना है तो चलना पड़ेगा। शहर को पैदल नापना पड़ेगा।

पेरिस के फ़ैशन और स्टाइल के बारे में काफ़ी सुन रखा था। मेरे सामने अब एक सैलून था और उसके पोस्टर में वह सब दिख भी रहा था। मैं जैसे छोटी बच्ची–सी मचल पड़ी, बाल कटाने को! मुझे तो वैसे भी नए–नए तरीकों में बाल कटाना पसंद रहा है। बाल मेरे इतने रद्दी हैं कि कटिंग ख़राब हो जाएगी, इसका भी डर नहीं रहता। बस, अब गंजा होना बाक़ी है, वह स्टाइल मानो मैंने तिरुपति शहर के लिए बचाकर रखा है। सैलून बहुत महँगा नहीं था। संकेत और टूटी–फूटी भाषा में वहाँ फ्रेंच हेयर ड्रेसर से बात हुई जैसे–तैसे, लेकिन बाल बहुत अच्छे कट गए। सच में अच्छे! और इस तरह बन गई मैं पेरिस वाली!

अब शहर से दोस्ती करनी थी तो थोड़ा शहर जैसा होना था न? अब मैं आइफेल से मिलने को तैयार थी। कुछ और देर चलने के बाद, एक कोने से मिली मुझे उसकी पहली झलक। और बस, फिर तो मैं दौड़ने लगी, उसे पूरा देख लेने के लिए। लेकिन शायद मैं कहीं तिरछे में थी। आइफेल या तो सामने से पूरा दिखता है या फिर पीछे से। तिरछे में और कुछ-कुछ है, जो आइफेल को ढँके रहता है। यों उसे फॉलो करके चलते-चलते मैं ठीक उसके नीचे पहुँच गई। लोहे से बने उस विशाल ढाँचे के नीचे जो पूरी दुनिया का सबसे रूमानी स्ट्रक्चर माना जाता है, उसी के ठीक नीचे। यह आइफेल था जो बिजली के विशाल ट्रांसफार्मर जैसा भी किसी को लग सकता है! उफ्फ, इसमें इतना सारा लोहा! और जो भीड़ खड़ी थी उसके ऊपर चढ़ने की ख़ातिर, डबल-डबल लाइन बनाए हुए, उससे बना दृश्य थोड़ा और सहमा देने वाला था। किसी ने मुझे लाइन में लगने को कहा और मैं दौड़ पड़ी दूसरी तरफ़। एक बार पूरा देख तो लूँ पहले इसे...जिसे देखती आई हूँ बचपन से, कभी फ़िल्मों तो कभी ख़बरों और

कभी तस्वीरों में! एक बार पूरा दिखे तो! भीड़ को चीरते हुए मैं पहुँच गई उसके पीछे...लो जी, देअर इट वाज़!

यहाँ रूमानियत, इतनी भीड़ में कहाँ! ओह, सब लोगों के हाथ में या तो फ़ोन या कैमरा, या तो लोग फ़ोटो खींच रहे थे या खिंचवा रहे थे, या फिर जो एक पहले से खींच रहा है, उससे गुजारिश करने के इंतज़ार में थे। लोग, हर एंगल से आइफेल को अपने कैमरों में क़ैद कर लेना चाहते थे। यह जो कैमरे वाली नई बीमारी है, इसमें लोग देखते कम हैं, फ़ोटो ज़्यादा खींचते-खिंचवाते हैं। और इस बीमारी की शिकार मैं भी हूँ। कभी-कभी जब बैटरी ख़त्म हो जाती है या मेमोरी कार्ड फुल हो जाता है तो मन-ही-मन ख़ुश हो जाती हूँ कि चलो, अब आराम से देखूँगी शहर। वैसे अकेले घूमने का एक फ़ायदा यह भी होता है कि कोई फ़ोटो खींचने-खिंचवाने वाला नहीं होता। इससे थोड़ा आराम रहता है। वैसे आइफेल के सामने अकेले फ़ोटो लेने की कोशिश करना बेकार है। हो नहीं पाता। मुझसे तो नहीं हो पाया! बहरहाल, मैं ज़्यादा देर वहाँ नहीं रुकी और सेन (Seine) नदी के किनारे चलने लगी।

यूरोप के बड़े शहरों की जो बात उन्हें बेहद ख़ास बनाती है, वह है उनके बीचो-बीच एक नदी का होना। एक साफ़ नदी का बहना। और उन नदियों के किनारे बनी होती हैं एक से बढ़कर एक लाजवाब इमारतें। एक बार कहीं नदी मिल जाए, तो उसे पकड़कर पूरा शहर आर-पार कर लो और बस, मजे-मजे में शहर का एक बड़ा-सा सुंदर टुकड़ा देख लिया आपने! लेकिन अगर आपको पोस्ट-कार्ड के बाहर वाला शहर देखना हो तब तो गुम होना पड़ेगा। यों तो किसी नए शहर में बिना गाइड या बिना मैप के आराम से गुम हुआ जा सकता है। मैं तो मैप के साथ भी गुम हो जाती हूँ। एक बार गुम हो जाने के बाद तो फिर ऐसी-

ऐसी गलियाँ आती हैं, जिनका ज़िक्र ना तो किसी गाइड बुक में होता है, ना ही किसी ट्रैवल शो में। और फिर रास्ते में मिलने वाले लोग ऐसे होते हैं जो टूरिस्ट को टूरिस्ट की नज़र से नहीं, मेहमान की नज़र से देखते हैं। टूरिस्ट जगहों पर टूरिज़्म को भुनाने वाले लोग मिल सकते हैं, पर उन अनजान गलियों में हमेशा असली लोग मिलते हैं—स्कूल जाते बच्चे, ऑफ़िस जाते मर्द और औरतें, धूप सेंकते और गप्प हाँकते बुजुर्ग। लोकल बेकरी, लोकल चाय/कॉफ़ी की दुकानें, छोटे-छोटे लोकल रेस्टोरेंट, और हर नुक्कड़ पर एक 'बार'—इस तरह मैं पेरिस शहर में घुस गई!

बेकरी की बात चली तो एक बात का ज़िक्र ज़रूरी है। पेरिस की बेकरी के आगे लंदन की बेकरी कुछ नहीं है। यहाँ की बेकरी से कोई भी चीज़ उठा लीजिए, और बस, वाह-वाह! मुँह में पिघलते क्रोसों, अंदर से नर्म और ऊपर से करारी एक्लेयर, लेमन टार्ट और मैकरॉन तो बस अहा-हा! और वाइन, ऐसी कि जैसे शहद, और शहद के जैसी ही बजट की हद में। वैसे अगर मैं भारत से घूमने आई होती तो पेरिस बाक़ी यूरोप के मुक़ाबले महँगा लग सकता था, लेकिन लंदन के मुक़ाबले यह बेहद सस्ता है। रोज़-रोज़ रेस्टोरेंट में खाने और वाइन भर का तो मेरा बजट था नहीं, तो मैंने यहाँ के लोकल लोगों से सीखी एक सस्ती और टिकाऊ ट्रिक। सुपर मार्केट से बीस रुपए की एक बग्गेट ख़रीद ली, अपनी पसंद के चीज़ का एक टुकड़ा और पीने की अपनी कैपेसिटी के हिसाब से वाइन की बोतल। बस, एक बाइट ब्रेड का टुकड़ा, एक बाइट चीज़, और ऊपर से एक घूँट वाइन। आपको बहुत सारे फ्रेंच इसी तरह से अपना लंच करते दिख जाएँगे!

हम भारतीयों की तरह यहाँ लोग तीनों वक़्त गर्म खाना नहीं खाते। गर्म खाना सिर्फ़ डिनर होता है, जब घर में सब लोग इकट्ठे बैठकर गरमा-गरम खाते हैं। ये गर्म खाने को लक्ज़री जैसा मानते हैं। अगर आपने हॉट लंच लिया तो मतलब यह कि या तो कोई ख़ास मौक़ा रहा होगा या आप काफ़ी पैसे वाले हैं। शायद यहाँ मर्द और औरतें दोनों काम करते हैं और घर में बाई का कांसेप्ट नहीं है। तभी, नहीं तो हमारे यहाँ तो तवे से रोटी सीधे थाली में आनी चाहिए। "बेटा गर्म-गर्म खा लो, नहीं तो ठंडा हो जाएगा"—हममें से शायद ही किसी ने अपनी माँ के मुँह से नहीं सुना होगा। लेकिन अब वहाँ भारत में भी जो नई माएँ रसोई से बाहर निकल चुकी हैं, शायद उनके बच्चे चीज़ कुतरना सीख जाएँ।

***

चूँकि पेरिस दुनिया के सबसे रूमानी शहरों में गिना जाता है, सो सड़कों पर एक-दूसरे को चूमते, पुलों पर जालीदार बाड़ में ताले लगाते, सेल्फ़ी लेते जोड़ों की भरमार-सी है, इस शहर में। लेकिन क्या यहाँ के रहने वाले, मूल पेरिस वाले भी इतने ही रूमानी हैं? हालाँकि मैंने देखे हैं हर गली में संगीत बजाते, डांस करते, पेंटिंग बनाते लोग, लेकिन इन सबमें तो मैंने रूमानियत से ज़्यादा उदासी ही देखी। शायद यूरोप की गिरती इकॉनामी की मार इसका एक कारण हो। वैसे भी आर्थिक तंगी की मार सबसे पहले कला और फिर प्यार पर ही पड़ती है।

एक तरफ़ वूडी एलन का पेरिस है, जहाँ रोमांस है, कला है, म्यूज़ियम हैं, लाइब्रेरियाँ हैं। लेखकों के, चित्रकारों के घर हैं। धुएँ में घिरे कैफ़े हैं। घने पेड़ों से घिरी खुली सड़कें हैं, बुलवार्ड हैं। दुनिया की सबसे बढ़िया वाइन और चीज़ है। एक से बढ़कर एक रेस्तराँ है। फ़ैशन है, स्टाइल है। यह वूडी एलन का पेरिस है—क्लीशे पेरिस, जो कि बहुत ही हसीन है, लेकिन हक़ीक़त से थोड़ा परे। ऐसा नहीं है कि पेरिस वह सब नहीं है, लेकिन एक पेरिस रोमन पोलांस्की का भी है जहाँ लोग एक-दूसरे से कटे हुए हैं। अकेले रहते हैं, संवाद नहीं है। नौकरियाँ ख़त्म हो रही हैं। सुंदर बुलवार्ड पर हड़ताल और धरने हैं। बेरोज़गार नौजवानों का ग़ुस्सा है। रोजी-रोटी की तलाश है। पलायन के रास्ते ढूँढ़ती रोज़मर्रा ज़िंदगी है।

मैं लव-लॉक ब्रिज पर खड़ी यही सब सोच रही थी कि एक भूरे बालों वाला नौजवान अचानक मेरे सामने आ गया। फ्रेंच में कुछ बुदबुदाया और एकदम सटकर मेरे जवाब का इंतज़ार करने लगा। ''नो फ्रेंच, सॉरी''—मैंने केवल इतना कहा, हालाँकि मैं उसका मतलब जान चुकी थी। कुछ बातें किसी भी भाषा में कही जाएँ, एक-सी ही सुनाई देती हैं। यहाँ अंग्रेज़ी में अच्छे-अच्छों का हाथ तंग है, उसने भी वैसी ही अंग्रेज़ी में मुझे अपने साथ ड्रिंक्स पर आने का निमंत्रण

दिया था। क्या जवाब दे एक भारतीय लड़की ऐसे निमंत्रण का? राह चलते अजनबियों से ऐसे सवालों का तो सामना ही नहीं किया था कभी मैंने।

"मेरे साथ मंगल ग्रह पर चलोगी"—से कम मुश्किल नहीं था यह सवाल! सो इसे नमस्ते करके, बिना पुल पर ताला लगाए मैं वहाँ से खिसक ली।

मैं सोच रही थी कि यहाँ यों किसी को चाय-कॉफ़ी या ड्रिंक के लिए पूछ लेना शायद सामान्य बात होती होगी। यहाँ तो बुआ, मौसी, चाची, ताई—सब होती नहीं कि आपकी डेट फिक्स कराएँ सो ख़ुद ही पहल करनी पड़ती होगी। अगर हमारे देश में 'अरेंज मैरिज' नामक व्यवस्था न होती तो हमें भी शायद एक दूसरे से यों ही बात करनी पड़ती। और फिर यह हमारे लिए भी सामान्य हो जाता। लेकिन हम कहाँ बात करें? लड़कियाँ तो यों पुलों पर फिरती नहीं बेकाम, और अगर मिल भी जाए कोई किस्मत से तो लेकर कहाँ जाओगे 'ड्रिंक' के लिए? मेरे गाँव में तो कोई जगह है नहीं! सारा हिंदुस्तान मुंबई में थोड़े बसता है! अच्छा है कि अरेंज मैरिज का जुगाड़ है, नहीं तो काफ़ी मुश्किल हो जाती; नहीं?

सामने चौराहे पर आ गया—आर्क डे ट्रिउम्फ (Arc de Triomphe); एकदम अपने इंडिया गेट जैसा! फ़र्क़ केवल इतना कि इस पर युद्ध आकृतियाँ मूर्ति-शिल्प में उकेरी हुई थीं। बहरहाल, अंदर-बाहर खुदे हुए फ्रेंच रेवोल्यूशन और नेपोलियन वार के शहीदों के नाम और नीचे विश्वयुद्ध के किसी शहीद की एक बेनाम क़ब्र। वैसे ये सारे शहीद स्मारक एक जैसे क्यों होते हैं? एक बिना दीवारों का बड़ा-सा गेट और उस पर खुदे हुए नाम! मेरे तो बस की बात नहीं यों देश के लिए, कभी राजा तो कभी नेता के लिए मर-खप जाना। चाहे कितना भी बड़ा मेरा नाम ख़ुद जाने वाला हो दीवारों पर!

कितना कुछ सोचते रहते हैं न हम...यों ही बेमक़सद दिमाग़ दौड़ाते रहते हैं...अब मैं थक गई हूँ...तो लेट जाती हूँ 'एयर फ्रांस' की बिल्डिंग के सामने, बड़े से गार्डन में। और भी बहुत-से लोग यूँ ही बैठे हैं। कोई अकेला है तो कोई

दोस्तों के साथ। कोई चादर बिछाकर सो गया है। सुहानी धूप है। वाइन ने दिमाग़ कुछ हल्का कर दिया है। मैं भी अपना स्कार्फ़ मुँह पर डाल सो जाती हूँ।

कुछ ही देर में फिर चलने को तैयार...यों ही सोचते, चलते, रुकते, सुस्ताते, आराम करते, फिर चलते ज़िंदगी काफ़ी आसान-सी लगती है...कितना ज़रूरी है, जहाँ थक जाएँ वहीं सुस्ता पाना...यों ही पैर फैलाकर बेफ़िक्री से सो पाना...बड़ा ज़रूरी है रुक पाना...फिर से चलने को तैयार होने के लिए...

मेरा ठिकाना पेरिस से एक घंटे की दूरी पर था। इसलिए मैं समय रहते वरसाय की ओर निकल पड़ी। मुझे लगा कि वरसाय में रहते हुए तो रात का जगमगाता पेरिस देखना मुश्किल ही होगा। दरअसल, 'सही' समय पर घर पहुँचने की आदत अभी तक मैं बदल नहीं सकी थी। सो मैंने पेरिस में एक और पहचान निकाली और एक दोस्त के दोस्त को ढूँढ़कर, ख़ुद को उनके घर इन्वाइट करा लिया! अकेले घूमने में थोड़ी बेशर्मी तो आ ही जाती है, और यह ज़रूरी भी है! कोई 'ना' ही बोलेगा न ज़्यादा से ज़्यादा? लेकिन 'हाँ' बोल दिया तो? इसलिए पूछना तो बनता है। हर्ज क्या है!

अगले दिन लेकर अपना झोला-झमेला, मैं आ गई पेरिस और ढूँढ़ने लगी रोहित का घर...

***

पहले उसने बोंजोर किया और फिर फ्रेंच में बतियाने लगा। फिर थोड़ी देर बाद उसने मुझे सिगरेट ऑफ़र किया। मेरे मना करने पर पानी ऑफ़र किया। फिर उसने कुछ और बात की और मेरा जवाब ना में पाकर, अपनी कोट की जेब से रेडियो निकाल गाने सुनने लग गया। कुछ देर गाने की धुन पर झूमता रहा, और फिर बगल में बैठे एक महाशय से बतियाने लगा। दोनों ने साथ मिलकर सिगरेट पी, कुछ बातों पर ठहाके लगाए; फिर साथ वाले महाशय सलाम करके निकल लिए। मेरी बस आने पर मैंने भी सलाम किया और बस में बैठ गई। फिर वह भी अपना रेडियो बंद कर बस में चढ़ा, दो-चार लाइन फ्रेंच की बोली और अपने बैग से एक ख़ाली गिलास निकाल एक-एक सवारी की तरफ़ बढ़ने लगा। वह एक फ्रेंच भिखारी था।

बड़ा कमाल का दृश्य था! एक मिनट पहले जो आदमी उन सबके साथ बैठकर गाने सुन रहा था, बतिया रहा था, सिगरेट सुलगा रहा था, अब वह उन्हीं सबके सामने हाथ फैला रहा था। उसके हाथ फैलाने में किसी तरह की कोई

झिझक, चिढ़ या नाराज़गी भी नहीं थी। जैसे वह बस अपना काम कर रहा हो! शायद कोई भी चीज़ अति में हो तो बेकद्री हो जाती है और इक्के-दुक्के हों तो भिखारी भी ख़ास लगते हैं।

अब सिगरेट की बात चली है तो इससे पहले कि मैं भूल जाऊँ, बता दूँ। यहाँ पीते सब लोग हैं, ख़रीदता शायद ही कोई है। अगर आप ओपन कैफ़े में बैठकर चाय या कॉफ़ी पी रहे हैं और चार-पाँच यों ही राह चलते लोग आपसे सिगरेट माँग लें तो चौंकिएगा नहीं। यह यहाँ एकदम आम बात है।

रोहित फ्रांस में कई सालों से रह रहा था। उसके घर पहुँची तो उसकी बीवी सुमन ने बनाए थे छोले और चावल। व्हाट अ वेलकम! किसी भारतीय को शायद ही कोई चीज़ यूरोप में इस क़दर सताए, जितना कि देसी खाने की याद। और जब एक बार खाने से पहले, और फिर खाने के बाद सुमन ने चाय परोसी, मुझे समझ आ गया कि ख़ूब जमेगी हमारी। हम दो ही दिनों में गाढ़े यार हो गए थे। हम दोनों अपनी ज़िंदगी के राज़ एक-दूसरे के सामने खोलते चले गए। कहीं-ना-कहीं हम सब शायद एक ही होते हैं, इसीलिए देश, भाषा, परिधान हमें कुछ ज़्यादा नहीं बदल पाता। हमारे दिलों का हाल एक स्तर पर एक-सा रहता है। उनके साथ रहते हुए मैं भूल ही गई कि मैं सुमन की नहीं, रोहित की मित्र हूँ।

रोहित चला जाता ऑफ़िस। मैं और सुमन चाय पर बतियाते और फिर मैं झोला टाँगकर पेरिस घूमने निकलती।

***

आज का दिन था 'मोना लिसा' के नाम! यूँ तो मुझे सब म्यूज़ियम एक-से ही लगते हैं। कुछ बेहद पुरानी, ख़ूबसूरत, अजब-गजब-सी, दूर-दूर से लाई गई चीज़ों का संग्रह। एक बड़ा-सा हॉल और उसमें चलते-ठहरते बहुत सारे लोग। मेरे लिए म्यूज़ियम तभी रोमांचक हो सकता है, जब मुझे उसके कॉन्टेक्स्ट की अच्छे-से जानकारी हो, नहीं तो मैं पक जाती हूँ।

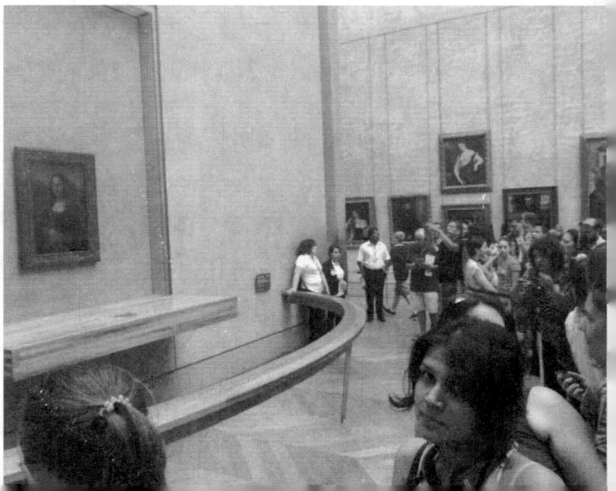

लेकिन आज तक जितने भी म्यूज़ियम देखे थे, लूव्र (Louvre) उन सबसे न्यारा था। सेन नदी के दाएँ किनारे बना, दुनिया के सबसे बड़े म्यूज़ियमों में से एक—लूव्र—बाहर से भी उतना ही सुंदर और प्रभावी जितना अंदर से। इसको देखने के बाद किसी और म्यूज़ियम को सराह पाना थोड़ा मुश्किल हो जाता है।

यहाँ एक-एक कमरा माइकल एंजेलो और लिओनार्डो डा विन्ची जैसे कलाकारों की कला से भरा पड़ा है। काँच की खुली छत से आ रही सूरज की रौशनी काले और सफ़ेद पत्थर से बनी मूर्तियों को जीवंत बना देती है। मूर्तियाँ भी कोई एक और दो नहीं, सैकड़ों एक साथ रखी हैं। सबकी जैसे अपनी-अपनी कहानी है और एक कहानी वो सब मिलकर भी कह रही हैं, जो हर देखने वाला अपने-अपने हिसाब से सुनता है। यह एक बेहद सम्मोहित कर देने वाला दृश्य है।

मैं सुबह से लेकर शाम तक लूव्र में रही, लेकिन लगा जैसे अभी तो केवल हाय-हेल्लो ही हुई है। मैं चाहती थी मित्रता। लेकिन टिकट भी इतना महँगा कि दोबारा आने में बजट ही बिगड़ जाए; रोज-रोज भला कहाँ आती! शायद तभी वहाँ के लोगों के लिए लूव्र का एक सालाना पास बनता है जिससे कि आपका जब मन करे, आ जाएँ।

वैसे कला से लबालब इस शहर में कला के दीदार के लिए टिकट पर पैसे खर्चने की ज़रूरत हमेशा नहीं है। यहाँ कला सिर्फ़ म्यूज़ियम में क़ैद न होकर, गलियों, चौराहों और पुलों पर भी बिखरी दिखती है। सुंदर चौराहों पर पेंटिंग बनाते चित्रकार! साक्रे-क्युर (Sacré-Coeur) जैसी ग्रैंड इमारतें, उसके बाहर गाना गाते, वॉयलेन बजाते संगीतकार! रूसो, वाल्तेयर, विक्टर ह्यूगो जैसे नामों की गलियाँ! उनमें फिरना ही अपने-आप में एक गज़ब अहसास है...वो फिरे होंगे कभी यहाँ, आज मैं फिर रही हूँ...शायद इसी जगह पर उनके भी क़दम पड़े हों, जहाँ अभी मैं खड़ी हूँ...सुर्रियल टाइप का मामला हो जाता है कभी-कभी!

इतनी कला हो जिस शहर में, वहाँ शायद कुछ अवसाद अपेक्षित भी है, या शायद एक तरह की उदासी यहाँ हमेशा से है, तभी इतनी कला है। भीड़ी-भीड़ी, सटी-सटी गलियों में एक-दूसरे के सामने भूरे, स्लेटी और मटमैले सफ़ेद रंगों की इमारतें, उनमें चिपकी पुराने ढंग की खिड़कियाँ...और जिस खिड़की के अंदर झाँको, एक अधूरी पेंटिंग, बिखरे रंग, ख़ाली गिलास और एक अदद इंसान! मुझे वूडी एलन की फ़िल्म *मिडनाइट इन पेरिस* के फ़ौरन बाद रोमन पोलान्सकी

की फ़िल्म *द टेनेंट* की झलक भी दिख रही थी। क्या सच में कला इन्सान को अवाक् कर सकती है? क्या वाक़ई कोई कला में इतना डूब सकता है कि बोलना भूल जाए! शायद कला मनुष्य को भाषा से परे ही ले जाती है! वैसे कहने को तो शब्दों में रखा क्या है? लेकिन प्यार से बोले दो शब्द क्या किसी मोना लिसा से कम हैं?

वापस घर जाते वक़्त मेरी टिकट ट्यूब के दरवाज़े की चेक-इन मशीन में अटक गई। रात का समय, न दरवाज़ा खुले, ना टिकट बाहर निकले। ना कोई स्टाफ, न पुलिस, ना आसपास कोई गार्ड। स्टेशन पर लगे माइक्रोफ़ोन पर अपनी समस्या रखी तो या तो उन्हें मेरा एक्सेंट समझ में नहीं आया, या मेरी भाषा। मैं वहीं की वहीं खड़ी! थोड़ी देर बाद कुछ लड़कियों की एक टोली आई तो मैंने उनसे मदद माँगने की कोशिश की। मेरी समस्या सुन सब हँसने लगीं और सब एक स्वर में बोलीं, 'ओह, डोंट वरी, जम्प ओवर द टाइनी डोर। वी डू इट आल द टाइम'। उस दिन के बाद मैंने स्टूडेंट टाइप के काफ़ी नौजवानों को दरवाज़ा फाँदते देखा। सिर्फ़ अंदर घुसने का दरवाज़ा टिकट से खुलता था, बाहर निकलने वाले दरवाज़े सबके लिए खुले थे।

***

पेरिस से मेरा प्लान था ब्रस्सल्स जाने का। अब वहाँ रहने की भी कोई व्यवस्था करनी थी और जाने का इंतज़ाम भी। सो मैंने इंटरनेट के जरिए ब्रस्सल्स में रह रहे ऐसे लोगों को ढूँढ़ा जो घूमते-फिरते लोगों को, अपने घर का एक कोना देने को तैयार थे। एक कोना ही तो चाहिए होता है, बस। ऐसा करने के लिए 'काउच सर्फिंग' नाम की एक वेबसाइट है, जहाँ लोग अपने घर में ख़ाली काउच घुमक्कड़ों को देते हैं, एकदम मुफ़्त। वहाँ बस फेसबुक की तरह ही अपना अकाउंट बना लेना होता है। फिर जिस शहर में जा रहे हैं, वहाँ के लोगों को लिख देना होता है। अगर कोई आपका प्रस्ताव स्वीकार कर लेता है तो वहीं ठिकाना सेट!

दोपहर में मेरी एक फ़ेसबुक सहेली जूही का बड़े अधिकार वाले टोन में मैसेज आया—"तुम्हारे पोस्ट से मालूम हुआ कि तुम पेरिस में हो। तुम्हें आज शाम हर हाल में मेरे घर आना है। आज संयोग से मेरे बेटे की जन्मदिन पार्टी है. मैं अपना एड्रेस भेज रही हूँ, वेटिंग फॉर यू।"

जूही से कभी मैं मिली नहीं थी। बस जानती थी कि वह फ्रांस में रहती है। पेरिस में रहती है, यह उसके मैसेज से ही समझा। मन में एक बात यह भी आई कि यह पता होता तो पहले वहीं जाती! लेकिन फिर और सब से कैसे मिलती! ख़ैर, जो भी है अब तो मिल ही लेती हूँ। मुझे कौन-सा ब्रस्सल्स जाकर कोई कॉन्फ्रेंस अटेंड करनी थी। होटल या ट्रेन की कोई बुकिंग थी ही नहीं तो एक दिन और मैं पेरिस में रुक गई। एक यह भी बड़ा मज़ा रहता है अकेले घूमने का, और बिना बुकिंग के घूमने का—जितने दिन दिल किया, जहाँ दिल किया, ठहरे, नहीं किया तो निकल लिए। बिना किसी को मनाये या रुठाये। घूमने का आधा मज़ा तो कई बार दूसरों की परवाह करने में ही निकल जाता है!

जूही से जो भी बातचीत थी, फ़ेसबुक पर नॉर्मल ही थी। मैंने सुमन को मैसेज से ख़बर कर दी कि रात में आने में शायद देर हो और शाम को घूमते-भटकते पहुँच गई जूही के घर। उसके यहाँ पार्टी में भारतीयों का मिलना बहुत ख़ास था। जूही ऐसे मिली जैसे हम कब से मिलते-जुलते रहे हों। उसने अपने पति हरेन्द्र से मिलवाया। उसके गोलमटोल प्यारे बच्चे से मिलकर और भी ख़ुशी हुई। फिर हम लोग किचेन में घुस गए। वहाँ जाकर देखती हूँ कि जूही ने पूरे दिन रसोई में लगकर तरह-तरह के पकवान बना रखे थे। मैं सोच रही थी, इतनी मेहमाननवाज़ी तो आजकल भारत में भी नहीं होती! उसने स्टार्टर्स में दो तरह की चाट और पनीर पकौड़े की तैयारी की थी। खाने में पुलाव, छोले, आलू-गोभी की रसेदार सब्जी, रायता और सलाद। मीठे में बहुत ही स्वादिष्ट खीर। मेहमानों के आने पर गरम-गरम पूरियाँ भी तली जाने वाली थीं। सब आ गए तो जूही ने सबसे पहले चाय बनाई और फिर ड्रिंक्स का दौर चालू हुआ। रह-रह कर एक-दो महिला गेस्ट रसोई में आकर मदद की बाबत पूछतीं। मैं पूरियाँ बेलने का काम कर रही थी।

बाहर मर्दों ने केजरीवाल और मोदी के झंडे उठा रखे थे। बीच-बीच में औरतें भी रसोई और ड्राइंग रूम के चक्कर लगाते हुए अपने विचार रख रही थीं। मेहमानों के खाने में देर ना हो जाए—इसकी चिंता में हरेन्द्र बीच-बीच में रसोई के चक्कर लगाता और जूही को जल्दी करने को बोलता। इधर जूही की पूरी कोशिश यह थी कि वह मुझसे कितनी सारी बातें कर ले। धीमी-धीमी आवाज़ में वह बातें किए जाए और पूरियाँ भी तले। किसी के आने की आहट पाकर बात भी बदलना

न भूले। मर्दों को खाने के समय को लेकर ज़्यादा फ़र्क़ नहीं पड़ रहा था, लेकिन औरतें चाहती थीं कि सब टाइम पर हो जाए। इस समय मुझे लग नहीं रहा था कि मैं फ्रांस में हूँ। मेरा मन जूही की बातों में खोता-उलझता जा रहा था। रसोई के बाद मैंने बच्चों की देखभाल की ड्यूटी ले ली और हम सब एक फ्रेंच फेयरी टेल देखने लगे। अब जाकर थोड़ी फ्रेंच फील आई, लेकिन मन तो तब तक जूही की ज़िंदगी की गुत्थियों में उलझ चुका था।

जूही ने ज़िद की कि मैं रात को उसी के पास रुक जाऊँ, कल हरेन्द्र वैसे भी लील जा रहा है और ब्रस्सल्स लील से ज़्यादा दूर नहीं है तो वह मुझे वहाँ तक छोड़ देगा। मैं सुमन की नाराज़गी सहते हुए भी जूही की बात मान लेती हूँ। जाने मुझे क्यों लगा कि जूही को आज मेरी ज़रूरत है और मैं उसकी कोई मदद कर पाऊँ या नहीं, लेकिन मुझे उसे सुनना तो चाहिए ही।

***

यहाँ सब खुल कर कह भी पाऊँ कि नहीं, नहीं पता! लेकिन रात उसकी बातों ने मुझे अंदर से थोड़ा हिला-सा दिया था। जीवन इतना सुगम तो नहीं, लेकिन इतना कठोर, इतना इम्तिहानी! पेरिस में जिसका घर हो, फूल-सा एक बच्चा हो, पति की अच्छी नौकरी हो, सबकी बढ़िया सेहत हो, घर में मेहमानों का आना-जाना हो, कपल पार्टी हो रही हो, जन्मदिन और सालगिरह की धूम रहा करती हो—यह सब होते हुए तलाक़ के काग़ज़ों पर साइन भी हो रखे हों! जूही का ये ख़ुलासा मुझे हिला गया।

जूही शादी के बाद फ्रांस आ गयी थी, लेकिन अभी तक फ्रेंच नहीं बोल पाती थी। जबकि हरेन्द्र खूब फर्राटे से फ्रेंच बोलता था। फ्रांस में बिना फ्रेंच जाने रहना, दिल्ली में बिना हिंदी के रहने जैसा है। काम तो चल जाएगा, लेकिन ना तो अपनापन मिलेगा, और ना लोकल कल्चर में प्रवेश। जूही ने बताया कि बच्चे के साथ सारा वक़्त निकल जाता है और दोस्त भी ज़्यादातर भारतीय हैं तो काम चल जाता है। ‘‘लेकिन जब बेटा स्कूल जाने लगेगा और उसके दोस्त सब फ्रेंच होंगे, तब तो बिलकुल ही कट जाओगी न तुम,’’ मैंने पूछा।

‘‘हाँ, लेकिन हरेन्द्र को पसंद नहीं कि मैं बाहर जाकर फ्रेंच सीखूँ। उसे लगता है कि मुझे वीडियो और किताबों की मदद से सीखनी चाहिए। मैंने काफ़ी कोशिश की, लेकिन मुश्किल लगती है।’’

"ऑफ़ कोर्स लगती है! भाषा ऐसे थोड़े ही सीखी जाती है..और तुम तो फ्रांस में हो! इससे अच्छा मौक़ा कहाँ मिलेगा!"

"लेकिन उसको लगता है कि फ्रेंच लड़के बहुत फ़्लर्ट टाइप के होते हैं..."

"तो इससे क्या!"

"मतलब...मैं फँस जाऊँगी... और उसे लगता है, मैं लड़कों को जल्दी अट्रैक्ट कर लेती हूँ..."

"वह ऐसी बात करता होगा, यक़ीन नहीं होता! उसकी तो खुद की कितनी दोस्त आई हुई हैं... और उसने भी तो यहीं फ्रेंच सीखी है?"

मैं चकित थी। एक बहुत केयरिंग बाप के पीछे मुझे कहीं एक मुश्किल पति दिखाई पड़ने लगा। यों वह बहुत नेकदिल था, लेकिन उसके भीतर एक ग़ुस्सैल मर्द भी था। वह बात-बात पर जूही को झिड़क देता था— 'पूरा दिन घर में थी, इतना भी नहीं हुआ?', 'अभी तक डिश वॉशर यूज़ करना नहीं आता तुम्हें!', 'इतनी देर बाज़ार में क्या घूमती रहती हो?' आदि-आदि। मेरे सामने ही मेहमानों के जाने के बाद उसे नीचा दिखाने से बाज न आया कि इसे तो फ्रेंच नहीं आती, फलानी चीज़ नहीं आती, ढिमकी नहीं आती! सोफ़े पर पड़े-पड़े आर्डर देना तो आम बात मालूम हुई! और जूही का एक हाथ बच्चे को, दूसरे हाथ घर के काम को सँभालना, साथ में ताने झेलना—मुझे यह सब सोचने के लिए मजबूर कर रहा था कि क्या इतना पढ़-लिखकर, पेरिस के इस खुले समाज में रह कर भी सोच ऐसी जड़-की-जड़ है! बल्कि शायद ज़्यादा ही जड़; क्योंकि दुनिया को लगता था—कितनी किस्मत वाली है जूही! विदेश में घर है। छुट्टियों में यूरोप घूमती है। आइफेल टावर पर सालगिरह मनाती है। पेरिस में शॉपिंग करती है। लेकिन अंदर क्या था?

***

अगले दिन एकदम सुबह मैं सुमन के घर आ गयी। कुछ ही देर बाद हरेन्द्र के साथ लील के लिए निकलना था। उसके साथ जाने का मेरा ख़ास मन न था, लेकिन सिक्के का उसके वाला पहलू जानने की कहीं चाह भी थी। मैं जानना चाहती थी कि क्या उसको पता भी है कि वह कर क्या रहा है? या वह किसी ख़ुमार में जिए जा रहा है। 'क्या चलता है ऐसे मर्द के दिमाग़ में'— मेरी कोशिश यह समझने की थी। मुझे ज़्यादा कोशिश नहीं करनी पड़ी और वह खुल गया, जैसे भरा बैठा हो!

हरेन्द्र मुझसे 'ओपन मैरिज' के बारे में सलाह लेना चाह रहा था। शायद उसको लगा कि मैं अकेली घूमती लड़की काफी 'ओपन' होऊँगी। उसने मुझे बताया कि वह 'फ्री' रहना चाहता है और अपनी रिस्पांसबिलिटी भी निभाना चाहता है। वह डाइवोर्स पेपर पर साइन कर चुका है और बस बाहरी ढकोसले के लिए साथ रहना चाहता है कि शादी भी बनी रहे और वह फ्री भी रहे। "तुम तो अकेले घूमती हो, अनु; मुझे लगा, तुम तो समझ सकती हो"— मेरे हैरान होने पर उसने आश्चर्य प्रकट किया। क्या सच में मुझे समझ जाना चाहिए था? तो मुझे समझ में आ क्यों नहीं रहा था?

शादी के बाद उसके कई अफ़ेयर रह चुके हैं। जब मैंने पूछा, 'क्या जूही के भी अफ़ेयर हैं' तो उसने कहा कि उसे शक है। स्वाभाविक है कि शक तो होगा ही! जिसे यहाँ के लड़के फ़्लर्ट लगते हों और बीवी उनको अट्रैक्ट करने वाली चुम्बक, उसे शक कैसे नहीं होगा? अगर शक नहीं करता तो अपने अफ़ेयर कैसे जस्टिफ़ाई करता? मैंने सोचा, कहीं मैं ज़्यादा जजमेंटल तो नहीं हो रही? हरेन्द्र ने आगे बताया कि उसकी तो एक फ्रेंच गर्लफ्रेंड जूही से लड़ने ही आ गयी थी। उस वक्त बेटा अभी साल भर का भी नहीं हुआ था। सच बताऊँ तो मैं आगे की कहानी सुन नहीं पाई। मेरे दिल और दिमाग़ दोनों जैसे सुन्न हो गए थे। शायद मैं इतनी भी 'ओपन' नहीं हुई थी!

वह मेरी दोस्त है और यह एक सलाह माँगता मेरी मदद के लिए घर से अपनी गाड़ी लेकर निकला एक मर्द। मुझे क्या कहना चाहिए, मैं समझ नहीं पा रही थी। सच मानिए, मैं कोशिश कर रही थी सब कुछ को तटस्थ होकर समझने और कोई सही सलाह दे सकने की। ऐसा नहीं कि मुझे डाइवोर्स ग़लत लगता है, बल्कि मैं तो उसकी बड़ी समर्थक हूँ। जब किसी से नहीं जम रही तो साथ क्यों रहो! बोझ क्यों ढोना। ज़िंदगी बहुत छोटी है, ज़बरदस्ती दुख में काटने के लिए तो नहीं ही है। और ऐसा भी नहीं है कि उसके एक्स्ट्रा-मैरिटल अफ़ेयर मुझे तंग कर रहे थे। आप अपनी ज़िंदगी में जो करो, अपने बिस्तर में जो करो।

मैं तो बस जूही की सोचे जा रही थी। क्या उसको भी यही चाहिए? वह तो अपने बच्चे से इतनी अटैच्ड है! उसके लिए किसी भी हालत में रह लेगी। उसके पास तो ख़ुद का पैसा भी नहीं है, और ना ही रोज़गार। लेकिन जितनी जल्दी निकले इस उलझन से, उतना अच्छा भी होगा कि नहीं? जितना देर करेगी, उतनी कमज़ोर नहीं होती जाएगी?

लेकिन अब वह भी शायद इसी ज़िंदगी में ढलने लगी थी। कई बार जान-बूझकर पूरा-पूरा दिन फ़ेसबुक पर ही रहती है। न खाना बनाती है, ना कुछ खाती है। और फ़ेसबुक पेज पर 'परफ़ेक्ट फ़ैमिली' की फ़ोटो लगाती रहती है, यह तो मैं ख़ुद ही इतने महीनों से देखती-सराहती आ रही हूँ! अगर आज इसके घर नहीं आई होती तो उन सब 'परफ़ेक्ट फ़ैमिली' वाली तस्वीरों के पीछे का कड़वा सच भला कैसे जान पाती! उसे तो मैंने हरेन्द्र की झिड़कियों से भी परेशान होते नहीं देखा शाम में। और तो और, हरेन्द्र की जो गर्लफ्रेंड लड़ने आ गई थी, उस फ्रेंच लड़की तक से दोस्ती कर ली है उसने, यह भी खुद उसी ने बताया। क्या हम सब इस हद तक समझौते कर लेना सीख लेते हैं? शायद वह सच में 'ख़ुश' भी है...सबकी ख़ुशी एक जैसी तो नहीं! किसके बिस्तर में मखमल है और किसके बिस्तर में खटमल, यह तो सोने वाले को ही पता होगा न? और कब मख़मल में खटमल आ गया, यह भी।

४

ब्रस्सल्स : बेशुमार झीलें और एक स्पेनिश बूढ़ा

मैं गाड़ी से उतरकर हरेन्द्र को विदा कहती हूँ, लेकिन चिंता मुझे जूही की ही है। मन बल्कि उससे भी आगे इस उलझन में फँस गया है कि जिनके सुखी जीवन की सोच-सोच भारत में सभी आहें भरते हैं या सपने सँजोते हैं, वे भी यहाँ विदेश में कैसी दोहरी और मुश्किल ज़िंदगी जिए जा रही हैं! कैसा ढकोसला है जीवन का कि दबे-ढँके सारे गुलछर्रे भी उड़ाने हैं और परिवार को जबरन ख़ुश-ख़ुश भी दिखाना है उसको घर की हद में बाँधकर। सारी आज़ादी खुद चाहिए और सारी बंदिशें पत्नी के लिए हैं। मनमानी का अधिकार पति को और घर की इज़्ज़त के लिए क़ुरबानी पत्नी की! कितने दकियानूस हैं ये लोग यहाँ आकर भी, शायद और ज़्यादा जितना कि भारत में होते!

बहरहाल, मैं अपने घूमते दिलो-दिमाग़ को लेकर शहर में घुस गई।

***

लील फ्रांस का एक छोटा-सा शहर है। मेरे पास कुछ ही घंटे थे। कोवतुराज (covoiturage) नाम की एक फ्रेंच वेबसाइट है, जहाँ लोग अपनी ट्रिप शेयर

करते हैं। जैसे कोई दिल्ली से चंडीगढ़ ड्राइव करके जा रहा है। गाड़ी में दो सीटें ख़ाली हैं तो वह इसकी जानकारी इस वेबसाइट पर डाल देता है। जिस किसी को चंडीगढ़ जाना है, वह उसे लिखता है और साथ निकल पड़ता है। ले जाने वाले को तेल के कुछ पैसे मिल जाते हैं और साथ जाने वाले को आराम का सफ़र। क्या पता दोस्ती भी! यूरोप के हर देश में ऐसी वेबसाइट्स का ख़ूब चलन है। इस तरह की किसी वेबसाइट के जरिए कहीं जाने से दो-तीन घंटे पहले भी गाड़ी ढूँढ़ी जा सकती है। इसलिए मुझे बहुत कम जगह की एडवांस में टिकट बुक करानी पड़ी। और उस दोपहर मुझे लील से ब्रस्सल्स के लिए लिफ़्ट मिल रही थी, अपनी बीवी को ब्रस्सल्स एयरपोर्ट छोड़ने जा रहे एक महाशय की गाड़ी में। मेरे पास कुल तीन घंटे थे जो मैंने किसी लोकल कैफ़े में बिताने की सोची।

सोमवार का दिन था, ग्यारह बज रहे होंगे। शायद सब लोग काम पर जा चुके थे। दुकानें अभी तक खुली नहीं थीं, शटर डाउन थे। गलियाँ एकदम सुनसान-सी। मुझे एक बार खुला दिखा। मेरे पूछने पर, बार में मौजूद आदमी ने बताया कि यहाँ कॉफ़ी भी मिलती है। बार में अधेड़ उम्र के चार-पाँच लोग बैठे थे। यों तो सब अलग-अलग टेबल पर थे, लेकिन सब आपस में बातें कर रहे थे। छोटे शहरों की यह चीज़ बड़ी ख़ास होती है। लोग आपस में बात करने से नहीं घबराते। जाने क्यों बड़े शहर वाले, अपने में इतना खोए रहते हैं? शायद उनके फ़ोन ज़्यादा अच्छे होते हैं! तभी इतने इत्मीनान से, आसपास सब इग्नोर मार देते हैं। ख़ैर, वह भी ठीक ही है। क्या रखा है ज़्यादा बातों में? लेकिन कभी-कभी मेरा बड़ा तेज़ मन करता है, यों ही किसी से बात कर लेने का, लंदन में ख़ासकर। जब कई-कई दिन हो जाते हैं असल में गप्पियाए हुए; लेकिन लोग फ़ोन में कैंडी क्रश करते रहते हैं। आजकल मैं भी सीख रही हूँ, फ़ोन में गुम होना। लेकिन कोशिश करती हूँ, ना ही सीखूँ। इसलिए एक किताब रखती हूँ झोले में। मैं पुराने और नए के बीच में कहीं टँगी हूँ शायद!

अकेली थी तो बार में बैठे कुछ लोग मुझसे भी फ्रेंच में बतियाने की कोशिश करने लगे। लेकिन मेरा फ्रेंच के मामले में एकदम पत्ता साफ़, और उनका अंग्रेज़ी के मामले में। तो हम बस मुस्कुराते हैं। कुछ लोग बियर पी रहे थे, कुछ कॉफ़ी। एक अधेड़ उम्र का आदमी, शायद कैफ़े का मालिक रहा होगा, पैसे गिन रहा था। एक सुंदर जवान लड़की जो शायद यहाँ काम करती होगी, अपना सिगरेट रोल कर रही थी। कॉफ़ी बहुत कड़वी है, लेकिन एक-दो घूँट के बाद अच्छी लगी। यहाँ कॉफ़ी और बियर का दाम एक-सा था, और शायद स्वाद भी।

यहाँ बैठे लोग, लगता है, रोज़ यहाँ आते होंगे। सोमवार की सुबह, जाने इतनी फुर्सत में कैसे दिख रहे थे? या तो वे भी मेरी तरह बेकाम घूमने निकले थे? बार की वह सुंदर लड़की शरमाई-सहमी नहीं थी, वह बड़ी बेफ़िक्री से अपनी बात कहती थी। उसने नए अंदाज़ के कपड़े पहने थे। वहाँ सब आपस में शायद फ़ुटबॉल की बातें कर रहे थे। वह लड़की शायद किसी खिलाड़ी की नक़ल कर रही थी। वह किक मारती है और सब लोग हँस पड़ते हैं। मैं भी हँस पड़ती हूँ। हँसी की कोई भाषा थोड़े ही होती है! मुझे एक भी शब्द समझ में नहीं आता, लेकिन कुछ पहचान-सी लगती है।

मेरे गाँव में कोई बार तो नहीं है, लेकिन गली में सब बूढ़े सुबह-सुबह यूँ ही डेरा जमाते हैं और आने-जाने वालों को आवाज़ लगाकर हाल-चाल पूछते हैं। लेकिन वहाँ कोई लड़की आस-पास भी नहीं फटकती, साथ बैठकर हँसी-मज़ाक़ करना तो दूर की बात। पापा फिर भी मुझे ले जाया करते, और सबके साथ बिठाकर मुझे अंग्रेज़ी का अख़बार सुनाने को बोलते। कोई मुश्किल शब्द आता तो मेरे साथ डिक्शनरी में खोजते। वर्ड-मीनिंग की कॉपी बनाते, और रोज़ दस नए शब्द मेरे साथ याद करते। गाँव के लोग कभी-कभी पापा को ताना देते, "कृष्ण, छोरी पे इतनी मेहनत नहीं करा करते। यहीं पानी भरना है इसने भी। छोरी की जात है, लंदन थोड़े ही बसेगी।" ...एंड हियर आई वाज़!

बड़ा मज़ा आता है, जब गाँव की पुरानी बातें याद आती हैं। इतनी दूर आ गई हूँ गाँव से, लेकिन शायद बहुत नज़दीक हूँ। मैं अपने गाँव खेड़ी को, अपनी आँखों में लिये घूम रही हूँ। वही मेरी ताक़त है और मुझे इसका ज्ञान यहाँ यूरोप में आकर हुआ, जहाँ फर्राटेदार अंग्रेज़ी आना 'इंटेलिजेंस' का प्रतीक नहीं है। हिंदी किताबें पढ़ना या हिंदी में लिखना, पिछड़ेपन की निशानी नहीं है। जिसको जो भाषा आती है वह उसमें बात करता है, उसको लिखता है। किसी ख़ास भाषा

के नहीं आने से हिकारत से नहीं देखा जाता। जब दिल्ली में थी, तब ऐसा नहीं था। तब जो नहीं थी, वह दिखने-दिखाने की कोशिश में दबी-सी रह जाती थी। बड़ी गाड़ी वालों के बीच में, अच्छी अंग्रेज़ी वालों के बीच में, 'कूल' जनता के बीच में, अपने देसी पालन-पोषण को बौना मान बैठती थी। लेकिन अब ख़ुश हो जाती हूँ, अपने खेड़ी से यूरोप तक के सफ़र को देख। ऐसा नहीं है कि अब कुछ ज़्यादा जान गई हूँ, लेकिन नहीं जानने को लेकर कंफ़र्टेबल हो गई हूँ। जानने की कोशिश अब अच्छी लगती है। अब जैसे अपने लिए जानना है, दिखाने के लिए नहीं। यह अहसास वाक़ई अद्भुत है!

***

ब्रस्सल्स में मेरा होस्ट था, एक स्पेनिश बूढ़ा। कोई साठ या पैंसठ साल का रहा होगा। एक सौ से भी ज़्यादा साल पुराने, बड़े-से घर में अकेला रहता था। उसने बताया कि वह पहली बार किसी को होस्ट कर रहा है। मेरा भी विदेश में किसी अजनबी के घर में रुकने का पहला अनुभव था। हालाँकि मैं कश्मीर में एक बहुत ही लाजवाब फ़ैमिली के साथ रही थी पहली बार, लेकिन उसकी बात अलग थी। हिंदी के दो शब्द सुनते ही आधी आत्मीयता तो वैसे ही आ जाती है, बाक़ी की चाय पूरी कर देती है। अपनी भाषा में छुपे इमोशन्स पढ़े जाते हैं, वरना तो बस शब्द ही समझ में आते हैं। यह तो एक फिरंगी था, जिसे न हिंदी का ज्ञान था, और ना ही हमारी वाली चाय की समझ। लेकिन अब तो मैं आ गई थी।

वैसे मैंने सोच लिया था कि मुझे थोड़ी-सी भी शंका हुई तो मैं भाग निकलूँगी और कोई हॉस्टल ढूँढूँगी। मेरे एंटीना एकदम सक्रिय थे। मैं हर बात ध्यान से सुन रही थी, उसके हर एक शब्द को तौल रही थी। मुझे तीसरे माले पर, एटिक में ठहरना था। उसके लिए भी मैं शायद पहली अनजान मेहमान थी, तो वह भी जैसे तसल्ली कर लेना चाहता था। उसने कॉफ़ी बनाई और हम हॉल में बतियाने बैठ गए।

आप पहली नज़र में इंसान पहचानने में विश्वास करते हैं? मैं करती हूँ। मुझे लगता है कि इंसान का असली पता तो पहली बार में ही लग जाता है, अगर हम पता लगाना चाहें तो! लेकिन कई बार हम ख़ुद भी तरह-तरह के चश्मे लगाए हुए होते हैं, तब थोड़ा मुश्किल हो जाता है। असल में इंसान शायद इतना जटिल होता नहीं है, जितना कि समझा जाता है। हैं तो हम सामने ही, जो हैं। फिर तो

हम बदलते रहते हैं, ज़रूरत और हालात के हिसाब से। एक और चीज़ में मेरा विश्वास पक्का हुआ इस सफ़र के दौरान, वह है—आप भले तो जग भला। हम जब किसी के सामने साफ़ होते हैं, बिना हिसाब-किताब के होते हैं, लेन-देन से परे होते हैं, तो सामने वाले के पास भी और कोई चारा नहीं होता, साफ़ होने के सिवाय। जब भी मैं सामने वाले के साथ जटिलता से पेश आई हूँ, सामने वाला साफ़ भी हुआ तो उलझ जाता है।

मेरी ज़िंदगी में एक ही संबंध ऐसा था, जिस पर मुझे गर्व नहीं है। जिसने मुझे अंदर से खोखला कर दिया था। और जिसका अंत भी गाली-गलौच से हुआ। उसको याद करती हूँ तो याद आता है कि उसकी नींव में ही फ़रेब था। उसकी पसंद का होने के लिए हज़ार फ़रेब किए और फिर ख़ुद ही उनमें उलझती चली गई और सबसे प्यारे रिलेशनशिप को भी जब याद करती हूँ तो याद आता है कि ख़ुद को सामने बिछा दिया था मैंने—कि मैं ये हूँ दोस्त, आगे तेरी मर्जी! समझ में नहीं आती तो अभी विदा ले ले, और आती हूँ तो ख़ुद को भी सामने कर दे। तो आज तक सरल हूँ, और साथ हूँ। हम बदलते हैं, लोग बदलते हैं; लेकिन वह बदलाव भी जब सामने हो, साफ़ हो तो धोखा नहीं लगता, फ़रेब नहीं लगता।

होकिन (Joaquin), मेरा मेज़बान, भी कुछ ऐसा ही एक सरल इंसान था। होकिन स्पेनिश है, लेकिन ब्रस्सल्स में बीस साल से रह रहा था। वह ब्रस्सल्स में एक सरकारी मुलाज़िम है और यहीं का होकर रह गया है। ब्रस्सल्स एक छोटा शहर है और जिनको शांत जीवन पसंद है, उनके लिए परफ़ेक्ट है। यहाँ जीवन काफ़ी सहज लगता है, ख़ाली-ख़ाली सड़कें, साफ़ हवा और क़दम-क़दम पर पार्क। होकिन को ब्रस्सल्स से बेहद लगाव है और वह यहाँ के चप्पे-चप्पे से वाक़िफ़ है। बातों-बातों में पता चला कि समय मिलने पर वह पार्ट टाइम टूरिस्ट गाइड भी है। शहर के अपने पसंदीदा कोने यात्रियों को दिखाता है और ख़ुद घूमता है।

होकिन अकेला है, शायद इसीलिए इतना समय है उसके पास। मुझे उसकी लाइफ़ स्टाइल में अकेले होने के दुख की झलक कहीं दिखाई नहीं पड़ी। और सच मानिए, मैं खोज रही थी। हमें तो आदत ही नहीं है, यों लोगों को अकेले देखने की। हमें तो इस उम्र के लोगों के लिए सिर्फ़ पारिवारिक ख़ुशियों का पता है। और क्या कर सकता है एक बूढ़ा अकेला आदमी, नाती-नातिन को पार्क में ले जाने के सिवाय? उनको स्कूल छोड़ आए, लिवा लाए। शादी-ब्याह में चौधरी बन गए। और क्या होती हैं एक बूढ़े आदमी की ख़ुशियाँ?

लेकिन होकिन की तो एक अलग ही ज़िंदगी थी—एक अकेले की दुनिया। वह घर में अकेला रहता था, लेकिन उसका घर अकेले मर्दों के घर जैसा कबूतरख़ाना नहीं था। बेहद साफ़-सुथरा था, जबकि घर में कोई बाई या काम करने वाला नहीं था। उसके घर का एक-एक कोना सजाया हुआ था। सुंदर-सुंदर पेंटिंग्स, अलग-अलग रंगों की दीवारें और चुन-चुनकर ख़रीदे और करीने से लगाए हुए फ़र्नीचर। उसके घर की बेसमेंट में प्रदर्शित थीं उसकी बनाई हुई पेंटिंग्स। बड़े-बड़े कैनवासों पर बिखरे रंग, उन पर छिटकी आकृतियाँ, रंग-बिरंगी धारियाँ। उसकी रसोई बहुत सलीके से जँची थी। और वह रोज़ अपने लिए बढ़िया खाना बनाता था ख़ुद के लिए!

मन-ही-मन मैं अपनी किस्मत को उससे मिलाने के लिए सराह रही थी कि होकिन ने शाम को मुझे आस-पास की गलियाँ दिखाने का प्रस्ताव दिया। और यह भी कि उसके फ़ेवरेट पब में हम बियर पी सकते हैं। ब्रस्सल्स की बियर पूरी दुनिया में मशहूर है। इसके बारे में आगे बताऊँगी। ख़ैर, मैंने फटाफट अपना सामान एटिक में रखा और जूते पहन तैयार हो गई। लोकल लोगों के साथ रहने का एक और फ़ायदा होता है कि आप टूरिस्ट वाले एरिया से दूर होते हैं। ज़्यादातर होटल टूरिस्ट वाली जगहों में होते हैं तो आप शहर के ऐसे कोने नहीं देख पाते जो गाइड बुक में नहीं होते। ख़ासकर, जब आप थोड़े समय के लिए ही किसी नए शहर में होते हैं तो होटल में रहकर सिर्फ़ पोस्टकार्ड वाला शहर ही देख पाते हैं। शहर की आत्मा छुपी रह जाती है। आप टूरिस्ट होते हैं तो शहर भी आपको टूरिस्ट जैसा ही ट्रीट करता है। वह आपसे पैसे भी ज़्यादा लेता है और घूमना अलग कठिन लगता है। लेकिन अगर आप शहर में टूरिस्ट नहीं, दोस्त के जैसे रहते हैं तो शहर भी आपको दोस्त जैसे ही ट्रीट करता है। और, दोस्तों से पैसे थोड़े ही लिए जाते हैं! आप बिना पैसे भी दुनिया घूम सकते हैं। यक़ीन नहीं होता आपको? कर के देखिए, हो जाएगा।

होकिन के घर के आसपास के और सब घर भी काफ़ी पुराने थे। ज़्यादातर उन्नीसवीं सदी के थे, सबके बाहर सन् लिखा हुआ था। सामने से सब एक जैसे दिखते थे, सटे-सटे लंबे-से। सबमें सामने सिर्फ़ एक ही दरवाज़ा था। अंदर जाकर ही घर का डिज़ाइन पता चल सकता था। बाहरी शो-ऑफ दिखाई नहीं देती यहाँ घरों में। बस रंगों में फरक है। कोई हल्का जामुनी है, कोई गुलाबी, कोई हरा तो कोई लाल, सब अलग-अलग रंगों के घर हैं। और उन पर बनी

है यहाँ की ख़ास स्टेंड ग्लास आर्ट। शीशे की खिड़कियों पर, पानी जैसे रंगों की चित्रकारी।

हम कोई दस ही मिनट चले होंगे कि एक बहुत बड़ा पार्क और झील सामने आ गई। इस शहर में जो नदी बीचोबीच नहीं है, उसकी कमी शायद ये पार्क और ये बेशुमार झीलें पूरा कर देती हैं। दस मिनट चले नहीं कि सामने झील आ टपकती है। टहल-घूमकर घर आने तक, मैं काफ़ी आश्वस्त हो चली थी। पेरिस में जो अहसास पाँच दिनों में नहीं हुआ था, वह ब्रस्सल्स में एक शाम में हो गया था। मन में यहाँ बसने का भाव आ गया! मुझे यहाँ रहना था। बाद में जब मैंने अपने दोस्तों को बताया कि ब्रस्सल्स मेरे ट्रिप का फ़ेवरेट शहर था, जहाँ मैं रहना चाहूँगी तो उनको बहुत अचम्भा लगा। ब्रस्सल्स को लोग सरकारी शहर समझते हैं। एक तो इसलिए कि यह यूरोप का कैपिटल है, और दूसरे यहाँ कोई ख़ास टूरिस्ट अट्रैक्शन या पार्टी लाइफ़ नहीं है। जो भी हो, पर मेरे लिए यह परफ़ेक्ट था!

मेरे बेहद नजदीकी दोस्तों को ही पता है कि मैं कितनी बड़ी पार्टी-डरपोक हूँ। मुझे रात आठ बजे के बाद घर से बाहर बुलाना, अच्छे-अच्छों के बस का नहीं है। मुझे रात की पार्टियों से उतनी दिक़्क़त नहीं है, जितना कि सुबह की चाय से प्रेम है। हाँ, घर में बैठकर रात-भर गप्पिया लो, चाय पर चाय, आधी रात को मैगी बनवा लो, पर तैयार होकर बाहर मत बुलाओ, प्लीज़! आपको नहीं लगता डर, पंद्रह लोगों से एक साथ स्मार्ट टॉक करने में? मुझे तो पसीने आ जाते हैं। कुछ लोगों को जानती हूँ जो किसी भी पार्टी में बस छा जाते हैं। ऐसी-ऐसी बातें करते हैं कि सब तरह के लोग लोटपोट हो जाते हैं। मैं कितनी भी कोशिश करूँ, मेरे मुँह से शब्द ही नहीं फूटते। और फूटते भी हैं तो इतने बोरिंग कि ख़ुद को ही नींद आ जाए। और सबसे मुश्किल तब लगता है, जब सब अंग्रेज़ी गाने बजाना शुरू कर देते हैं। एक के बाद एक रिक्वेस्ट करते हैं, फिर साथ में गाते हैं। तब तो बस लगता है कि कैसे अपनी जान छुड़ाऊँ, कहाँ किस बिल में घुस जाऊँ! अंग्रेज़ी फ़िल्में मैं ख़ूब देख लेती हूँ, और ख़ूब बढ़िया भी लगती हैं। हिंदी सिनेमा में वैसे भी अच्छी फ़िल्मों का अभाव है। लेकिन गाने? लाख कोशिश करके भी यह अंग्रेज़ी टेस्ट डेवेलप नहीं कर पाई। इतने बढ़िया-बढ़िया गाने हैं हिंदी में कि ना कोई कमी लगती है, ना ही ज़रूरत। कॉलेज में कुछ याद किए थे अंग्रेज़ी गाने, कॉपी में लिख-लिखकर। अब इतनी मेहनत करने को मन नहीं करता। तो मैं कहती हूँ, ''आई एम ए मॉर्निंग पर्सन!''

ख़ैर, होकिन का फ़ेवरेट बार तो बंद था, लेकिन वाक-द-टॉक मस्त रही। होकिन ने बताया कि गर्मियों में अधिकतर लोग घूमने निकल जाते हैं तो लोकल बार-रेस्टोरेंट भी बंद हो जाते हैं। ज़रूरत के बजाय शौक़ में दुकान खोली हो तो कभी भी बंद करो, भाई। क्या फ़र्क़ पड़ता है? हम भारतीय तो साप्ताहिक छुट्टी के रोज़ भी दुकान बन्द ना करें, अगर बस चले।

घरों के सामने कचरे से भरे नीले और सफ़ेद रंग के बैग रखे थे। होकिन ने बताया कि आज के दिन के लिए इन्हीं रंगों के बैग तय हैं। दरअसल यहाँ के लोग एनवॉयरनमेंट को लेकर काफ़ी जागरूक हैं और री-साइकल करने के लिए, घर का कचरा तीन रंगों के बैग्स में डालते हैं। पीले रंग के बैग में काग़ज़ और गत्ते आदि, नीले बैग में प्लास्टिक और टिन की बोतलें और सफ़ेद बैग में बाक़ी बचा रोज़ का कचरा। अगर बैग काले या किसी और रंग का हुआ तो म्यूनिसपैलटी वाले उठाकर नहीं ले जाते। उलटे, पकड़े जाने पर काफ़ी फ़ाइन देना पड़ सकता है। हर दिन के लिए बैग के रंग फिक्स हैं और उस दिन केवल वही बैग बाहर रखने होते हैं।

मैं सोच रही थी कि कैसे एक ही धरती पर इतने अलग-अलग तरह के समाज हो सकते हैं। मुझे याद है कि हमारी कॉलोनी में एक ख़ाली प्लाट था। सब अपना कचरा वहीं फेंकते थे। चाहे बोतल प्लास्टिक की हो या काँच की! फिर पुणे में रहने आई तो वंदना दीदी काले बैग में कचरा बाहर रख देतीं और सफ़ाई वाला आकर ले जाता। पता नहीं, फिर वह कैसे अलग-अलग करते होंगे सब कुछ! मैं तो सब कुछ उसी काले बैग में डालती रहती थी। कहने को तो हमारे घर और गाड़ियाँ इनसे आलीशान हैं, लेकिन समाज का सही विकास शायद इन नीले-पीले और सफ़ेद थैलों से ही नापा जा सकता है।

घर पहुँचे तो दिन ढल चुका था और ज़ोर की भूख भी लगी थी। मेरे नेकदिल मेज़बान ने पूछा कि मुझे स्पेनिश ऑमलेट पसंद है तो वह बना सकता है। मुझे तो पता भी न था कि स्पेनिश ऑमलेट होता कैसा है, लेकिन ख़ैर, ऑमलेट तो है। बस, जब तक बीफ़ नहीं है, सब चल जाता है। वह एक चीज़ दिमाग़ में गाँठ-सी है। हालाँकि मैं अपनी यात्रा से पहले फुल वेजिटेरियन होने की कोशिश कर रही थी। लेकिन यों घूमते वक़्त थोड़ा मुश्किल हो जाता है। पेरिस तक मैंने अपना संकल्प निभाया, अब अंडे तक आ चुकी हूँ। होकिन ने बहुत ही शानदार स्पेनिश ऑमलेट बनाया, जिसमें अंडा कम, आलू ख़ूब

सारा, थोड़ा-सा प्याज़, और रंग के लिए कुछ टुकड़े लाल शिमला मिर्च के रहते हैं। मसाले के नाम पर सिर्फ़ नमक। और हमने उसे यहाँ की मशहूर बियर 'लेफ्फ' के साथ निपटा दिया।

कितना बड़ा था आज का दिन! पेरिस से चली लील, लील से लिफ़्ट लेकर ब्रस्सल्स, और फिर इस अजनबी के साथ, एक अजनबी शहर की टहलकदमी; और अब यह अजनबी खाना और बियर। इससे आगे आज की अजनबी रात। कुछ-कुछ दिन होते हैं शायद ज़िंदगी में, जब हम ज़िंदगी का बड़ा-सा हिस्सा जी लेते हैं। और कुछ-कुछ महीने भी यों गुज़रते हैं, जैसे वहीं-के-वहीं। अकेले दुनिया फिरने का यह भी मज़ा है, आप इतनी सारी ज़िंदगी इतनी स्पीड से जी लेते हैं। कोई कमिटमेंट नहीं होती, तो कुछ भी कर लेते हैं। कई बार बहुत कुछ कर लेते हैं। फ़्लाइट से उतरकर टैक्सी में होटल जाने, और फिर ग्रुप साइट सीइंग करने से बहुत ज़्यादा।

अब मैं बेहद थक चुकी थी और जल्द-से-जल्द अपने बिस्तर में गोल हो जाना चाहती थी। सो मैंने होकिन से विदा ली और ऐटिक पर पहुँच गई। मैं जल्दी से कुंडी लगाकर सो जाना चाहती थी। फिर सुबह नया दिन होता और मेरा भरोसा अपने मेज़बान पर और ख़ुद पर और मज़बूत होता। लेकिन यह क्या? दरवाज़े पर तो कुंडी ही नहीं है! अब क्या? ऐसे कैसे सोऊँ? घर के सबसे ऊपर वाले हिस्से में, जहाँ खिड़की भी दिवार में न होकर, छत में है! यहाँ से तो किसी को आवाज भी सुनाई नहीं देगी। फ़ोन का सिग्नल भी कम ही लग रहा है!

सब अंग्रेज़ी थ्रिलर याद आने लगे थे। ख़ुद को समझाती हूँ कि कोई बात नहीं, क्या होगा ज़्यादा-से-ज़्यादा, मौत से ज़्यादा क्या? फिर एक बार मरे तो मरे, उसके बाद पता थोड़े ही चलता है? कम-से-कम घूमते हुए तो मरूँगी। लेकिन

कहीं टॉर्चर हुआ तो? अंग्रेज़ी फ़िल्मों में जैसे होता है! मैं सोचकर सिहर गई। अब क्या करूँ? भयानक-से-भयानक ख़्याल दिमाग़ में चक्कर काटने लगे।

नीचे भी कोई आवाज़ नहीं आ रही है, इतनी जल्दी इतना सन्नाटा कैसे हो गया? कहीं वह सोने का नाटक तो नहीं कर रहा? कहीं वह मेरे दरवाज़े के ठीक बाहर तो नहीं खड़ा? कहीं वह मेरे सोने का इंतज़ार तो नहीं कर रहा? अब तो पसीने आ गए! शाम तक जो इंसान इतना नेकदिल और दयालु लग रहा था, वही अब डरावना लग रहा था। क्या अजीब नमूना होता है हमारा दिमाग़ भी! कहीं-का-कहीं भागता-दौड़ता रहता है। ध्यान करके दिमाग़ शांत करने की भी कोशिश की। कहते हैं, लंबी और गहरी साँसें लेने से डर नहीं लगता। लेकिन मेरा डर फालतू का, भूत वाला थोड़े ही था। यह तो जायज डर था; तो लंबी साँसों ने भी काम नहीं किया!

लगता है यात्रा शुरू होने से पहले ही ख़त्म हो जाएगी। दिमाग़ एकदम फिरकी जैसा दौड़ रहा था अब। मतलब चुप ही ना होवे! हर तरह के डर ला रहा था, पकड़-पकड़कर...फिर अचानक-से मुझे ख़्याल आया कि वह तो एक पसली का बुड्ढा है और मैं इतनी हट्टी-कट्टी हरियाणवी। उस अकेले को तो सँभाल ही लूँगी। ज़रूरत पड़ने पर बचपन में सीखे ताइक्वान्डो के एक-दो एक्शन भी याद आ ही जाएँगे। यह सब सोच मन को कुछ शांति मिली, पर कुछ ही!

फिर भी मैंने सावधानी के लिए घर का पता, मेजबान का नाम और एटिक की फ़ोटो खींचकर कुछ दोस्तों को भेज दी कि आज यहाँ रुकी हूँ, और कल मैसेज न करूँ तो मेरी फ़िक्र कर लेना। पता चला कि उन्हें लगे, मैं घूम रही हूँ, और यहाँ मैं धरती से ही गुम हो जाऊँ। इसके बाद मैंने वहाँ रखी कुर्सी और अपना बड़ा-सा बैक-पैक दरवाज़े से सटा दिया। फिर भगवान का नाम लेते-लेते सो गई।

***

सुबह छत से आ रही धूप ने बताया कि दिन अच्छा होगा। मैं फटाफट नहाकर नीचे उतरी कि होकिन ऑफ़िस जाएगा तो उसके साथ ही निकल लूँगी, नहीं तो चाबी का झंझट रहेगा। मेरे होस्ट ने कॉफ़ी और टोस्ट मेरे लिए भी बना रखा था। वह वाक़ई नेकदिल था। जैसे कल शाम, वैसे आज सुबह। यह सुरक्षित बीती रात ने साबित कर दिया था। और इस तरह

मैं पूरे भरोसे और होकिन के दिए मैप के साथ ब्रस्सल्स की गलियाँ छानने निकल पड़ी।

होकिन के घर से सिटी सेंटर लगभग तीस–चालीस मिनट का पैदल रास्ता था। ब्रस्सल्स बहुत हद तक रोहतक जैसा लगा। बस, साफ़ ज़रूरत से ज़्यादा था। सीधी–सपाट लैंडस्केप, आधी खुली–सी दुकानें, सटे–सटे घर, चौड़े–चौड़े चौराहे, सड़क के दोनों तरफ़ खड़ी गाड़ियाँ, लेकिन बीच में ख़ाली। चलते वक़्त नहीं लगता कि किसी और देश में हूँ। रास्ते में एक दुकान में समोसे जैसा कुछ दिखा तो एंट्री मारी। यह तो बंगाली बाबू की दुकान थी! "केमॉन आछे, दादा"— मैंने कहा तो धीमे–से मुस्कुराए। उन्हें शायद मेरे एक्सेंट से पता चल गया था कि बस यही लाइन आती है मुझे। बाहर इंडियन स्टोर भले लिखा था, लेकिन बाबू बांग्लादेश के थे और समोसे एकदम दिल्ली वाले। वैसे यूरोप में यह मज़ा है कि एक भारतीय दुकान पर पूरे भारत समेत श्रीलंका, पाकिस्तान और चीनी सामान भी मिल जाता है। जैसे हमें स्लोवाकिया और स्लोवेनिया में ज़्यादा अंतर नहीं लगता, इन्हें भी भारत–पाकिस्तान में नहीं लगता शायद। यहाँ तक कि पेरिस में एक इंडो–पाक नाम का रेस्तराँ भी दिखा था मुझे। काफ़ी झगड़े तो नजदीकियाँ ही पैदा कर देती हैं शायद!

पंद्रह मिनट चलने पर आ गया एक बड़ा-सा पार्क और बीच में झील। कुछ बतखें झील में शीर्षासन जैसा कुछ कर रही थीं। वहाँ बैठकर ग़ौर से देखने पर जाना कि डुबकी लगाकर खाना खोज रही हैं। और भी तरह-तरह के रंग वाली बतखें इधर-उधर घूम रही थीं। कुछ माएँ बच्चों के साथ पिकनिक कर रही थीं। एक लड़की उलटे लोटकर किताब पढ़ रही थी। एक बूढ़ा कुछ काग़ज़ बिछाकर बैठा हुआ जाने क्या हिसाब लगा रहा था। बतखों के बच्चे खाने की फ़िराक़ में पिकनिक वाली पार्टी के आगे-पीछे डोल रहे थे। बच्चे थोड़ा ख़ुद खा रहे थे, ज़्यादा उन्हें खिला रहे थे। जानवरों और इंसानों का यह मेल मैंने यहीं यूरोप में देखा। ये बच्चे क्यों इनको पकड़कर घर नहीं ले जाना चाहते ? क्यों इनके अंडे नहीं फोड़ते ? क्यों इनके पंख नहीं खींचते ? इनको इतने मैनर कैसे आ गए ? मैनर भी लगता है, एक तरह की लक्ज़री ही हैं। सब ज़रूरतें पूरी हों तो ईमानदारी, इज़्ज़त, प्रेम, दया टाइप की चीज़ें आती होंगी शायद ! इस शहर में घर बसाने को जी करता है।

कुछ देर सुस्ता कर मैं पहुँच गई सिटी सेंटर—ग्रैंड प्ला। यह यहाँ का असल टूरिस्ट अट्रैक्शन है। यहाँ कुछ गैलरियाँ हैं, शायद म्यूज़ियम; लेकिन पेरिस के लूव्र के बाद म्यूज़ियम देखने का मेरा बिलकुल मन नहीं था। मेरा कुछ भी देखने या करने का मन नहीं था। मुझे बस घूमना था, बिना कोई असाइनमेंट बनाए। यों ही लोगों से टकराना था। बेकाम बतियाना था। ख़ाली रोड पर बैठकर मुस्कुराना था। और ब्रस्सल्स से अच्छा और क्या ! जहाँ यों भी देखने को 'मन्नेकिन पिस्स' यानी 'लिटिल मैन पी' से ज़्यादा कुछ नहीं था। इस शहर में 'मन्नेकिन पिस्स' की फ़ोटो हर गाइड बुक में छपी रहती है। सुसु करते हुए एक छोटे बच्चे की सुंदर मूर्ति ! इतना क्या ख़ास था उसमें कि हर जगह उसी की फ़ोटो, सोविनियर में उसी के छल्ले, पोस्टकार्ड में उसी की तस्वीर ! ख़ैर, वह ग्रैंड-प्ला के पास ही था तो जहाँ सबसे ज़्यादा भीड़ जा रही थी, उसके पीछे मैं भी हो ली। सारी भीड़ एक जगह इकट्ठी हो गई और टूरिस्ट गाइड ज़ोर-ज़ोर से बोलने लगे। लेकिन यहाँ क्या है ? ख़ूब सारी भीड़ और दुकानों के सिवाय। मैंने चारों तरफ़ देखा और फिर उस तरफ़, जहाँ सब लोग देख रहे थे। एक कोने में ख़ूब सारे गुलदस्ते रखे थे और एक बड़ा-सा पत्थर का स्टेज-सा था, उसके बीच में एक-डेढ़ फुट की, एक छोटे खिलौने जैसी काले रंग की काँसे की मूर्ति थी। नज़दीक से देखने पर पता चलता है कि वह सुसु कर रहा है। शायद यह दुनिया का सबसे फ्लॉप टूरिस्ट

अट्रैक्शन होगा! शायद इसका अट्रैक्शन भी यही था—लोग यह देखने आ रहे थे कि सभी इसको देखने क्यों आते हैं!

ब्रस्सल्स बेल्जियम की राजधानी होने या यूरोपीय यूनियन की राजधानी होने के लिए इतना प्रसिद्ध नहीं है, जितना कि चॉकलेट्स और बियर के लिए। ग्रैंड-प्ला से मिलती दर्जनों गलियाँ चॉकलेट की दुकानों से लबालब भरी हैं। और कुछ-कुछ तो ऐसी थीं जैसे सोने-चाँदी की दुकानें हों। शीशे के शोकेस में रखी हुईं डिज़ाइनर चॉकलेट्स, तौल के हिसाब से मिलती सैकड़ों फ्लेवर की चॉकलेट्स, चॉकलेट के फाउंटेन, उसी के पेड़ और कुछ-कुछ दुकानों में उसी की दीवारें और खिड़कियाँ भी। और जब मीठे से जी भर जाए तो यहाँ के दुनिया के बेहतरीन फ्रिट्स—फिंगर चिप्स—जो एक तरह से यहाँ की नेशनल डिश है। फ्रांस और बेल्जियम का पुराना झगड़ा है कि इसे पहले किसने बनाया। बहरहाल, मीठे और नमकीन दोनों को गले से नीचे उतारने के लिए है यहाँ—बियर। यहाँ एक बड़ा ही फेमस 'डलिरियम-कैफ़े' है जो ग्रैंड-प्ला के पास ही एक सँकरी-सी गली में है। नाम है कैफ़े, लेकिन यहाँ मिलती हैं बियर। और वह भी दो हज़ार से ज़्यादा किस्मों की। ख़ास बात यह कि हर बियर का अपना गिलास है। जिसको ज्ञान है, वह तो गिलास देखकर ही बता दे कि कौन-सी बियर है। सब तरह का ज्ञान होता है दुनिया में। मेरा ज्ञान तेरे ज्ञान से बड़ा—यह बहस तो बाक़ी चलती ही रहेगी।

चॉकलेट और बियर के घातक मेल ने अपना असर दिखाना शुरू कर दिया था। अब मैं गुनगुनाते-मुस्कुराते नए शहर से दोस्ती बढ़ा रही थी। ग्रैंड-प्ला से चलते-चलते पहुँच गई सेंट माइकल कैथेड्रल, और मुझे कुछ अपना-सा सुनाई पड़ा। मुझे हरियाणवी सुनाई पड़ी, वह भी ठेठ रोहतकी! इस देश में जहाँ अंग्रेज़ी सुनने के भी लाले थे, वहाँ हरियाणवी? नहीं-नहीं, ज़रूर मेरा वहम होगा। फ्रेंच और डच का कॉम्बिनेशन हरियाणवी जैसा तो नहीं? लेकिन मुझे तो दोनों ही नहीं आतीं! बेल्जियम की दो राष्ट्रीय भाषाएँ हैं, फ्रेंच निचले हिस्से में बोली जाती है और डच ऊपरी हिस्से में। लेकिन हरियाणवी? भीड़ में उन शहद जैसे मीठे शब्दों को फॉलो

करते-करते मैं ठीक उसके सामने आ खड़ी हुई—एक बेहद आकर्षक महिला फ़ोन पर रोहतकी में बोले जा रही थी। मैं उसको देखकर मुस्कुराई, हाथ हिलाकर 'हेल्लो' बोला, और उसके बगल में बैठ गई।

जब फ़ोन पर उसकी बात ख़त्म हुई तो उसने भी मेरी तरफ़ देखा और मुस्कुराई। फिर बोली, 'हेल्लो!'

"नमस्ते, आप कहाँ से हैं?"

"इंडिया से।"

"वो तो ज़ाहिर है, लेकिन हरियाणा में कहाँ से?"

अब वह हँसने लगी थी। मैंने फिर पूछा, "घूमने आए हो?"

तब उसने मेरा हाथ पकड़ा और बोली, "चल।" वहाँ से पाँच मिनट दूर थी 'इनक्रेडिबल इंडिया' नाम की एक दुकान जिसके सामने से मैं सुबह गुज़री थी। तब दुकान तो बंद थी, सो मैं काँच के पीछे अंदर रखे बुद्ध को नमस्ते बोल आगे निकल ली थी। सोचा था कि फिर आऊँगी, जब खुलेगी। अब हम उसी दुकान के अंदर थे! उसने मुझे बैठने को कहा। बोली, "चाय पियोगी?" नेकी और वह भी पूछ पूछ?

यह दुकान उसकी थी और आजू-बाजू वाली दुकानें भी। शहर का मशहूर इंडियन रेस्तराँ, साथ में और भी बहुत कुछ। कांता नाम था उसका। आज से तीस साल पहले, प्यार में पागल, रोहतक से भागकर ब्रस्सल्स आ गई थी। फ़ोन वाला नहीं, चिट्ठियों वाला प्यार था वह। रोहतक यूनिवर्सिटी में पढ़ने आए एक अश्वेत लड़के के प्यार में पड़ गई थी वह। हरियाणा के जाट परिवार में जन्मी लड़की, घरवालों ने जिसको कॉलेज में भी पढ़ाने का अहसान किया हो, उसे एक अश्वेत से कैसे ब्याह देते? ना कोई फ़ोन, न कोई ईमेल, न व्हाट्स एप्प, न स्काइप, न जी-टॉक और ना ही फेसबुक—मुश्किल है न यक़ीन करना कि उस ज़माने में भी लोग प्यार करते थे! और सिर्फ़ करते ही नहीं थे, निभाते भी थे।

शायद ज़्यादा ही आसानी से निभाते होंगे। रोज़-रोज़, मिनट-मिनट की किट-किट जो नहीं होती होगी! महीने में एक बार चिट्ठी लिखी, अपने दिल का हाल बताया और ज़रूरत की बात लिखी। ये थोड़े ही पूछते होंगे—'बेबी, डिनर में क्या खाया?', 'बेबी, रात को अकेले मत जाना', 'बेबी, क्या पहना है? फ़ोटो भेजो।', 'इतना छोटा टॉप क्यों पहना है! मैं नहीं हूँ तो किसे दिखाओगी?' और ये लो जी, अभी तो जान-पहचान हो ही रही थी कि हो गया ब्रेक-अप!

चिट्ठी में तो धीरे-धीरे जवान होता होगा प्यार, शायद दूरी में ज़्यादा पकता होगा? पता नहीं वैसे, मुझसे तो कभी लांग-डिस्टेंस नहीं निभाया गया। दूरी में तो हम सिर्फ़ अपना बेस्ट फुट फॉरवर्ड करते हैं, सब अच्छा ही अच्छा। असली बात तो साथ रहने पर ही पता चलती है। छोटी-छोटी बातें भी खीज पैदा कर सकती हैं। 'सुबह दूधिए से दूध कौन लेगा' से लेकर 'बेडशीट हर हफ़्ते कौन बदलेगा' तक। इसलिए मैं तो लिव-इन की बड़ी सपोर्टर हूँ। सही मिजाज़ तो जनाब के साथ रहकर ही पता चलते हैं, बाक़ी तो काफ़ी हद तक छलावा हो सकता है। ख़ैर, यों भी नहीं है कि साथ रहकर कोई रिश्ता फुल प्रूफ ही कर लेता है। समय के साथ हम बदलते भी हैं, जनाब बदलते हैं, समय बदलता है। कई बार बदले-बदले भी पसंद हो जाते हैं, कभी-कभी हज़म नहीं भी होते। यों रिश्तों का रहस्य क़ायम रहता है। कुछ वाक्यों में जो रिश्तों को समझ सकते तो क्या बात थी! यह तो जैसे 'जन्मों' की उलझन है।

ख़ैर, कांता तो सब कुछ दाँव पर लगाकर आ गई थी। चिट्ठियों से प्रेम जवान हुआ, और उन्हीं के हलके नीले पन्नों पर शादी। फिर अपना नाम बदला, पासपोर्ट बनवाया और आ गई मीलों दूर। घर से, परिवार से, माँ-बाप से, भाई-बहन से, सबसे दूर। एक प्यार से, दूसरे प्यार के पास। एक बंधन से, दूसरे बंधन के पास। लेकिन उड़ान तो भरी, समंदर तो उड़ी। खुली साँस तो ली, निर्णय लेने की आज़ादी तो चखी। फिर दो बच्चे पैदा हुए। और जब प्यार ख़त्म हो गया, वह चला गया। तब? उसने फ्रेंच सीखी, डच सीखी, और अपनी मेहनत और समझ से अपना ख़ुद का एम्पायर खड़ा किया। कांता को कोई शिकायत नहीं है ज़िंदगी से। शायद जब आपको ख़ुद से शिकायत नहीं होती तो औरों को भी ज़्यादा देर आपसे शिकायत नहीं रह सकती। आज उस पर उसके माँ-बाप को भी गर्व है, और बाक़ी परिवार को भी।

हम इस तरह ब्रस्सल्स के बीचोबीच हरियाणवी में खोए रहे कि कब अँधेरा हो गया, पता ही नहीं चला। हम तो ऐसे हो गए थे, जैसे बरसों की यारी हो। चाय पर चाय चलती रही और इस तरह ब्रस्सल्स, जिससे कल तक पहचान तक नहीं थी, आज वहाँ जैसे घर मिल गया हो।

***

एक और लड़की मिली थी मुझे, 'इनक्रेडिबल इंडिया' में—ख़ुशबू। वह पश्चिम बंगाल के कैलिमपोंग से ब्याह कर ब्रस्सल्स आ गई थी और अब इस

शहर में अपनी पहचान ढूँढ़ रही थी। कैसे हम सब लड़कियाँ ब्याह कर कहीं से कहीं पहुँच जाती हैं! जहाँ न पहचान वाले हैं, न कोई सपोर्ट सिस्टम है और न ही आर्थिक आज़ादी कि यह सब बनाया जा सके। इतना बड़ा जुआ कैसे खेल लेती हैं हम लड़कियाँ? अगर किस्मत से पति अच्छा निकला तो काम करने या पढ़ाई करने में मदद करेगा, नहीं तो विदेश में बैठकर रोटियाँ बेलो और फेसबुक पर विदेश की फ़ोटो लगाकर ख़ुश रहो।

लेकिन हमारी प्राथमिकता नौकरी थोड़े ही होती है, वह तो शादी होती है। और जिसकी जो प्राथमिकता होती है, वह उसी के लिए जीता-मरता है। सीधी-सी बात है, घूमना मेरी प्राथमिकता है तो मैंने हमेशा उसी दिशा में काम किया है। अब मैं घूम रही हूँ। उसके लिए मेरी सबसे पहली ज़रूरत थी—आत्मनिर्भर होना। पापा या पति से पैसे माँगकर अकेले कितने दिन घूमती? आज़ादी बड़ी अनोखी-सी चिड़िया है, यह है तो आपकी, लेकिन समय-समय पर इसको दाना डालना होता है। अगर आपने दाना उधार लिया तो चिड़िया भी उधार की हो जाती है। आत्मनिर्भरता के दाने पर पलती है यह, और इसे किसी महँगे या ख़ास दाने की ज़रूरत भी नहीं होती। बस अपना हो, अपने ख़ुद के पसीने से कमाया हुआ कैसा भी दाना। उसी में मस्त रहती है।

ख़ुशबू भी अपनी चिड़िया का दाना ढूँढ़ रही थी इस शहर में। लेकिन यहाँ भाषा की बहुत दिक़्क़त रहती है। अगर फ्रेंच नहीं आती तो बहुत कठिन होता है कोई भी काम मिलना। आईटी की नौकरी की बात अलग है। मेरा भी बड़ा मन है फ्रेंच या स्पैनिश सीखने का और फिर टूरिस्ट गाइड बनने का। लेकिन जब तक उस जगह न रहें, जहाँ सब लोग वही भाषा बोलते हैं, वहाँ मेरे लिए तो बहुत मुश्किल है कोई और भाषा बोलना। एक मजबूरी की भाषा है फिर तो! एक बार मैंने कोशिश की थी पुणे में स्पैनिश सीखने की। पढ़ने भी लगी थी छोटी-छोटी कहानियाँ। लेकिन फिर कुछ महीने बाद छोड़ दी तो सब ज़ीरो हो गया। यूरोप के किसी छोटे देश में रहने लगूँ तो शायद सीख पाऊँगी, जल्दी से। एक दिन शायद! मैं यों ही अपनी इच्छाओं की अर्जी बना-बनाकर डालती रहती हूँ। अभी तक की तो मंज़ूर हो गई हैं। आगे का भी भरोसा है।

अब जो ख़ुशबू ने कांता के साहसी क़िस्से सुने तो उसे भी जोश आ गया। जोश थोड़ा और बढ़ाते हुए मैंने उसे अपने साथ अगले शहर में चलने को इन्वाइट कर लिया। मेरा अगला शहर था—कॉक्साइड (koksijde)। नार्थ सी के किनारे

बसा लगभग इक्कीस हज़ार की आबादी वाला एक छोटा–सा गाँव। इस गाँव का नाम मैंने पिछले हफ़्ते ही सुना। अंकिता वहाँ टेनिस की टूर्नामेंट खेलने आई है और मैं उससे मिलने और उसका मैच देखने इस अनजान गाँव जा रही हूँ। यह खिलाड़ियों की किस्मत है कि वे दुनिया के किसी भी कोने में पहुँच जाते हैं खेलने। दुनिया की तमाम बातों के बीच एक प्रोफेशनल खिलाड़ी की ज़िंदगी के बारे में भी बात करने को जी हो रहा है।

बाईस साल की अंकिता रैना सिंगल्स टेनिस में भारत की नंबर एक खिलाड़ी है। कश्मीर की इस लड़की को गुजरात ने टेनिस सिखाया और पुणे ने नंबर एक बनाया। अंकिता को मैंने पहली बार पुणे के पीवाईसी टेनिस कोर्ट में उसके ही हमउम्र लड़के को ज़ोरदार शॉट्स से हराते देखा था। इस लड़की के खेल में जान थी, ताक़त थी, और स्वभाव में एक चोटी के खिलाड़ी के लक्षण थे। हालाँकि मैं टेनिस की ज़्यादा जानकार नहीं हूँ, लेकिन उसके शॉट्स में सम्मोहन था। उस समय अंकिता सोलह साल की थी। हमारी दोस्ती वहाँ से जम गई। जिस स्पोर्ट्स कंपनी के लिए मैं काम कर रही थी, उसने अंकिता को स्पॉन्सरशिप दी। कैसे ना देते, उसका खेल मैंने देखा था और मैं लड़ गई! स्पॉन्सरशिप एक खिलाड़ी की ज़िंदगी में वैसे ही है, जैसे एक आम इंसान की ज़िंदगी में नौकरी। उसके बिना कब तक घर से खर्चा निकलेगा? एक मिडिल क्लास भारतीय खिलाड़ी की आधी ज़िंदगी स्पॉन्सरशिप ढूँढ़ने में निकल जाती है, और आधी स्पॉन्सर की अपेक्षाओं पर खरा उतरने में। इधर मैच बिगड़ा नहीं कि उधर स्पॉन्सरशिप डोलने लगती है।

बिना इसकी चिंता किए कि अगली टूर्नामेंट के टिकट के पैसे कहाँ से आएँगे, एकाग्रता से मेहनत कर सकना एक लक्ज़री ही है। भारत देश की यही समस्या है। चाहते सब हैं कि ओलंपिक में गोल्ड आए, लेकिन वहाँ तक पहुँचने की सीढ़ियाँ नहीं बनाना चाहते। ओलंपिक मेडल के बाद स्पॉन्सर की झड़ी लग जाती है. लेकिन उसके संघर्ष के समय जूते दिलाने वाला भी कोई नहीं होता। इन सब हालात में भी जब अपने खिलाड़ी विदेशों में जीतते हैं न, तब बस सीना सच में छप्पन इंच का हो जाता है। अंकिता उन्हीं गिने–चुने विजेताओं में से है। यह लड़की महीनों अकेले ट्रैवल करती है, जगह खोजती है, खाना खोजती है, ख़ुद कपड़े धोती है, प्रैक्टिस करती है, जिम करती है, ख़ुद को मोटीवेट करती है, ख़ुद ही ख़ुद को चीयर करती है और हारती है तो अकेले रोती है, जीतती है तो भी अकेले

रोती है। क्योंकि दूसरे इन्सान का ख़र्च उठाने के लिए स्पॉन्सर कहाँ हैं? एक तरफ़ और देशों के खिलाड़ी हैं जो अपने कोच, फिज़ियो, मैनेजर, घरवाले, पूरी की पूरी पर्सनल टीम के साथ निकलते हैं; इधर अंकिता ख़ुद ही ख़ुद की टीम है। फिर भी टेनिस जैसे प्रतिस्पर्धी खेल में विश्व में दो सौ बाईस नंबर के रैंक पर पहुँच चुकी है।

मुझे पता लगा कि अंकिता बेल्जियम में खेल रही है तो मैं उससे मिले बिना कैसे रहती! अगले दिन सुबह मैं और ख़ुशबू कॉक्साइड जाने वाली रेलगाड़ी में सवार हो गए। ख़ुशबू का यह ख़ुद से, एकदम अचानक तय किया गया पहला ट्रिप था। पूरे रास्ते फ़ोटो खींचती, कैलिमपोंग के क़िस्से सुनाती, आगे अपने पैरों पर खड़े होने के प्लान बनाती ख़ुशबू आज बेहद ख़ुश मालूम पड़ रही थी। समंदर किनारे बिछी पटरी पर सरकती रेल हमें ले गई कॉक्साइड, जहाँ अंकिता आँखें बिछाए बैठी थी। हफ़्तों से अकेले टूर्नामेंट्स में घूमती अंकिता को जो अपने चेहरे दिखे कि गले से लिपट गई। हम दोनों रो पड़े, ''दीदी, आप कल जाओगे तो नहीं न?''—उसका पहला और सबसे डरावना सवाल था। मुझे तो जाना ही था। कैसे मैं इससे अभी सच बोलूँ? फिर भी कह दिया, ''नहीं जाऊँगी, बाबा! तुम अपने मैच पर ध्यान दो।''

अंकिता हमें अपने हॉस्टल ले गई जहाँ वह और खिलाड़ियों के साथ रुकी थी। वह सबसे मुझे ऐसे मिलवा रही थी जैसे कह रही हो, 'देखो, मेरी दीदी मेरे साथ आई है!' क्या करूँ? रुक जाऊँ? टूर्नामेंट तो लंबा चलेगा और मेरा सफ़र भी तो लंबा है। बहुत कम चीज़ें मुझे बेमतलब इमोशनल करती हैं। यह उन्हीं कुछ कम चीज़ों में से थी। कल की कल देखेंगे।

शाम में अंकिता को प्रैक्टिस के लिए कोर्ट जाना है, मैले कपड़ों का भी ढेर लगा है। मैं उसके कपड़े लेकर कम्युनिटी वाशिंग रूम ढूँढ़ती हूँ, ख़ुशबू और

अंकिता कोर्ट चले जाते हैं। मैं मशीन में कपड़े डालकर सोचती हूँ कि कितना संतुष्टि देने वाला काम है। अपने देश के खिलाड़ियों के कुछ भी काम आ पाना, एकदम पिद्दू से काम भी, शायद मेरे लिए बड़े इनामों से भी बड़ा है। वाशिंग रूम में मैं अकेले बैठी हूँ। आधा घंटा धुलने का और एक घंटा सूखने का। ख़ूब समय है मेरे पास अपने ख़्यालों में डूब जाने का। मुझे एक-एक करके अपने खिलाड़ी याद आते हैं। हरीओम, मेरा सबसे फ़ेवरेट राइफल शूटर, दसवीं पास करके सीधा फ़ौज में भर्ती हुआ। प्रोमोशन के लिए शूटिंग खेलों में हिस्सा लिया और पहले ही इंटरनेशनल टूर्नामेंट में ओलंपिक कोटा जीत लाया! उसका सपना था कि गाँव में सूट-बूट पहनकर जाए और एक बढ़िया गाड़ी ख़रीदे। राइफल ख़रीदने के पैसे नहीं थे, ना ही गोलियों के! कमर में इंजरी हुई तो डायग्नोज़ करवाने के पैसे नहीं थे। लेकिन जज्बा ऐसा, हिम्मत ऐसी कि दुनिया जीत ले!

मीना रघुवंशी, हिमाचल के एक गाँव से आई राइफल शूटर, इतनी मेहनती कि देखने वाले को पसीने आ जाएँ। गोलियों के पैसे होते तो ठीक, नहीं तो घंटों प्रोन पोजीशन में ड्राई शूट करती रहती। और स्पॉन्सर मिले भी तो ऐसे कि मेडल नहीं तो पैसे नहीं! अबे यार, थोड़ा तो आँखें खोलो। कुछ तो शर्म करो। सिर्फ़ पैसों से मेडल आते तो सिर्फ़ टाटा-अम्बानी ही ले जाते, हमें कौन पूछता?

सलमान शेख, पुणे में नाई का बेटा और महाराष्ट्र में नंबर एक बॉक्सर। जब पहली बार बस्ती के रिंग में उसको प्रैक्टिस करते देखा था तो कसम से, रोंगटे खड़े हो गए थे। यह पिद्दू-सा एक पसली का लड़का बड़े-बड़ों को नॉक आउट कर रहा था। स्पॉन्सरशिप तो प्रॉमिस नहीं कर सकती थी, लेकिन घर से आया घी का डब्बा ज़रूर उसे पकड़ा दिया। फिर वह ले आया नेशनल खेलों में मेडल! हर साल पुणे में उसका ईद पर बिरयानी और सेवइयाँ लेकर घर आना और ईदी लेकर जाना—यही सब तो बार-बार पुणे बुलाता है...और वह रत्नागिरी का पहलवान, क्या नाम था उसका...और वह भिवानी की बॉक्सर सुमन...

सूख गए शायद कपड़े, पीं-पीं की आवाज़ आती है। चलो अब ज़रा कोर्ट चलकर एक टेनिस मैच लगाया जाए! टूर्नामेंट में दूर-दूर देशों से आए टेनिस खिलाड़ी इधर-उधर फिर रहे थे। मेहनत से तराशे हुए सुडौल शरीर, सरल बेबाक हँसी और दुनिया-भर की दुनियादारी से परे रहनेवाले खिलाड़ी। और यही कारण है शायद कि वे चोटी के खिलाड़ी होते हैं, क्योंकि दुनियादारी, छल-कपट, डिप्लोमेसी, चालाकियों के बोझ तले नहीं दबे होते। मेहनत और सफलता से

उनका डायरेक्ट कनेक्शन होता है। उनको पता होता है कि कोई कितनी भी चालाकियाँ कर ले, मेहनत नहीं तो कुछ भी नहीं; और मेहनत का कोई शॉर्टकट नहीं। तभी शायद दुनिया में मेरे सबसे फ़ेवरेट लोग होते हैं—खिलाड़ी!

रात को अंकिता से दुनिया-भर की गप्पें लड़ाने की सोची, लेकिन अगले दिन सुबह उसका जिम है और शाम को मैच। एक खिलाड़ी की ज़िंदगी में नियम ही सबकुछ है। नियम गड़बड़ तो सब गड़बड़। पूरा हॉस्टल दस बजे तक एकदम शांत हो गया।

और अगले दिन...

अगले दिन मैं उसको रोता छोड़ आ गई। वह अपने रास्ते पर थी, मुझे अपना ढूँढ़ना था। वह तो अच्छा हुआ कि वह मैच जीत गई, नहीं तो मैं ख़ुद को कैसे समझाती!

***

वापस ब्रस्सल्स आई तो ख़ुशबू ने मुझे अपने घर रुकने को इन्वाइट कर लिया। चाय के दर्जन भर कप और हमारी दुनिया-जहान की बतकही। मैंने अपने फ़ोटो पैन-ड्राइव में ट्रांसफ़र किए, कपड़े धोए-सुखाए-लगाए। खाना खाया और आगे के लिए रिचार्ज हो गई। अब आगे मुझे जाना था—एम्स्टर्डम। वहाँ थी मेरी कॉलेज की पुरानी सहेली। तो रहने-खाने का मामला तो तय था। बस, जाने का जुगाड़ करना था...

५

एम्स्टर्डम : रंगीली खिड़कियाँ और जादुई मशरूम

ब्रस्सल्स से एम्स्टर्डम का सफ़र काफ़ी मज़ेदार रहा। एक महाशय वीकेंड की छुट्टी में ब्रस्सल्स से एम्स्टर्डम ही जा रहे थे, उनकी गाड़ी में मुझे लिफ़्ट मिल गई। अक्सर आसपास के देशों से लोग एम्स्टर्डम आ जाया करते हैं, वीकेंड मनाने। पार्टी-पसंद लोगों के लिए सुना था कि एम्स्टर्डम जन्नत समान है। सब साधन हैं यहाँ पार्टी वालों के लिए। नहीं, सिर्फ़ डिस्कोथेक या लेटनाइट पार्टी ही नहीं; वह सब तो दिल्ली में भी है। यहाँ तो जिसे कहते हैं न, 'सब कुछ' खुल्लम खुल्ला है। सेक्स लीगल है, गे-बार लीगल हैं, और तो और, ड्रग्स भी लीगल हैं। सुनकर मैं कल्पना ही नहीं कर पाई कि जगह कैसी होगी! क्या आप कर सकते हैं?

ड्राइवर महाशय 'लव लैंड' नाम की एक पार्टी में जा रहे थे। एक और लड़का हमारे साथ था जो म्यूजिशियन था। वह था तो एम्स्टर्डम का, लेकिन अपनी गर्लफ्रेंड के साथ रहने ब्रस्सल्स आ गया था। अब ब्रेक-अप के बाद वापस एम्स्टर्डम जा रहा था। एक सवारी और थी, एक अमेरिकन लड़की जो पहली बार यूरोप घूमने आई थी। इन सबके साथ एक मैं जो अपने कॉलेज की दस साल पुरानी सहेली के पास एम्स्टर्डम जा रही थी।

एम्स्टर्डम मेरा आख़िरी ठिकाना था, जहाँ कोई जाना-पहचाना या भारतीय चेहरा दिखने वाला था। इसके बाद मैं ईस्ट यूरोप में घुसने वाली थी और वहाँ भारतीय झलक मिलना कम हो जाएगी—यह तय बात है। वेस्ट यूरोप में इंग्लैंड के शहर; जैसे—लंदन, बर्मिंघम और लेस्टर आदि में इतनी संख्या में भारतीय और अपने जैसे दिखने वाले पाकिस्तानी और श्रीलंकाई हैं कि कुछ-कुछ इलाक़ों में कोई गोरा दिखता है तो लगता है, घूमने आया है। इसी तरह फ्रांस के कुछ इलाक़ों में शायद अफ्रीका से आए हुए काले रंग के लोग बड़ी संख्या में दिखते हैं। लगता है, जहाँ-जहाँ यूरोप के इन देशों ने कॉलोनी बनाई, वहाँ-वहाँ से लोग इनके देशों में घुस आए हैं। इस बात से ये देश भले इतने ख़ुश न हों, लेकिन वो कहते हैं न— "Karma is a bitch"—तो हमें लगता है, इस तरह वे अपना बदला ले रहे हैं। लंदन में तो आप ऐसे हैरान हो जाएँगे कि मत पूछो! एक ही गली में मंदिर भी, मस्जिद भी, सब्जी मंडी भी, इडली-डोसे की दुकान भी और गुरुद्वारे में लंगर भी। मतलब जैसे सब एक साथ चढ़ आए हों।

ख़ैर, यह अदला-बदली तो चलती रहेगी। कहने को कनाडा ने कौन-सी कॉलोनी बनाई थी पंजाब में जो सारे सरदार वहाँ जाकर बस गए। और कौन-सा कनाडा वाले ही ख़ुद कनाडा के हैं? वे भी तो इंग्लैंड से गए थे। जो वहाँ के असली रहने वाले थे, वे तो इतिहास ही बनकर रह गए हैं। यों ही दुनिया की फेरबदल चलती रहती है शायद। इस वक़्त दुनिया के तीन कोनों से हम चार लोग, एक गाड़ी में, एम्स्टर्डम की रोड पर थे। हम सब एम्स्टर्डम जा रहे थे तो स्वाभाविक बात चली कि एम्स्टर्डम में ड्रग्स कैसे लीगल हो गया? एक ने बताया कि वहाँ सब तरह के ड्रग लीगल नहीं हैं। दो तरह के ड्रग्स होते हैं, ठीक वैसे ही जैसे दो तरह के ड्रिंक्स होते हैं—हार्ड और सॉफ्ट। हार्ड ड्रग्स जैसे कोकेन, हेरोइन, एल-एस-डी वग़ैरह यहाँ भी और सारी दुनिया में एक-से बैन हैं। लेकिन हशीस, मेरिवाना और गांजा जैसे सॉफ्ट ड्रग्स यहाँ आम मिलते हैं। यहाँ की सरकार न्यारी है। वह समाज की बुराइयों को दबाने के बजाय उनसे खुले में डील करने में विश्वास रखती है। इसलिए ड्रग्स के ग़ैरक़ानूनी व्यापार, उनसे होने वाले नुक़सान और लोगों की सेहत को ध्यान में रखते हुए ये क़ानून बनाए गए हैं।

अगर वहाँ कोई किसी फ़िल्म या दोस्त के प्रभाव में आ गया है, या उसका फंडा है कि 'लाइफ़ में सब कुछ ट्राई करना है' तो उसे झूठ बोलकर, छिपकर,

किसी अँधेरी जगह में जाकर, दलालों के जाल में फँसकर अपनी सेहत और पॉकेट को ख़तरे में नहीं डालना है। वह किसी भी कॉफ़ी शॉप में जा सकता है जहाँ उसे पूरी जानकारी मिलेगी कि कौन-सी ड्रग कैसे लेनी है और उसके क्या-क्या प्रभाव हो सकते हैं। वह वहीं खुले में, दिन की रौशनी में बैठकर ट्राई कर सकता है। यह भी ख़ूब मजेदार है कि वहाँ ड्रग शॉप्स को 'कॉफ़ी शॉप्स' कहते हैं। एडिक्शन 'छुप-छुपाकर करने' का ज़्यादा होता है शायद। बहुतेरे लोग तो 'छुपा कर' करने के थ्रिल के कारण ही बहुतेरी चीज़ें करते हैं।

बहरहाल, गाड़ी का सफ़र रोचक और जानकारी बढ़ाने वाला रहा। मुझे ड्रग्स की जानकारी मिली और उन लोगों को प्राणायाम की! वैसे किसी भी देश के किसी भी शहर में, किसी से भी मिलो, वह या तो इंडिया जा चुका होता है या जाना चाहता है। उसके बारे में पता सबको है। जो अभी जा नहीं पाए हैं, वे या तो 'ध्यान' के बारे में सवाल करते हैं या महिला-सुरक्षा को लेकर। कई बार वे ऐसे-ऐसे सवाल भी करते हैं, जिनका कोई निश्चित जवाब मेरे पास नहीं होता; जैसे—मौसम कैसा है? सुना है, इंडिया बहुत गर्म है! कौन-सी भाषा बोलते हैं? कहाँ जाना चाहिए इंडिया में? हम्म...मैं बड़े धैर्य के साथ इन सवालों के जवाब देती हूँ। जवाब देते हुए मुझे भी अपना देश लाजवाब लगने लगता है। छोटा थोड़े हो है मेरा देश! एक मौसम थोड़ी है मेरे देश में, और ना ही एक भूगोल। न एक रंग और न ही एक ढंग। मोह भी है मेरे देश में और माया भी। धर्म भी है और पाखंड भी। ध्यान भी है और मोक्ष भी। सीता भी है और दुर्गा भी। दया भी है और अहंकार भी। प्रेम भी है और लाचारी भी। मेरे देश में जाओ तो कोई प्लान बनाकर मत जाना। वह ख़ुद तुम्हारे लिए प्लान बनाएगा। ख़ाली दिमाग़ लेकर जाना। जाने कब सामने भूखा-नंगा भिखारी आ जाए और जाने कब आ जाए ये-बड़ी गाड़ियों का रेला! जाने कब पॉकेट कट जाए और जाने कब कोई अपना पेट काटकर तुम्हें खिला दे। बड़ा अनोखा है मेरा देश!

***

Welkom in Amsterdam—सबसे पहले मैंने एम्स्टर्डम में यही पढ़ा। ज़ाहिर है, जो पहला शब्द दिखा, वह—Welkom था! इसमें इंग्लिश भाषा वाला कोई झंझट ही नहीं था। इंग्लिश में 'सी' लेटर कहीं 'क' तो कहीं 'स'! इन्होंने यह झंझट ही ख़त्म किया और लो भई, 'के' से वेलकम बना लो! तभी तो यूरोपियन

लोगों को अंग्रेजी इतनी मुश्किल लगती है; लिपि भले एक हो, लेकिन उच्चारण सबके एकदम अलग। यह कुछ–कुछ इंग्लिश लोगों जैसी बात है, जो दिखते तो यूरोपियन हैं, लेकिन हैं एकदम अलग।

मौसम एकदम बढ़िया था। धूप के बाद बारिश ने समां बना दिया था। मुझे लगा, थोड़ी देर ठहर जाऊँ शहर में और यों ही थोड़ी जान–पहचान बना लूँ शहर से। लेकिन फिर बैग उठाए–उठाए घूमना पड़ता और सुबह से चाय भी नहीं पी थी। चाय का ख़्याल आते ही लगा कि सीधे दोस्त के घर पहुँच जाऊँ। गाड़ी वाले ने छोड़ा भी तो एकदम स्टेशन के सामने था! अब कौन बार–बार वापस आए—यह सोच मैं स्टेशन के अंदर घुस गई और स्नेहा के घर के लिए निकल पड़ी। स्नेहा का घर शहर से लगभग तीस मिनट की दूरी पर था और वह मुझे स्टेशन से लिवाने आने वाली थी। मिरांडा हाउस हॉस्टल के 'सी' ब्लॉक के पड़ोसी थे हम। तीन साल साथ ऐसे कटा था कि जैसे हम हमेशा साथ ही रहेंगे और अब आठ सालों से एक–दूसरे की शक्ल भी नहीं देखी थी। वह अपने कॉलेज के दोस्त गौरव से ब्याह कर एम्स्टर्डम आ गई थी और मेरा तो कोई फिक्स ठिकाना था ही नहीं। कब सोचा था कि जिससे इतने साल दिल्ली में मिलना नहीं हुआ, उससे यों एम्स्टर्डम में मुलाक़ात होगी। जाने कैसी होगी ? पहले जैसी चुलबुली—बत्तो रानी होगी, या दूर देश में आकर बदल गई होगी ? फ़ोन पर बात करके तो एकदम अलग नहीं लगी। ख़ैर, आगे का तो तो मिलकर ही पता चलेगा। यों भी दो–तीन दिनों की ही बात थी...

स्नेहा का घर तो एकदम एम्स्टरडमी था! बेहद सुंदर और नए अंदाज़ का। ड्राइंग रूम का फ़र्नीचर लाल और काले रंग के मेल में, ख़ूबसूरत ढंग से सजा था। खुली रसोई में कई तरह के पौधे लगाए हुए थे, और गमले थे—सब सुंदर गाढ़े लाल। रसोई हर तरह की आधुनिक मशीनों से लैस थी और बर्तन तक रंगों के तालमेल में थे। मेरी तरह चाय की शौक़ीन स्नेहा के यहाँ अलग–अलग तरह की 'टी' के लिए अलग–अलग तरह के टी–पॉट थे। और वह ख़ुद भी एकदम नए अंदाज़ में थी! हरे रंग के फ्रॉक में वह मुझे बेहद हसीन लगी। कितना समय हो गया था हमें मिले, पर उसकी वही पुरानी हँसी देखकर लगा कि समय हमारे बीच नहीं आया है।

स्नेहा ने मुझे मेरा कमरा दिखाया। सब मैले कपड़े धुलवाने में डाले और डिनर में क्या बनाऊँ, पूछा। मुझे लगा कि हो गया एम्स्टर्डम, अब तो इस घर से

हो निकलना नहीं होगा! ज़्यादा कंफर्ट के भी कई नुक़सान हैं। लगा कि बस दस-पंद्रह दिन यहीं रुक जाऊँ।

***

इतवार का दिन था। स्नेहा को अपने फ़ोटोशूट के लिए सिटी सेंटर आना था। कॉलेज से ही सब लोग उसे मॉडल बनने की सलाह देते थे। यों तो किसी भी सुंदर लड़की को देखकर सब यह सलाह ज़रूर देते हैं, लेकिन मज़ाक़ में। उन्हें भी मालूम होता है कि न तो वे इस बात को लेकर सीरियस हैं और ना ही सुनने वाली। 'मॉडलिंग क्यूँ नहीं ट्राई करती'—कहते तो ऐसे हैं, जैसे हर गली-नुक्कड़ पर मॉडलिंग एजेंसी हर सुंदर लड़की के इंतज़ार में बैठी हो! हाँ, लेकिन यहाँ इतना भी मुश्किल नहीं है। मॉडलिंग किसी भी और कैरियर जैसा है। और तो और, आपको कोई ख़ास कद, काठी या रंग का भी नहीं होना है। आप जैसे हैं, वैसे मॉडलिंग कर सकते हैं। स्नेहा को मॉडलिंग का तो नहीं, लेकिन फ़ोटो खिंचाने का ख़ूब शौक़ है।

ख़ैर, हम लोग सुबह-सुबह शहर आ गए। हमने तय किया कि जब तक स्नेहा फ़ोटो शूट कराएगी, मैं शहर घूमूँगी और वह फ़्री होने पर मुझसे आ मिलेगी। फिर मुझे लगा कि स्नेहा ने तो कितनी ही बार एम्स्टर्डम देखा है, पाँच साल से यहाँ है ही, तो मैं उसको अपने साथ नहीं खींचूँगी। कई बार बेकार की फ़ॉर्मेलिटी में एक-दूसरे पर बोझ बन जाते हैं हम लोग। और मुझे तो वैसे भी अकेले घूमने में मज़ा आता है। सो मैंने तय किया कि एक बार शहर में घुसी तो शाम को डिनर पर ही स्नेहा और गौरव से मिलूँगी।

मैं शहर घूमने लगी। एम्स्टर्डम शहर का अहसास एक बिंदास शहर का-सा है। रोड पर भीड़ तो है, लेकिन गाड़ियों की नहीं, साइकिलों की। रंग-बिरंगी साइकिलों पर लोग रंग-बिरंगे कपड़ों में रंगीन-से हुए जा रहे हैं। सब हल्के-फुल्के कपड़े पहने हुए, अपनी-अपनी सुविधा के हिसाब से। एक साइकिल चलाती लड़की ने अपनी लंबी स्कर्ट ऊपर तक उठाकर गाँठ मार ली थी, ताकि वह साइकिल में ना फँसे। कई सारे पहियों वाली एक साइकिल, जिसे कई लड़के-लड़कियाँ एक साथ चला रहे थे। इन सबने अपनी शर्ट उतार रखी थी और ज़ोर-ज़ोर से गाना गाते, राह चलते लोगों को हाथ हिलाते जा रहे थे। किसी ने लंबी स्कर्ट पहनी है, किसी ने छोटी शॉर्ट्र्स। कुछ लड़कों ने भी स्कर्ट जैसा कुछ पहना हुआ था। कुछ लड़कियों के बाल एकदम छोटे थे, तो कुछ लड़कों ने पोनीटेल बना रखी थी। बालों में फूल लगाया था किसी ने तो किसी ने फूलों की माला पहन रखी थी। मेरा दिल हुआ कि अपनी जींस निकालकर एक छोटी-सी स्कर्ट पहन लूँ। वह बारिश और धूप दोनों के लिए परफ़ेक्ट होगी। कोई किसी को देखता-घूरता या टोकता नहीं मालूम पड़ता। क्यों ? क्या इन्हें अपनी संस्कृति की चिंता नहीं थी ? क्या है इनकी संस्कृति ? पता नहीं क्या थी ! लेकिन जो भी थी, काफ़ी सहज दिखाई पड़ रही थी।

अब मैं स्कर्ट में थी। इतनी छोटी स्कर्ट मैंने पहले कभी नहीं पहनी। अपनी देह के साथ इतनी कंफ़र्टेबल भी शायद पहले कभी नहीं हुई। कभी मुझे अपना शरीर इतना अच्छा नहीं लगा। मुझे अपने स्ट्रेच मार्क्स से नफ़रत थी, और अपने थंडर थाइस से भी ! लेकिन यहाँ तो हर शेप और साइज़ की औरतों ने हर तरह के, हर साइज़ के कपड़े पहने हुए थे। सब मोटी-पतली औरतें एक जैसे ही कॉन्फ़िडेंस में दिखती थीं। मैं भी इनके बीच ऐसे महसूस कर रही थी, जैसे अपने घर में अकेली होऊँ, जहाँ न थंडर थाइस से फ़र्क़ पड़ता है और न स्ट्रेच मार्क्स से। यहाँ जैसे किसी को किसी से कोई मतलब ही नहीं था ! सब बेफ़िक्र थे, मैं भी हो गई। कुछ आगे बाज़ार में एक लड़की ने जब कहा, 'नाइस स्कर्ट'—तो मुझे मेरी टाँगें नए सिरे से अच्छी लगीं। अब मैं फ़ोटो खिंचा सकती हूँ !

***

साइकिलों का जैसे आतंक है इस शहर में ! कोई भी ऐसी सड़क नहीं, जहाँ उनकी अलग से लेन ना हो। उनकी लेन गाड़ियों की लेन से चौड़ी थी

और मज़ाल कि कोई गाड़ी साइकिल को टच कर जाए या कोई इंसान साइकिल की लेन पर ग़लती से भी आ जाए। सब साइकिल वाले टूट पड़ते थे एक साथ। बड़ी फ़ैमिली होना भी गाड़ी लेने का बहाना नहीं है यहाँ। कुछ साइकिलों में आगे की सीट न होकर एक बड़ी-सी ट्राली है, जिसमें छोटे बच्चों के बैठने का इंतज़ाम है। उस ट्राली को बारिश के वक़्त ऊपर से ढँकने का भी उपाय था। बारिश रह-रहकर होती है यहाँ, मुंबई के जैसे। अभी-के-अभी धूप और अभी बारिश।

कितने कैनाल हैं इस शहर में! सुना है कुल 165 के आसपास; सौ किलोमीटर लंबाई है इनकी और इन पर पंद्रह सौ से अधिक पुल बने हुए हैं। हर दो सड़कों के बीच एक कैनाल है और उनमें चलती हैं, कश्तियाँ। मैं जब पुल पर खड़ी हूँ तो मुझे गाड़ी, ट्राम, साइकिल, स्कूटर और कश्ती—सब दिखते हैं। उसी समय ऊपर एक हवाई जहाज़ भी उड़ रहा हो तो एक जगह खड़े-खड़े यातायात के लगभग सारे साधन देख लिए आपने! इतने कैनाल्स वाले इस देश का नाम नीदरलैंड यों ही नहीं पड़ा होगा। डच भाषा में 'नेदेर' का मतलब है 'नीचे'; इसी से बना है—नीदरलैंड, जिसका एक बड़ा हिस्सा समुद्र के स्तर से नीचे है। तभी जितनी ज़मीन है यहाँ, उतना ही पानी भी। बीच शहर में गाड़ियाँ तो बस इक्की-दुक्की दिखती हैं। रोड पर ट्राम ज़रूर चलती है जो दौड़ती साइकिलों और चलते इंसानों के बीच साँप की-सी फुर्ती से गुज़रती है। सामने एकदम से कोई मेरे जैसा भूला-भटका आ जाए तो हॉर्न की एक ज़ोरदार आवाज़ आती है और ब्रेक लगाकर ट्राम रुक जाती है। फिर धीरे-धीरे चल पड़ती है ।

चलते-चलते मैं पहुँची उस जगह, जहाँ लिखा है—'आई एम एम्स्टर्डम'। सुवेनियर फ़ोटो खिंचाने की एकदम सही जगह। यहाँ फ़ोटो तो खिंच जाएगी, लेकिन फ़ोटो में कम-से-कम पंद्रह-बीस लोग और होंगे। सब लाइन लगाकर फ़ोटो खिंचा रहे हैं। कुछ तो बस 'एम' अक्षर के ऊपर ही बैठ गए कि जैसे बस वे ही हों नीदरलैंड। कुछ देर इंतज़ार किया कि कोई उतरे तो मैं भी खिंचवा लूँ, लेकिन अकेली थी तो हर कोई मुझे

ही कैमरा पकड़ा देता—'कैन यू मेक ए फ़ोटो, प्लीज़ ?' सबका फ़ोटो सेशन करने के बाद झल्लाकर मैंने भी दो-तीन फ़ोटो उतरवा ही लिए, उन्हीं लोगों के साथ।

एम्स्टर्डम शहर में गुम होने के चांस कम हैं, और कुछ ढूँढ़ने के भी। एक तो बीच बहती कैनाल्स की वजह से, सब गलियाँ एक सी लगती हैं। अगर आप भूले से किसी कैनाल को पहचान बना लो, तो बस। और सब पा जाओगे, वही नहीं मिलेगी जिसे ढूँढ़ रहे हो। लेकिन गुम होना भी यहाँ उतना ही मुश्किल है, क्योंकि कोई भी कैनाल पकड़कर चल दो, आख़िर पहुँचोगे तो एम्स्टल नदी ही। सारे कैनाल्स गोल-गोल से शहर में, मकड़जाल जैसे बिछे हैं। दोनों सिरों से एम्स्टल को छूते, पूरे शहर को घेरते। शुक्र है, लोग रास्ता बताने को तत्पर रहते हैं। सभी अंग्रेज़ी जानते मालूम होते हैं। किसी से रास्ता या पता पूछो तो भाषा की कोई दिक़्क़त नहीं लगती। लेकिन स्नेहा ने बताया कि अगर डच नहीं आती तो नौकरी मिलने में मुश्किल हो सकती है, और नौकरी मिल जाए तो प्रमोशन में दिक़्क़त हो सकती है। डच जानने वालों को प्राथमिकता दी जाती है। ऐसा ही ब्रस्सल्स में था और पेरिस में भी। ख़ैर, ये तो बड़े शहर थे, राजधानी-शहर! चूँकि बड़े शहरों में टूरिज़्म ख़ूब है जो व्यवसाय का एक बड़ा ज़रिया भी है, तभी शायद सब अंग्रेज़ी जानते हैं और अंग्रेज़ी जानने वालों से परहेज नहीं करते।

यूरोप के इन देशों में मातृभाषा को प्राथमिकता दी जाती है। यहाँ के स्कूलों में अंग्रेज़ी ज़रूरी नहीं है। किसी बुकशॉप में जाने पर पिचानवे प्रतिशत किताबें स्थानीय भाषा में मिलती हैं। अंग्रेज़ी किताबें ढूँढ़ने के लिए मशक़्क़त करनी पड़ती है। लगभग सभी साइन-बोर्ड, टिकट मशीन, एटीएम मशीन—सब लोकल भाषा में हैं। ज़्यादा समझदार टूरिस्ट अपने फ़ोन में ट्रांसलेटर रखते हैं, इसी समझदारी में नयी भाषा भी सीख लेते होंगे। मैं कहाँ इतनी समझदार, 'अभी तक काम चल गया तो आगे भी चल जाएगा' के नारे के साथ आगे बढ़ती जाती हूँ।

***

शहर की नामी इमारत देखूँ ना देखूँ, वहाँ का मशहूर खाना ज़रूर खाती हूँ। फिर चाहे वह कच्ची मछली ही क्यों ना हो! अब मुझे ढूँढ़नी थी एक ऐसी ख़ास दुकान जहाँ मिलती हो डच हेरिंग। कच्ची हेरिंग मछली डच लोगों की ट्रेडिशनल डिश है। वैसे इतनी कच्ची भी नहीं होती है। हेरिंग को दो दिनों तक नमक और बर्फ़ में रखा जाता है। जैसे उसी में पकती हो! दुकानदार ने बताया कि इसे सिर्फ़

नई, जून और जुलाई के महीने में पकड़ा जा सकता है, लेकिन अगर नमक के बैरल में रखा जाए तो पूरी सर्दियाँ खा सकते हैं। उसने मुझे एक हेरिंग, कच्चे प्याज और डच झंडे की टूथपिक के साथ पकड़ा दी। टेस्ट बिलकुल वैसा था जैसा आप सोच रहे हैं। कच्चा, गिलगिला, नमकीन और ठंडा! लोग मानते हैं कि इसे खाने से दारू का हैंगओवर उतर जाता है। वाक़ई। इसे खाने से तो किसी भी चीज़ का हैंगओवर उतर जाएगा! चलो, फेमस डिश तो चेक किया। अब कुछ इसका हैंगओवर उतारने के लिए ढूँढ़ा जाए...

इस शहर में जगह-जगह फ्री वाई-फ़ाई है। शायद भारत के नेता यहीं से यह आईडिया लेकर वहाँ वोट के लिए सपना बेचते रहते हैं। यूरोप के अधिकतर शहरों की टूरिस्टी जगहों पर वाई-फ़ाई फ्री होता है, लिमिटेड टाइम के लिए। कहीं तीस मिनट तो कहीं एक घंटा, ताकि आप कहीं गुम गए हैं या कोई रास्ता ढूँढ़ रहे हैं तो पा जाएँ। कोई ज़रूरी मेल पढ़ना चाहते हैं या किसी चीज़ के बारे में पता करना चाहते हैं तो अपने फ़ोन पर फ्री में ब्राउज़ कर सकते हैं। वैसे तो लगभग सभी चाय-कॉफ़ी की दुकानों पर वाई-फ़ाई फ्री होता है, लेकिन मुझे अगर हर बार गुम होने पर कॉफ़ी पीनी पड़ती तो काफ़ी परेशानी हो जाती। ऐसे में फ्री वाई-फ़ाई काफ़ी मददगार रहा।

मुझे एन्न फ्रैंक म्यूज़ियम जाना था। एक बार फ़ोन पर डायरेक्शन देखकर मैं एक बड़ी भीड़ के पीछे हो ली। रास्ते में मुझे दिखी एक कॉफ़ी शॉप। जी हाँ, वही वाली कॉफ़ी शॉप! एकदम साधारण कॉफ़ी शॉप, बस अंदर सुगंध एकदम तेज़ थी, बढ़िया; जैसे हवन के वक़्त होती है। मेन्यू में चाय, कॉफ़ी और ठंडे के साथ-साथ मेरीवाना, मेरीवाना विद टोबैको, मैजिक मशरूम, हैश, मोरोकन हैश और उनमें तरह-तरह के फ्लेवर। जाने मेरा मोटिवेशन क्या था, शायद बेवकूफ़ी रही हो! मेरा ऑर्डर एक कॉफ़ी और एक मेरीवाना विद टोबैको के लिए था। बड़े क़ायदे से हरे ढक्कन में बंद प्लास्टिक की एक नली में जॉइंट, और एक छोटे से कप में कॉफ़ी थमा दी गई मुझे। एक कश, दो कश, और बस! अपना दम-ख़म तो इतना ही था। दो कश के बाद मुझे पता चल गया कि यह मेरे काम की चीज़ नहीं है। मेरा सर पानी जैसा तरल हो गया था।

आसपास के लोगों की बातें न चाहते हुए भी सुनाई दे रही थीं। आँखें मुँदी जा रही थीं। ट्रैफिक की आवाज, बाइक का हॉर्न, साइकिल की ट्रिन-ट्रिन—सब साफ़-साफ़ सुनाई पड़ रहे थे... बगल में बैठे दो लड़के, उनके प्रेम-जीवन की व्यथा, वह भी... सब कुछ साफ़-साफ़! जाने कौन-सा बटन दब गया था दिमाग़ का, सर घूम भी रहा था और सब साफ़-साफ़ भी था... लेकिन जैसे कुछ भी वश में नहीं था... जिस कुर्सी में बैठी थी, उससे जैसे चिपक गई... उठकर चल देने से मुश्किल जैसे दुनिया में कुछ और नहीं रहा! मुझे सबकी बातें सुनाई दे रही थीं, पर मेरा मन सुनने का न था। वह तो चलना चाहता था। शानदार धूप निकली थी। नया शहर था। यूँ बैठने को जी नहीं चाह रहा था। पर नहीं, यही नहीं हो पा रहा था। नए शहर के नशे में तो मैं यों ही हाई रहती हूँ। कुछ ऐसे ग़म भी नहीं हैं मेरे, जिन्हें भुलाने को पिया जाए! अब क्या करूँ? आधा घंटा बैठी रही, लेकिन सर तरल-का-तरल।

शायद चलने से कुछ आराम मिले... सो मैं किसी तरह कुर्सी से उठ, भीड़ के पीछे धीरे-धीरे बढ़ने लगी। कैसे और कितने टाइम में एन्न फ्रैंक म्यूज़ियम पहुँची, कैसे पहुँची, कहाँ से पहुँची, नहीं याद; लेकिन पहुँचकर देखती हूँ वहाँ अंदर जाने वालों की एक लंबी लाइन! अभी तो अंदर जाने की हालत नहीं थी। एक तो म्यूजियम, वह भी कोई ऐसा-वैसा नहीं, एन्न फ्रैंक का घर। इतनी उदासी उस हालत में झेल सकने की मुझमें क्षमता नहीं थी। इसलिए मैं वहाँ म्यूज़ियम के साथ वाले फुटपाथ पर, अपनी टोपी पहनकर बैठ गई। कब आँख लगी, नहीं पता; लेकिन जब उठी तो न कोई लाइन थी, न धूप! दिन ढल चुका था। धूप में सोने से मेरे दोनों खुले हाथ और पैर अपना रंग बदलकर लाल चुके थे। लेकिन सर अब ठोस था! बस, हो गया म्यूज़ियम। अब लगी थी भूख, ख़ूब तेज़ वाली। म्यूज़ियम को एक किनारे कर मैं खाना ढूँढ़ने चल पड़ी।

अब जिस बात की तरफ़ मेरा ध्यान जाता है, वह यह कि मुझे वहाँ कोई नशेड़ी सड़कों पर डोलता नहीं दिखा था! ऐसा बिलकुल नहीं था कि ड्रग्स लीगल होने के कारण वहाँ सब लोग नशे पर टूटे पड़े हों। बल्कि कॉफ़ी शॉप्स ख़ाली थे! इनसे ज़्यादा भीड़ तो 'हरे कृष्णा' वालों के सामने दिख रही थी! जी हाँ, ध्यान केंद्र और योग सेंटर की भरमार है वहाँ। ज़ाहिर है कि या तो वहाँ लोग ड्रग्स लेने कम, ध्यान करने ज़्यादा आ रहे थे या फिर बाहर से आने वाले ड्रग्स की ख़ातिर आ रहे थे और ड्रग्स में रहने वाले ध्यान कर रहे थे।

***

मुझे कोई अचंभा नहीं रहा कि स्नेहा का यहाँ एम्सटर्डम में बस जाने का मन हुआ! वह शहर में काम करती और समय मिलने पर शहर भर की ख़ाक छानती। जो मन आए पहनती, जब मन चाहे, जहाँ मन चाहे—घूमती। किसे प्यार नहीं होगा इस आज़ादख़याल शहर से! उसकी और गौरव की अंडरस्टैंडिंग भी मुझे एक सुलझे हुए दंपति की लगी। कोई तनाव या बनावटीपन नहीं दिखा उनके साथ में, इसलिए उनकी संगत में मुझे काफ़ी संतोष जान पड़ा। पेरिस के बाद कुछ हद तक विश्वास उखड़ने-सा लगा था किसी भी सोशल अरेंजमेंट से। लेकिन नयी पीढ़ी बदलती जान पड़ती है।

शाम का प्लान बना कि मुझे रेड डिस्ट्रिक्ट घुमाया जाए। सच बताऊँ, एम्स्टर्डम के 'रेड लाइट डिस्ट्रिक्ट' के बारे में मुझे तो पहली बार 'क्वीन' फ़िल्म से पता चला था। मुझे किसी भी देश के बारे में तब कुछ भी जानकारी नहीं थी जब भारत में रहते हुए विदेश घूमने के सपने देखती थी। जाने कैसे, बस पहुँच गई थी सपनों के मुल्कों में! लंदन, पेरिस, रोम, स्विटज़रलैंड, स्पेन और जर्मनी—यही मोटे-मोटे नाम पता थे, बस। कुछ ख़ास करने का एजेंडा भी नहीं था। एजेंडा तो तब हो ना, जब किसी चीज़ की जानकारी हो! मैं तो बस दुनिया में यों ही टहलने निकली थी।

***

आम तौर पर लड़कियाँ शायद रेड-लाइट डिस्ट्रिक्ट कम ही ढूँढ़ती हैं। उनकी ज़रूरत का सामान जो नहीं होता वहाँ। अगर उनकी ज़रूरत का कुछ वहाँ होता तो क्या ढूँढ़ती? कहते हैं, लड़कियों को शरीर के साथ भावनाओं का मेल चाहिए होता है, जबकि लड़के शरीर और भावनाओं को अलग-अलग रख सकते हैं। मुझे भी एक समय ऐसा ही लगता था। लेकिन ज्यों-ज्यों कंडीशनिंग टूटी, त्यों-त्यों भावनाएँ ओवररेटेड लगने लगीं और शरीर की ज़रूरतें अंडररेटेड। जितनी ज़रूरत भावनात्मक जुड़ाव की थी, ठीक बराबर मात्रा में शारीरिक लगाव की भी थी। कभी एक का पलड़ा भारी तो कभी दूसरे का। लेकिन हमें चूँकि पाठ बचपन से यही पढ़ाया जाता था कि शरीर की ज़रूरतें पाप हैं तो हम शरीर की ज़रूरतों को भावनाओं की रेशमी चादर से ढाँपते रहे। किसी से मिलकर सिर्फ़ सेक्स कर पाना या सिर्फ़ सेक्स करने की इच्छा भर रखना भी हमें पाप बताया जाता है। ऐसे में कितनी ही बार करना तो चाहते

हैं हम सेक्स, लेकिन करते हैं 'दोस्ती', और फिर सेक्स की ज़रूरत को हज़ार तरह के पाखंड से छुपाते हैं। सिर्फ़ सेक्स कर सकना, सेक्स करने भर के लिए, न हमने कभी सीखा और न हमें कभी बताया गया। ऐसे पाखंडों को तो एक-न-एक दिन टूटना ही होता है, तब असलियत और भयानक लगती है। सोचते हैं, सिर्फ़ सेक्स कर पाते—साफ़ बोल कर, तो जाने कितने ही ऊपरी आडंबरों से बच जाते!

लेकिन यूरोप की लड़कियाँ ऐसी नहीं थीं। इनकी बनावट जाने कौन-सी फ़ैक्ट्री की थी? मेरी एक ग्रीक दोस्त है लंदन में, इक्कीस साल की, और कोई बॉयफ्रेंड नहीं है उसका। लेकिन शारीरिक ज़रूरतों का पूरा ख़याल रखती है। उसे अपनी देह की ज़रूरतों का ठीक-ठीक ज्ञान है। और, वह इसे किसी मुखौटे में नहीं छुपाती।

और लड़के, उनका क्या? 'शरीफ़' से 'शरीफ़' लड़के को 'उस जगह' की जानकारी तो कम-से-कम होती ही है। जाएँ न जाएँ, अलग बात। इंडिया में जहाँ लीगल भी नहीं है, वहाँ भी मुमकिन है। मेरी पहचान में तो कम-से-कम ऐसा कोई न था, जिसने एक बार 'उस जगह' के दर्शन न किए हों। जो इंडिया में शराफ़त का लिबास ओढ़े रहते थे, उनको मैंने लंदन में नंगे फिरते देखा। जिन्हें बुधवार पेठ (पुणे) या जीबी रोड (दिल्ली) से घिन आती थी, वे बैंकॉक में घिनौने हो जाते हैं। नहीं-नहीं, यह बात नहीं है कि मैं उन्हें घिनौना समझती हूँ। अपनी-अपनी पसंद, वह अपनी जगह है। बस, जब शराफ़त का चोला पहनकर औरों को गरियाते हैं, तब दिक़्क़त होती है। कितनी बार तो मुझे ख़ुद ऐसा लगा कि यह जिस्म का बाज़ार पुरुषों का भी होता तो एक बार चक्कर लगाया जा सकता था। नहीं? क्या हर्ज़ है! कितने सारे मनहूस ब्रेकअप्स से तो मैं शायद यों ही बच जाती। भावनाओं की ओट में, क़ीमती समय और डिनर के बाद पर्दा उठने से अच्छा क्या यह नहीं कि बात पहले से साफ़-साफ़ हो?

ख़ैर, चूँकि पहले कभी रेड लाइट एरिया देखा नहीं था तो दिमाग़ में कोई ऐसी तस्वीर भी नहीं थी। सो अपना ख़ाली दिमाग़ लेकर मैं पहुँच गई "रेड डिक्ट्रिक्ट ऑफ़ एम्स्टर्डम"—सेंट्रल स्टेशन के एकदम नज़दीक, एकदम प्राइम लोकेशन और रेजिडेंशियल इलाक़े के एकदम पास।

***

उसकी उम्र पच्चीस–तीस बरस रही होगी। उसकी खिड़की के आगे ख़ूब भीड़ थी। वह सबको सरसरी निगाहों से देखती है और अपने ग्राहक पहचान लेती है। उसने काले रंग की जालीदार ब्रा और पैंटी पहन रखी है। बदन बेहद कसा हुआ और ख़ूबसूरत है। वह बड़ी अदा से अलग–अलग अंदाज़ में मुड़ती है। नज़रें बार–बार भीड़ को जैसे छानती हों। मेरा मन उसे जी भर देख लेने को करता है, मेरी नज़रें उसी पर टिकी हैं। लेकिन वह मुझे दोबारा नहीं देखती। उसे पता है कि मैं उसकी कस्टमर नहीं हूँ और वह तारीफ़ बटोरने के लिए यहाँ खड़ी नहीं हुई है। फिर एक नज़र से उसकी नज़र अटक जाती है। वह खिड़की की चिटकनी खोलती है और खिड़की पर पर्दा डाल देती है। भीड़ के साथ हम भी आगे बढ़ जाते हैं।

एक कैनाल के दोनों तरफ़ की सड़कें एकदम चकाचौंध भरी, रँगीली हैं। इन सड़कों पर चटक लाल और गुलाबी रंग की सात–आठ फ़ीट की सैकड़ों खिड़कियाँ हैं, और उन खिड़कियों में लड़कियाँ खड़ीं हैं। और लड़कियाँ सिर्फ़ मैनिक्विन जैसे नहीं खड़ी हैं, वे सब जैसे एक लय में डोल रही हैं, कोई अपनी लचक दिखा रही है तो कोई अपनी ताक़त। दुनिया के अलग–अलग कोनों से युवतियाँ यहाँ अपने शरीर का व्यापार करने आती हैं, लेकिन बड़ी संख्या ईस्ट–यूरोपियन लड़कियों की है। अब मैं थोड़े नाक–नक़्शे पहचानने लगी हूँ। पहले सब गोरे अंग्रेज लगते थे। एक–आध चेहरा हमारे यहाँ जैसा भी दिखता है, लेकिन हाव–भाव लगभग सबका एक ही जैसा है। सब बड़े कॉन्फ़िडेंस के साथ खड़ी हैं, लेकिन अगर कोई फ़ोटो खींचने की कोशिश करे तो सर्र से पर्दा खींच लेती हैं। ज़रूरी नहीं कि सबके माँ–बाप और समाज को पता हो उनके धंधे के बारे में। वहाँ वैसे तो कोई फ़ोटो खींचता नज़र आता नहीं है, लेकिन अगर कोई खींचता भी है तो सब आस–पास वाले ऐसी नज़रों से उसे देखते हैं कि ख़ुद शर्म आ जाए उसे। कोई उन लड़कियों से बदतमीजी से पेश आता नहीं दिखता। कोई पुलिस भी कहीं दिखाई तो नहीं पड़ती है, लेकिन सुना है कि कोई बदतमीजी करे तो आने में देर भी नहीं लगाती है। सब लड़कियाँ अपने–अपने अंदाज़ में ग्राहकों को रिझाने की कोशिश कर रही हैं। कोई हंटर लेकर खड़ी है तो कोई गुलाब का फूल, कोई डॉक्टर के लिबास में है तो कोई पुलिस वाली के। सब तरह के खेल हैं यहाँ। हर मर्द को लुभाने के तरीक़े हैं इनके पास। तभी शायद दोनों तरफ़ की सड़कों पर सैकड़ों की भीड़ लगी है।

कुछ खिड़कियाँ एकदम ख़ाली हैं तो कुछ खिड़कियों के आगे लाइन लगी है। वैसी खिड़कियाँ जिनके आगे लाइन नहीं है, उनमें ज़्यादातर अधेड़ उम्र की महिलाएँ हैं, लेकिन रेट उनका भी वही है। उनके चेहरे मैं पढ़ नहीं पाती हूँ। वे ज़्यादा हिल-डुल नहीं रही हैं। न ज़्यादा किसी को रोकने की कोशिश करती हैं। मैं सोचती हूँ कि ये यहाँ क्यों खड़ी हैं। इस जवान बाज़ार में इनका कौन ख़रीदार है? शायद वे दिन में कुछ और काम करती होंगी, और यह सिर्फ़ पार्ट टाइम जॉब होगा। लड़कियों में बहुत-सी सुबह कॉलेज जाती हैं और शाम को इधर खिड़की में होती हैं। जाने इस खिड़की का किराया कितना है? मैं एक ख़ाली खिड़की से 'हेल्लो' कहती हूँ तो वह फटाक से चिटकनी खोल देती है। उसे पता है कि मैं ग्राहक नहीं, लेकिन वह फिर भी आराम से मुस्कुराती है और हेल्लो कहती है। जब मैं उसके सैंडल्स की तारीफ़ करती हूँ तो वह ख़ुश होती है और कहाँ से लिये हैं, अपनी टूटी-फूटी इंग्लिश में यह भी बताती है। फिर लड़कों के एक झुंड को आते देख चिटकनी बंद कर देती है। उसके बाद वह फिर मुझे नहीं देखती। मैं कुछ देर रुकती हूँ और आगे बढ़ जाती हूँ।

हर खिड़की में बिताए तीस मिनट का रेट पचास यूरो है। भीड़ वाली खिड़की के बाहर खड़े कुछ युवक मोल-भाव करने की कोशिश करते हैं तो वह उन्हें आगे जाने को बोलती है। वे युवक भी बेहद आकर्षक हैं, शायद इसी बूते पर रेट कम कराने की आस कर रहे हैं। लेकिन उसके लिए वे सिर्फ़ ग्राहक हैं, शायद! उसे अपने समय की क़ीमत मालूम है और वह यहाँ मौज के लिए भी नहीं आई है। उसे खिड़की का किराया भी देना है। सबका एक रेट फ़िक्स है। किसी भी और व्यापार की तरह उनकी भी रसीद होती है। चाहे आप यह रसीद अपने टैक्स रिटर्न में दिखाएँ या ना दिखाएँ, ये लोग ज़रूर दिखाती हैं और बाक़ायदा टैक्स फ़ाइल करती हैं।

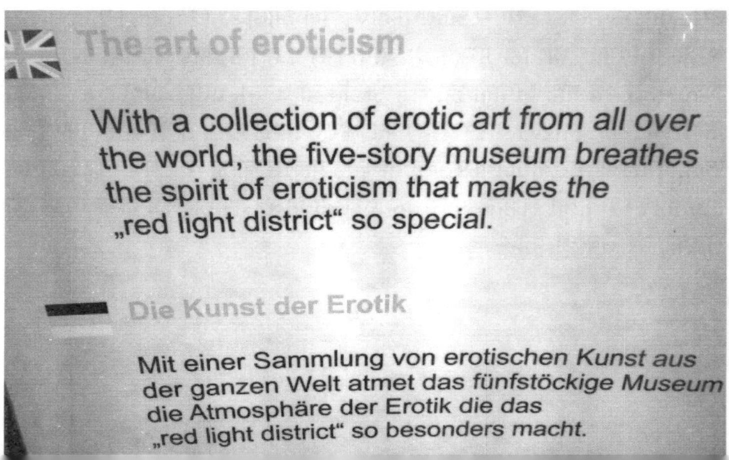

हर तरह के लोग नज़र आते हैं यहाँ—बूढ़े, जवान, कोट-पैंट वाले भी जो सीधे मीटिंग के बाद यहाँ आ गए थे शायद, कुछ कपल्स भी हैं जो एक-दूसरे का हाथ पकड़े खिड़कियाँ देख रहे हैं। शायद अपनी किस्मत पर ख़ुश हैं, अपने ग्राहक ना होने के ग़ुरूर में! उनके पास फ़िजिकल-इमोशनल कनेक्ट—दोनों का इंतज़ाम है। तो क्या जो ग्राहक हैं, उनकी बीवी या गर्ल-फ्रेंड नहीं है? सब-के-सभी की! और अगर हैं तो फिर वे क्या ढूँढ़ने आए हैं यहाँ? थ्रिल? कुछ अलग पाने की भूख? हम भी तो बाज़ार में यूँ ही फिरते हैं। घर में दस जोड़ी जूते हों, एक और ले आते हैं। दो बैग रखे हों, एक और ले आते हैं। कुछ नहीं तो बस देखने पहुँच जाते हैं। एक तरह की वेश्यावृत्ति वह भी तो है; है कि नहीं? ऐय्याशी सिर्फ़ देह की नहीं होती है। उसका सम्बन्ध किसी भी तरह के उपभोग की अधिकता या उसके मनमानेपन से है।

इस बाज़ार में कुछ लोग सिर्फ़ देखने और कुछ ख़रीदने चले आए हैं। जगह-जगह सेक्स टॉयज़ और कॉन्डोम्स की दुकानें हैं। दुकानों में कॉन्डोम रंग-बिरंगे गुब्बारों जैसे टँगे हैं। खिड़कियों में खड़ी लड़कियाँ हैं तो लाइव पोर्न की दुकानें भी हैं, सेक्स टॉयज़ भी बाहर डिस्प्ले विंडो में सजे रखे हैं। लेकिन इस जिस्म के बाज़ार में कोई हुड़दंगी नहीं है। मतलब कि सब कुछ क़ायदे से है। मुझे उन लड़कियों पर न दया आती है और ना ही उनसे घृणा होती है। मैं उनको समझने की कोशिश करती हूँ, लेकिन वह क्षमता भी मुझमें नहीं है। मैं जैसे उनके सम्मोहन में हूँ। मैं उन गलियों के पंद्रह चक्कर काट चुकी हूँ, लेकिन बाहर नहीं आ पाती हूँ। यह मालूम होते हुए भी कि बाज़ार में हर नज़र उनको तराश रही है, आख़िर वे कैसे इतनी ग्रेस के साथ खड़ी हैं! मुझे थोड़ी दया उनके ग्राहकों पर आती है। आख़िर कैसे चुनेंगे वे इस सम्मोहन के जाल में अपनी पसंद?

रेड लाइट डिस्ट्रिक्ट तो हमारे देश में भी हैं, लेकिन वहाँ अच्छी लड़कियाँ यों नहीं घूमतीं। उस इलाक़े से बच-बचाकर निकलने की हमारी शिक्षा है। अबकी बार जाऊँगी तो घूमूँगी ज़रूर। अब मैं 'अच्छी' लड़की की गिनती में आने से तो वैसे भी रही! फ़िलहाल यहाँ हैरान इस बात से ज़्यादा हूँ कि पोर्न का यों खुला

बाज़ार होते हुए भी लोग शालीन हैं। राह चलती लड़कियों पर टूट नहीं पड़ रहे। उनके साथ कोई ऐसी-वैसी हरकत नहीं करते। वे अपनी मर्जी की दुकान चुनकर अंदर जाते हैं। उन्हें पता है कि वे क्या ढूँढ़ रहे हैं या क्या चाहते हैं। वे यहाँ सेक्स सीखने नहीं आए हैं।

डच स्कूलों में पहली क्लास से बच्चियों और बच्चों को सेक्स एजुकेशन दी जाती है। क्या होता है जब आप किसी को पसंद करते हैं, या जब वह आपको गले लगाता है, हग्ग करता है? क्या उन्हें कभी प्यार हुआ है? क्या होता है प्यार? प्यार में होते हैं तो कैसा लगता है? कब किसी को छू लेने का मन करता है? स्कूल में जीवन के इन सब ज़रूरी सवालों पर स्वस्थ बातचीत होती है। उम्र के साथ शरीर के बदलावों के बारे में बताया जाता है। क्यों ख़ुद को छू लेने का मन करता है? सेक्स क्या होता है, किस उम्र में किया जाना चाहिए? क्या-क्या सावधानियाँ बरतनी चाहिए? किसी का छुआ आपको अच्छा न लगे तो क्या करना चाहिए? किससे बात करनी चाहिए? कोई अच्छा लगना बंद हो जाए तो उसको कैसे बताया जाए? एक-दूसरे के ब्रेक-अप के समय कैसे मदद करनी चाहिए। इन सबके बारे में क्लास टीचर अपने स्टुडेंट से बात करती हैं।

यहाँ किसी लड़के को किसी लड़की से बात करने के लिए कोई सज़ा नहीं दी जाती। लड़के-लड़कियों को अलग-अलग नहीं बिठाया जाता। उनको अपनी देह की ज़रूरतों के प्रति जागरूक किया जाता है। देह और भावना की समझ से जुड़े उनके सवालों के लिए उनको यहाँ दुत्कारा नहीं जाता।

दुनिया को हमने *कामसूत्र* दिया है और अपने ही समाज में हम इस पर बात करने से आज कतरा रहे हैं। इसको बंद अँधेरे कमरे का रहस्य बनाए रखने पर उतारू हैं जिससे कि समाज निकलना चाह रहा है। सेक्स को दबाने की बजाय अगर उसे क़ायदे से पढ़ाया जाए, बताया और सिखाया जाए तो निश्चित रूप से समाज की मानसिकता बदलेगी। स्वस्थ होगी। जानकर ही किसी चीज़ से ऊपर उठा जा सकता है। यह क्या बात हुई कि हमारे पास कामसूत्र और खजुराहो तो हैं, लेकिन हमारी आँखें बंद हैं और इच्छाएँ दमित! हम ज्ञानी हैं, इसलिए दुनिया हमसे सीखे—इसका मतलब यह तो नहीं कि हम दुनिया से कुछ न सीखें। उन्होंने हमसे सीखा है, लेकिन हमें अपने अहंकार से निकलकर अब दुनिया से भी कुछ सीखने की ज़रूरत है। और एम्सटर्डम एक मिसाल है। जैसा मैंने उसको देखा।

***

आगे मुझे जाना था बर्लिन। अपनी आइटीनेररी बनाते वक़्त लंदन में जब मैं अपने घर में लगे दुनिया के नक़्शे के सामने खड़ी थी, मैंने यूरोप के शहरों का एक गोला बनाया, इन्नर सर्किल जैसा। नक़्शे पर सब बड़ा आसान लगता है। यूरोप तो एक बंद मुट्ठी में आ जाता है, सो सब एकदम मुमकिन मालूम होता है। ज़्यादातर देश एक-दो घंटे की दूरी पर ही हैं। यों एम्स्टर्डम जर्मनी से ज़्यादा दूर है नहीं, लेकिन बर्लिन एकदम जर्मनी के पूर्वी कोने में पड़ता है। इसलिए रास्ता लंबा था। संयोग अच्छा हुआ कि बर्लिन जा रहे एक दंपति के साथ मुझे लिफ़्ट मिल गई। रहने के लिए भी एक लोकल का घर मिल गया था, काउच सर्फ़िंग पर। बस, अब जाना था...

६

बर्लिन : एक माफ़ी माँगता शहर

एम्स्टर्डम से बर्लिन सात–आठ घंटे का सफ़र था, सोते–सोते बीता। जिस दंपति के साथ लिफ़्ट मिली थी, वह बेहद चुपचाप थे। गाड़ी में जिस दूसरी लड़की को लिफ़्ट मिली थी, वह भी काला चश्मा लगाकर सो गई थी। लगा, सब पार्टी करके थके हुए हैं और वापस काम पर जाने से पहले नींद निकालना चाहते हैं। सफ़र बोझिल हो रहा था, फिर मेरी भी आँख लग गई। जब खुली तो हम बर्लिन से तीन घंटे दूर थे और चाय–सुसू के ब्रेक के लिए गाड़ी एक बड़े–से हाईवे मोटल के सामने रोक दी गई थी। वहाँ भी अपने ही ढाबों की तरह दर्जनों बड़े–बड़े ट्रक खड़े थे। लगता है, ट्रकों के बग़ैर किसी देश का काम नहीं चलता।

यूरोप में बाथरूम इस्तेमाल करने के पचास सेंट लगते हैं। एक टोकन मिलता है मशीन से फ़िफ़्टी सेंट का, फिर उस टोकन से दरवाज़ा खुलता है और रसीद मिलती है। अगर आप उसी मोटल से चाय–कॉफ़ी आदि भी ख़रीदते हैं तो वह रसीद दिखाकर फ़िफ़्टी सेंट रिफ़ंड करा सकते हैं। आँखें मलते, नींद से उबरते समय की धुंधली–सी याद है उस मोटल की, केवल इतना कि वह बहुत–बहुत बड़ा था। वहाँ सुपर मार्केट की तरह सामान लगा था, चाय–कॉफ़ी की मशीनें लगी थीं। मुझे महसूस हुआ कि यह है जर्मनी। यहाँ सब कुछ बेहद सलीके से था। मैंने अब तक जितना यूरोप देखा था, यह उससे भी साफ़ था। यहाँ का

अहसास कुछ अलग ही था। खिड़कियों और दरवाजों के शीशे तो मानो रोज़ ही चमकाए जाते होंगे। बाथरूम इतना आधुनिक कि लगा शायद स्पेसशिप में ऐसे ही बाथरूम होते हों। टॉयलेट अपने-आप फ़्लश ही नहीं होती थी, उसकी सीट भी अपने-आप साफ़ होती थी! पूरी सीट अपने-आप घूम जाती थी और एक ऑटोमेटिक ब्रश उसे करीने से साफ़ कर देता। यह देख थोड़ी देर के लिए तो मेरा सर घूम गया। मैंने जर्मनी का पहला वीडियो बनाया भी तो टॉयलेट सीट का; ख़ुद को रोक जो नहीं पाई!

***

जर्मनी पहुँचकर गाड़ी वाले महाशय ने बीच शहर एक स्टेशन के पास मुझे छोड़ दिया। फ़ोन में बैटरी नहीं थी। शुक्र यह कि होस्ट का नाम, पता और फोन नंबर सब डायरी में लिखा हुआ था। फिर भी रास्ता तो ढूँढ़ना था। साथ में न मैप था और न ही कहाँ हूँ—इसका ज्ञान। ऊपर से जगहों के नाम ठीक-ठीक बोलना इतना मुश्किल कि पूछो मत! मुझे जाना था—Osloer Straße Ritterlandweg; जब वहाँ रही तो सीख गई थी इसको बोलना, अब फिर भूल गई हूँ। यह तो फिर भी आसान नामों में से एक था, इससे भी बड़े-बड़े नाम हैं वहाँ जगहों के और उनको बोलना उससे भी कठिन। किस्मत से दूसरी लड़की जिसने पूरे आठ घंटे के सफ़र में दो शब्द भी न बोले थे, काफ़ी मददगार निकली। बहुत ख़ूबसूरत थी वह और यह जानती भी थी। सो उसमें थोड़ा गुरूर ज़रूर था, लेकिन दिल की अच्छी थी। दो साल से बर्लिन में पढ़ाई कर रही थी, पर थी स्विट्ज़रलैंड की। अब वेट्रेस का काम करते हुए साथ में कुछ और नौकरी ढूँढ़ रही थी।

इन देशों में वेट्रेस होना या नैनी होना, या किसी के घर में मेड होना मजबूरी या ग़रीबी से जुड़े काम नहीं हैं। सब लड़के-लड़कियाँ नौकरी ढूँढ़ते वक़्त जेबख़र्च के लिए ये सब काम कर लिया करते हैं। एक तो ये काम आसानी से मिल जाते हैं, दूसरे दिमाग़ पर ज़्यादा ज़ोर डालने वाले नहीं होते। सबसे अच्छी बात यह कि इन कामों को यहाँ नीचा नहीं समझा जाता और लोग इज़्ज़त करते हैं। यों भी पढ़ाई के बाद एकदम से नौकरी ले लेने के बजाय एक-दो साल घूमने-फिरने का कल्चर है यहाँ। कॉलेज के बाद सीधे घूमने निकलने को वन्डेया (Wanderjahre) कहते हैं; जब आप बिना पैसे के एक से तीन साल तक दुनिया

घूमते हैं, अनुभव बनाते हैं, दुनिया में जीना सीखते हैं, तभी आपको नौकरी मिलती है। यह आपके सी.वी. को और रिच बनाता है।

मैं सोच रही थी कि बी.ए. (आनर्स) के बाद मुझे भी नहीं पता था कि करना क्या है। लेकिन तीन साल अंग्रेज़ी पढ़ने के बाद फिर एकदम से अंग्रेज़ी में ही मास्टर डिग्री लेने के लिए लग जाने का दिल बिलकुल नहीं था। मैं कॉलेज के बाद सीधे पुणे आ गई थी। शतरंज सिखाकर कुछ पैसे जोड़े थे और जाने क्या करना चाहती थी! याद है, कि मुझे अपने जीवन का कोई ओर–छोर पता नहीं था। लेकिन मैं अकेले रहकर अपना जीवन आप बनाना चाहती थी। एक गुरुजी से गाना सीखना शुरू किया था, पर गला इतना ख़राब कि उन्होंने सलाह दी कि कत्थक सीख लो। फिर वह सीखना शुरू किया। ओशो आश्रम के पास रहती थी। सुबह वहाँ योग करने जाती। एक दो घंटे ध्यान करती, साइकिल चलाती और शाम को दोस्तों के साथ आवारा फिरती। वहीं मिली थी मुझे रमोना। बी.ए. का रिजल्ट आया तो आगे पढ़ाई करने का दबाव बना, लेकिन मैं बिलकुल तैयार नहीं थी आगे पढ़ने को। नौकरी करना चाहती थी, पर बी.ए. किए इंसान को ऐसी कौन–सी 'अच्छी' नौकरी मिलेगी हमारे देश में? और 'अच्छे' घरों की लड़कियों को तो नौकरी भी 'अच्छी' ही करनी होती है। करती भी हैं। मैं तो रमोना की तरह कॉफ़ी शॉप में काम करना चाहती थी। चाय की दुकान में चाय बनाना चाहती थी। मुझे पैसे नहीं कमाने थे। उस समय तो बस मुझे बॉयफ्रेंड बनाने थे। मैं रमोना की तरह लड़कों के साथ फिरना चाहती थी। मैं चाहती थी कि पूरा शहर मेरे प्यार में पागल हो उठे। मैं क्लिओपैट्रा बनना चाहती थी!

लेकिन हमारे यहाँ तो ब्रेक लेना ऐसा माना जाता है जैसे उसके बाद तो बच्चा बिगड़ा ही बिगड़ा। आम धारणा है, या तो गरीब का बच्चा फ़ीस न दे पाने के कारण पढ़ाई छोड़ता है या फिर अमीर का बच्चा बिगड़ने के कारण। मध्यवर्गीय घर का अच्छा बच्चा तो पहले, जितनी कर सकता है उतनी पढ़ाई करता है, फिर कॉलेज प्लेसमेंट लेता है। नौकरी मिलते ही घर बसाता है। पैसे जोड़कर घर और गाड़ी ख़रीदता है, फिर बच्चे पैदा करता है। घर का लोन उतारते–उतारते उम्र कट जाती है। यूरोप–ट्रिप के सपने देखता है और 'ज़िंदगी न मिलेगी दोबारा' देखकर कुढ़ता है। फिर जो ख़ुद किया, अपने बच्चों को वही करने की सलाह देता है। होता यह है कि जब तक घर का कोई बच्चा आई.आई.टी. या आई.आई.एम. जैसी जगह घुसकर नौकरी का कोई बड़ा हाथ नहीं मार लेता, यह सिलसिला

चलता रहता है। हालाँकि आगे भी यह सिलसिला रुकता नहीं। दिल्ली के बजाय लंदन या दुबई में जारी रहता है, थोड़ा अलग ढंग से।

तो ऐसे ही सिलसिले को जारी रखते हुए मैंने भी लॉ कॉलेज में एडमिशन ले लिया। आर्ट्स साइड की थी, कोई पढ़ाई में तीसमारखां भी नहीं थी। ऐसे में लॉ कर लो या जर्नलिज्म कर लो। ख़ैर, तीन साल कैसे एग्जाम लिखते-लिखते गुज़रे, मुझे कुछ याद नहीं। जो पढ़ा उसमें से भी शायद कोई धारा याद नहीं है। बस, कॉलेज में ह्यूमन राइट्स और वुमन डेवलपमेंट सेल ज़रूर बना दिए!

***

उस सुंदर दयालु लड़की ने मुझे मेट्रो की डायरेक्शन बता दी और टिकट भी ख़रीदवा दी। बीस मिनट के मेट्रो-सफ़र के बाद मुझे बस लेनी थी। वहाँ से पैदल पाँच मिनट की दूरी पर था मेरे होस्ट का घर। अब ठिकाने तक पहुँचने की जल्दी थी। मेरा मन बहुत उदास हो चला था। वजह का कुछ कह नहीं सकती। एक तो बेहद लंबे और थकाऊ सफ़र का असर रहा होगा, दूसरे यह नया शहर इतना बड़ा और दिल्ली जैसा रूखा-सा था। पीले मटमैले रंगों की इमारतों वाला, जहाँ छोटे शहरों जैसा अपनापन न था; तीसरे होस्ट का घर तलाशने की परेशानी और ख़ास मुश्किल यह कि सुबह से चाय भी नहीं पी थी। मुमकिन है, मन पर इन सब बातों का मिला-जुला असर रहा हो।

ख़ैर, बस से उतरी तो उलटी दिशा में घर ढूँढ़ने निकल पड़ी। बालकनी में कुछ लड़के खड़े दिखे, तुर्की मालूम पड़े। वे मुझे घूरते हैं, फिर अपनी ग़लत दिशा का ज्ञान होता है तो मैं वापस मुड़ती हूँ। वे वहीं खड़े हैं और मुझे उनका घूरना बिलकुल अच्छा नहीं लगता। रास्ते में कुछ आदमी बैठकर शीशा पी रहे हैं और ताश जैसा कुछ खेल रहे हैं। मुझे डर जैसा कुछ लगता है। मैं अपना बैक-पैक मज़बूती से पकड़े, उनकी तरफ़ ध्यान दिए बिना आगे बढ़ जाती हूँ। मुझे लगता है, वे मुझे देखकर कुछ कह रहे हैं। अपने बैक-पैक की वजह से मैं टूरिस्ट तो दिखती हूँ, तुर्की औरत जैसी भी दिख सकती हूँ; तभी वे मुझे घूरे जा रहे हैं। गोरी लड़की अकेले भारत घूमे तो कम लोग घूरेंगे उसे, जितना कि एक भारतीय लड़की को अकेले घूमते देख। वह शायद मुझे अपना समझकर घूर रहे हैं। मुझे रोना आता है और स्नेहा के घर की याद भी आ रही है। कितना अच्छा होता जो वहीं रुक जाती। उसने भी कितना कहा था! अब जाने मेरा होस्ट कैसा हो ? कहीं तुर्की ही

तो नहीं ? इस इलाक़े में तो सब तुर्की नज़र आ रहे हैं। दो-तीन औरतें बस स्कार्फ़ में नज़र आती हैं। यह कहाँ आ गई मैं ? वापस जाऊँ क्या ? लेकिन इतना लंबा सफ़र है और बिना लिफ़्ट के तो मुझे पता भी नहीं, कैसे जाना है ! यहाँ कोई होटल भी नज़र नहीं आता। बैग को टाँगे-टाँगे वापस सिटी सेंटर जाने के लिए भी जान नहीं बची है। लो, अब तो घर भी आ गया।

नीचे लोहे के ग्रिल जैसा दरवाज़ा है। बिल्डिंग के अंदर जाने का गेट यही है शायद। बाहर दीवार पर सब घरों के नंबर लिखे हैं। मैं नौ नंबर दबाती हूँ तो एक मुस्कुराती-सी आवाज़ आती है। वह शायद मेरा ही इंतज़ार कर रहे थे। एक्सेंट तो जर्मन ही मालूम पड़ता है। दरवाज़ा खुलता है और मैं अंदर दाख़िल होती हूँ। शायद उन्होंने मुझे लिफ़्ट लेने को कहा था, लेकिन मैं सीढ़ी ही चढ़ती हूँ। नंबर नौ था तो मुझे लगा दूसरे फ़्लोर पर ही होगा, लेकिन यह तो चौथे फ़्लोर पर मिला !

अल्बर्ट मूलर नाम था मेरे होस्ट का। घर में दाख़िल हुई तो जगह-जगह विज्ञान से जुड़ी चीज़ें रखी हुई थीं। बड़े-बड़े वैज्ञानिकों के पोस्टर टँगे थे। मैगजीन भी साइंस की, और तो और जो पेंटिंग्स लगी हुई थीं वे भी सौरमंडल और विज्ञानियों के ही मतलब की थीं। अल्बर्ट ने बताया कि घर में एक और गेस्ट रुका हुआ है और यह हॉल में फैला सामान उसी का है। यह जानकर मुझे थोड़ी और तसल्ली हुई कि घर में कोई और भी घुमक्कड़ है। उन्होंने कॉफ़ी के लिए पूछा और एक धुला तौलिया और साबुन-शैंपू देकर मुझे बाथरूम दिखाया। बताया कि मुझे बाहर सोफ़े पर सोना होगा और दूसरे गेस्ट के पास स्लीपिंग बैग है, वह उसमें सो जाएगा। उसी कमरे में उनका बड़ा-सा कंप्यूटर भी रखा था। अल्बर्ट ने कहा कि मैं उसे इस्तेमाल कर सकती हूँ। उन्होंने कॉफ़ी बनाई और इसी बीच मैंने मुँह-हाथ धोकर अपना सामान जचा लिया। कॉफ़ी पीते हुए मैं उनके प्रति एक अजीब आभार-भाव से भर गई। एक अजनबी को उन्होंने अपने घर में सिर्फ़ जगह ही नहीं दी थी, दुनिया में अच्छाई पर उसका विश्वास भी और मज़बूत किया था। अब मैं जैसे दोस्त के घर पर ही थी।

जब अल्बर्ट को मैंने बताया कि मैं सिर्फ़ दो दिन बर्लिन में रुकने वाली हूँ तो वे थोड़े निराश हुए। उनके अनुसार दो दिन में तो मैं बर्लिन का 'बी' भी अच्छे से नहीं देख पाऊँगी। उन्होंने एक काग़ज़ पर पेंसिल से जगहों के नाम लिखने शुरू किए और बताया कि इनको देखे बिना शहर आना-न आना बराबर है। मैंने उनको बताया कि मैं ज़्यादा चीज़ों को देखने में विश्वास नहीं रखती। बस, जर्मनी

के इतिहास में थोड़ी दिलचस्पी रखती हूँ, और बाक़ी बस शहर में यों ही चल-फिरकर देखना चाहती हूँ। इस पर भी अल्बर्ट बोले कि दो दिनों में तो वह भी न हो पाएगा। उन्हें शहर से बेहद प्रेम जान पड़ता है। यों तो मैंने जर्मनी के लोगों की देशभक्ति के बारे में सुना था, लेकिन यह 'भक्ति' कम, प्रेम ज़्यादा लग रहा था। उन्होंने अपनी साठ साल की पूरी उम्र बर्लिन में बिताई है। शादी की। बच्चे पैदा किए। डाइवोर्स हुआ। बीवी दूसरे शहर में बस गई। बच्चे दूसरे शहरों में चले गए, लेकिन वे बर्लिन में बने रहे। बच्चों से उनका लगाव दिखता है। वे बताते हैं कि हर साल वे उनसे मिलने आते हैं, लेकिन इस साल माँ के पास गए हैं। अल्बर्ट बताते हैं कि बर्लिन का बेहद सस्ता होना भी उनके यहाँ बने रहने का एक बड़ा कारण है। उनका फ़्लैट दो कमरों का है, लेकिन काफ़ी खुला-खुला। वे महीने का 350 यूरो किराया देते हैं। इतनी सस्ती जगह इतने बड़े शहर में मिलना बहुत मुश्किल है। अल्बर्ट बताते हैं कि शहर में क्वालिटी लाइफ़ बिताना मुश्किल नहीं है। वे ऑफ़िस के बाद टेनिस खेलते हैं, म्यूज़ियम जाते हैं, म्यूज़िक फ़ेस्टिवल में जाते हैं, साइंस के बड़े फ़ैन हैं तो साइंस फ़ेस्टिवल में जाते हैं। बताते हैं कि सरकार ने हेल्थ बेनिफिट बहुत अच्छे दिए हैं और उनको अपना जीवन बर्लिन में काफ़ी मस्त लगता है।

उनके फ्रिज में बहुत-सा बीफ़ बना पड़ा था। वे डिनर में ब्रेड के साथ बीफ़ खाते हैं। मैं ब्रेड-बटर के साथ चाय पीती हूँ। अभी बीफ़ खाने जितनी भी अडवेंचरस नहीं हुई हूँ। रात को दूसरा मेहमान नहीं आता है। उसे शायद अपने कुछ दोस्त मिल गए थे। मैं बड़े-से सोफ़े पर फैलकर निश्चिंत सोती हूँ। मुझे यहाँ ब्रस्सल्स वाला भय नहीं है। मैं कुंडी ढूँढ़ती तक नहीं!

***

सुबह जब आँख खुली तो अल्बर्ट को ऑफ़िस के लिए तैयार पाया। वे मुझे जल्दी ना करने को कहते हैं और चाबी का एक गुच्छा पकड़ा देते हैं। गुच्छे में एक चाबी बिल्डिंग के गेट की है और एक फ़्लैट की। वे मुझे बताते हैं कि फ्रेश ब्रेड ले आए हैं और कॉफ़ी भी बना दी है। अगर मैं कुछ और भी बनाना चाहूँ तो उनकी रसोई का सामान इस्तेमाल कर सकती हूँ।

अल्बर्ट के ऑफ़िस जाते ही अब मैं घर में अकेली थी। ब्लैक कॉफ़ी में दूध डालकर पीते हुए मैं उनके घर में यूँ ही फिरती हूँ। उनका घर भी सलीके से जचा

है, लेकिन उसमें होकिन के घर जैसी कला नहीं है। यह घर किसी लड़के का ही हो सकता था। घर में सामान का ढेर है, लेकिन कला के नाम पर सिर्फ़ साइंस के बड़े-बड़े पोस्टर हैं। बीस-पच्चीस जोड़ी जूते रसोई के सामने वाली अलमारी में रखे हैं। हॉल में टीवी नहीं है। शायद उनके कमरे में होगा। किताबों के नाम पर सिर्फ़ साइंस मैगजींस हैं और परफ़्यूम की ढेर सारी शीशियाँ अलमारी की शेल्फ में/पर रखी हैं। रसोई में मसाले सभी जान पड़ते हैं—इंडियन भी, चाइनीज़ भी और अफ़्रीकन भी। रसोई की अलमारियों में पकाने का सामान कम और मसाले ज़्यादा दिखे। हल्दी और धनिया पाउडर देखकर मैं बेहद ख़ुश हुई, बड़े दुर्लभ मसाले हैं ये यहाँ के लिए! मुझे ख़्याल आता है कि कोई भारतीय स्वाद पकाना चाहिए। आज शाम को सामान ले आऊँगी—प्याज, हरी मिर्च वग़ैरह। यूरोपियन घरों में प्याज और लहसुन आसानी से नहीं मिलते। हरी मिर्च और धनिया तो बाज़ार में भी मुश्किल मिलते हैं! उनका फ्रिज फ्रोज़न खाने से भरा है—मीट, मछली, सॉसेज़, पालक—सब फ़्रोज़न और कटी सब्ज़ियाँ भी! एक बड़े-से डोंगे में शायद बीफ़ रखा है, और भी तरह-तरह के मीट। लगता है, जर्मन लोग मांसाहार बहुत करते हैं। मैं उनकी लाई फ्रेश ब्रेड में बटर और जैम लगाकर कॉफ़ी के साथ खाती हूँ। अब शहर निकलना चाहिए!

उनके कंप्यूटर की मदद से मैंने आज घूमने वाली जगहों का रास्ता देख लिया था। उनके घर से सिटी सेंटर लगभग डेढ़ घंटे पैदल का रास्ता था। मैं एक ब्रेड पर चीज़ लगाकर पैक करती हूँ और साथ में पानी की बोतल ले निकल पड़ती हूँ। उन्हीं गलियों से, जिनसे कल आई थी, आज शॉर्ट्स पहनकर बिना बैक-पैक के निकली हूँ तो लोग घूरते मालूम नहीं पड़ते। अब मैं शायद जर्मन लगती हूँ। आप जिस जगह पर हों, अगर उस जगह के लोगों जैसा दिखने की कोशिश करें या फ़ील करें कि आप उसी जगह के हैं तो थोड़ा-थोड़ा उन्हीं के जैसे दिखने भी लग जाएँगे। कर के देख सकते हैं कभी। मैं जब अकेले कश्मीर घूमने गई थी तो श्रीनगर की गलियों में हिज़ाब पहनकर घूमती थी। धीरे-धीरे चलती और सहज हिंदी में बात करती। लोकल बसों में घूमती। मुझे कई बार लगता था कि मैं वहीं की हूँ।

यह इलाक़ा तो दूर-दूर तक टूरिस्टी नहीं है। यहाँ दुकानों के नाम, मेट्रो स्टेशन के नाम, साइन बोर्ड—सब जर्मन में हैं। ख़ूब सारे पेड़ हैं। छोटे-छोटे पार्क थोड़ी-थोड़ी दूरी पर हैं, लेकिन पेड़ों के झुरमुट जगह-जगह दिख जाते हैं। एक बार के लिए रास्ते में लगता है, जैसे मैं जंगल से गुज़र रही हूँ। इमारतों के रंग पीले

और लाल हैं, उनके झंडे जैसे। किसी–किसी घर के सामने देश का झंडा लगा है तो कुछ खिड़कियों से भी चिपका हुआ है। मैं जिस रास्ते पर चल रही हूँ, वहाँ कोई और नहीं दिखता है। ख़ूब चौड़ी–चौड़ी सड़कों पर गाड़ियाँ बस भागी जा रही हैं। साइकिल की लेन अलग है, पर कोई साइकिल वाला नज़र नहीं आता। रास्ते में एक सुंदर चर्च आता है तो एक–दो फ़ोटो खींच लेती हूँ। कोई खींचने वाला आसपास है नहीं तो कैमरा टाइमर पर लगाकर ख़ुद की ही फ़ोटो ख़ुद खींचती हूँ। पार्क में कुछ बच्चे शायद फ़ुटबॉल खेल रहे हैं। पार्क के चारों तरफ़ नेट लगा है तो ज़्यादा देख नहीं पाती हूँ। बस, आवाज़ सुनाई देती है।

थोड़ी दूर और चलती हूँ तो लोगों का एक झुंड दिखाई देता है। एक दीवार के साथ खड़े सब फ़ोटो खिंचा रहे हैं। यह शायद 'बर्लिन वॉल' है। मशहूर बर्लिन की दीवार—जो यों तो ढहा दी गई है लेकिन कुछ–कुछ जगहों पर यादगार के लिए बची हुई है। जहाँ–जहाँ है, वहाँ–वहाँ उस पर शहीद हुए लोगों की फ़ोटो लगी हुई हैं—छोटे बच्चे, जवान लड़के लड़कियाँ और बूढ़े; इन फ़ोटो में हर तरह के चेहरे हैं। मुझे ज़्यादा तो नहीं पता इस दीवार का इतिहास, लेकिन मालूम पड़ता है कि बहुत लोग शहीद हुए इसके चक्कर में। सोचती हूँ, अल्बर्ट से पूछूँगी रात में।

अभी तक धूप थी, लेकिन अब बारिश के आसार दिखने लगे थे। मैं हमेशा की तरह छाता साथ नहीं लाई हूँ तो तेज़-तेज़ चलना शुरू करती हूँ। मुझे यहाँ से टीवी टावर दिखता है जिसकी सीध में चलने से मैं अलेक्सेंडर प्लाट्ज़ पहुँच जाऊँगी। अलेक्सेंडर प्लाट्ज सिटी सेंटर में एक चौक है, जहाँ से टूरिस्ट-अट्रैक्शन का इलाक़ा शुरू होता है। यहाँ से स्प्री नदी पास में है और उसी के पास सब म्यूज़ियम्स। मेरा मन जर्मन हिस्ट्री म्यूज़ियम देखने का था। जाने क्यों, मुझे हिस्ट्री अच्छी लगती है। जानकारी बिलकुल नहीं है इतिहास की, और मिल जाए तब भी जल्दी ही भूल जाती हूँ; फिर भी जानना दिलचस्प लगता है। अभी पहुँची नहीं हूँ कि बारिश शुरू हो जाती है। एक सुपर मार्केट में घुस जाती हूँ। बाहर ही छाते भी बिक रहे हैं। ये जैसे बस छुपे खड़े थे इंतज़ार में कि कब बारिश हो और कब हम छाते बेचने निकलें। अब क्या छाता खरीदूँगी! लिए-लिए फिरूँगी, फिर गुम जाएगा। सोचती हूँ बारिश रुकने तक यहीं रुका जाए। सुपर मार्केट में सब चीज़ों के लेबल जर्मन में हैं। कुछ भी पढ़कर अगर ख़रीदना है तो मुश्किल है। मैं कुछ भारतीय सामान ढूँढ़ती हूँ। एक लाइन में इंटरनेशनल फ़ूड लगा है। वहाँ बासमती चावल, दो-तीन दालें और कुछ मसाले रखे हैं। मैं चावल, छोले, दो प्याज, लहसुन और अदरक ले लेती हूँ।

अलेक्सेंडर प्लाट्ज पर ख़ूब भीड़ है और हर तरफ़ लोग फ़ोटो खिंचवाते दिख रहे हैं। फ़्री वाई-फ़ाई भी है। यहाँ थोड़ी देर आराम किया जा सकता है। कुछ ठेले वाले खाने का सामान बेच रहे हैं। हॉट-डॉग इनका नेशनल डिश लगता है। तभी अल्बर्ट के घर में भी इतने सारे पैकेट्स रखे हैं और यहाँ भी जगह-जगह पर यही बिक रहा है। मैं अभी तक मीट खाने के लिए नहीं ललचती हूँ। ख़ुशबू तो बेहद लुभावनी है, लेकिन मैं अपनी ब्रेड और चीज़ ही खाती हूँ।

फिर बढ़ती हूँ स्प्री की तरफ़। आज किसी म्यूज़ियम में जाने की इच्छा नहीं होती। बाहर ही इतना कुछ देखने को है कि कहीं अंदर घुसने का मन नहीं करता। यह शहर बड़ा तो है और भीड़ वाला भी, लेकिन यहाँ गुम होना आसान है। गुम होने से मेरा मतलब है कि भीड़ में आप किसी को नहीं दिखेंगे और शहर भी देख लेंगे। यह आपको बिलकुल छोटा-सा महसूस कराता है। मैं यों ही चलते-चलते एक ओपन म्यूज़ियम पहुँच जाती हूँ। कोई टिकट नहीं है और भीड़ भी बहुत ज़्यादा नहीं है। चलो, अब आ गई हूँ तो यह देख लिया जाए।

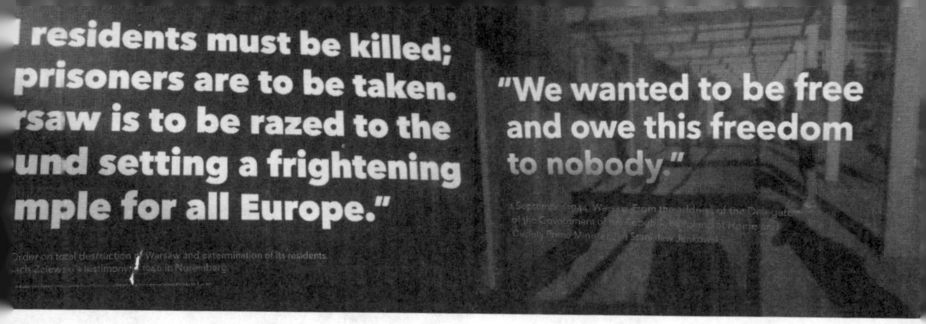

यह था 'टोपॉग्राफ़ी ऑफ़ टेरर'—यहाँ खुले बीहड़-से मैदान में लाइन से फ़ोटो और पोस्टर लगे हैं। यह म्यूज़ियम देखने का कम और पढ़ने का ज़्यादा है। मैं तीन घंटे तक सब पढ़ती रही। पहली बार में मुझे अपने ही पढ़े पर यक़ीन नहीं आता। फिर दुबारा पढ़ती हूँ। यह जर्मनी ने अपने बारे में लिखा है? मैं जर्मनी में ही हूँ न? और यह म्यूज़ियम इन्हीं की ज़मीन पर बना है? नहीं, नहीं। ये अपनी ही बुराई कैसे कर सकते हैं! सिर्फ़ बुराई ही नहीं, ख़ुद को गालियाँ दे रहे हैं!

जर्मनों ने कितने यहूदियों को मारा? कितने डेथ कैंप लगाए? उन्होंने बच्चे-बूढ़े, यहाँ तक कि पूरे गाँव-के-गाँव ख़त्म कर दिए! यहूदियों को देश से बाहर निकाल दिया और दूसरे देशों में घुसकर उन्हें मारा! यह सब बातें तो यहाँ दर्ज हैं ही, अपने ही देश के नाज़ी सैनिकों की फ़ोटो लगाई हैं और उन्हें कसाइयों की उपाधि दी है। कैसे-कैसे, किस-किस ने यहूदियों की हत्याओं को अंजाम दिया—यहाँ सबका कच्चा चिट्ठा है। सिर्फ़ हिटलर को ही हत्यारा नहीं बताया गया है, उसके सैनिक और पूरा देश कैसे उन हत्याओं में शामिल हो गया, यह सब लिखा है यहाँ। और कहीं लुका-छुपा के नहीं, पूरे उजाले में सबके सामने। बाक़ी सब म्यूज़ियम्स की एंट्री फ़ीस है, इसकी तो वह भी नहीं है। सब आओ, सब जानो, सब सीखो!

> "All residents must be killed; No prisoners are to be taken. Warsaw is to be razed to the ground setting a frightening example for all Europe."
>
> **—हिटलर का आदेश**
>
> (जो भी यहाँ रहता है सबको ख़त्म कर दो। क़ैदी नहीं चाहिए। वारसा को इस तरह मिट्टी में मिला दो कि पूरा यूरोप देखे और डरे।)

बिना किसी लाग-लपेट के, बिना कोई जस्टिफ़िकेशन दिए, सीधे-सीधे लिखा था कि हमने यह सब किया। हम हत्यारे थे। हिटलर हमारा नेता था और हम सब उसकी सुनते थे। इतना सीधा लिखा है कि पढ़ने वाला बेचैन हो जाए। अपनी बुरी करतूतों को सिर्फ़ मानना ही नहीं, पूरी दुनिया को बताना! अपनी आने

SENATOR JOHNSON DIES!
Colorful Career Ended
THE CALL BULLETIN
MIGHTY ATOMIC BOMB RIPS JAPS
More Potent Than 2,000 B-29 Wallop
SUPER FORTS FIRE SIX CITIES
Ship Afire At S.F. Pier, Lists Badly
HOTELS TO END CAFE SERVICE
S. F., State Mourn Fighting Senator

Mit Hindenburg und Hitler
ZUR DEUTSCHEN FREIHEIT UND EINIGKEIT!
DEUTSCHLAND WÄHLT
HITLERLISTE

EXTRA THE STARS AND STRIPES EXTRA
HITLER DEAD
Fuehrer Fell at CP, German Radio Says; Doenitz at Helm, Vows War Will Continue
Churchill Hints Peace Is at Hand

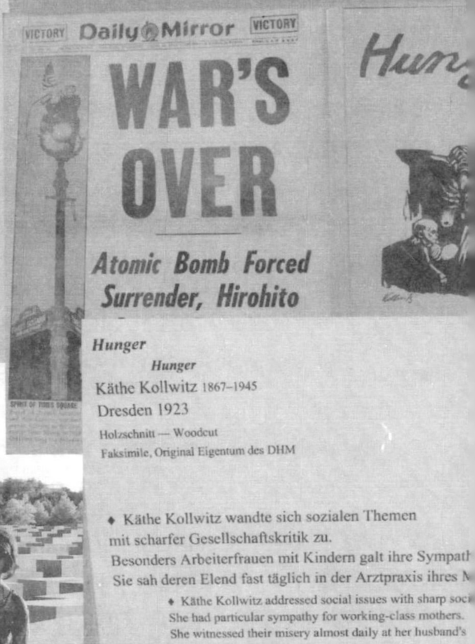
VICTORY Daily Mirror VICTORY
WAR'S OVER
Atomic Bomb Forced Surrender, Hirohito
Hun
Hunger
Hunger
Käthe Kollwitz 1867–1945
Dresden 1923
Holzschnitt — Woodcut
Faksimile, Original Eigentum des DHM
♦ Käthe Kollwitz wandte sich sozialen Themen
mit scharfer Gesellschaftskritik zu.
Besonders Arbeiterfrauen mit Kindern galt ihre Sympath
Sie sah deren Elend fast täglich in der Arztpraxis ihres M
♦ Käthe Kollwitz addressed social issues with sharp soci
She had particular sympathy for working-class mothers.
She witnessed their misery almost daily at her husband's
practice.

वाली पीढ़ी को बताना कि कहीं कोई भूल ना जाए... कहीं भूलकर भी फिर ऐसी भूल ना हो जाए! अगर ऐसे कोई माफ़ी माँगे तो कोई कैसे ना माफ़ करे?

इसके बाद कुछ और देखना मुमकिन नहीं था। अब घर चला जाए...

***

अल्बर्ट घर आ चुके थे। मैंने चाय अदरक वाली बनाई और अगले दिन बनाने के लिए छोले भिगो दिए। डिनर में अभी समय है। बाक़ी यूरोप में लोग इंग्लैंड की तरह दिन छिपने से पहले नहीं खाते। सात से आठ के बीच डिनर होता है। कभी-कभार और भी देर से। ख़ूब ब्रेड और चीज़ खाते हैं ये लोग, और साथ में ख़ूब सारा मीट। सब्ज़ियों में आलू के सिवा ज़्यादा कुछ नहीं पता इन्हें, और दालें तो हैं ही नहीं। लेकिन सलाद ख़ूब खाते हैं। कभी-कभी ब्रेड की जगह सिर्फ़ मीट और सलाद। खीरे-टमाटर वाला सलाद नहीं, रंग-बिरंगे पत्तों वाला सलाद। वाइन और बियर भी ख़ूब पीते हैं। मैं सोचती हूँ, ये हमसे सेहत में आगे कैसे हैं? यहाँ उम्रदराज महिलाएँ भी एकदम फिट दिखती हैं और बूढ़े लोग भी बूढ़े नहीं लगते। शायद प्रदूषण ना होने का असर होगा। इतना चलते हैं, साइकिल चलाते हैं, फिर कुछ-कुछ गेम्स भी खेलते हैं। अकेले रहने की वजह से तो कहीं इनकी उम्र नहीं थम जाती? कितनी फालतू की चिंताओं से बच जाते होंगे! बच्चों की चिंता तो ठीक, लेकिन फिर उनके बच्चों की भी? या शायद इतना घूमते-फिरते हैं इसलिए जवान रहते हैं! एक जगह जड़ हो जाने से भी शायद बुढ़ापा जल्दी आ जाता है। नई जगह देखने, नए लोगों से मिलने, नई भाषा, नया खाना, नई गलियाँ देख-जी कर भी बचपना बना रहता है।

आज मुझे बहुत सारे सवाल करने थे अल्बर्ट से। पहले और दूसरे विश्वयुद्ध के बारे में पढ़ा कई बार था, लेकिन समझ कभी नहीं आया था। आज तो सब पूछ लेना था मुझे। जर्मनी की संस्कृति, उसका इतिहास, हिटलर, म्यूज़ियम, वॉल—सबके बारे में जानना था मुझे। और हाँ, मैंने यहाँ तीन-चार दिन ज़्यादा रुकने का मन तो पहले ही बना लिया था। यों भी आगे मुझे प्राग जाना था और किसी होस्ट या लिफ़्ट का इंतज़ाम अभी तक हुआ नहीं था। मैंने लिखा काफ़ी लोगों को था, लेकिन या तो जवाब 'ना' में था या आया ही नहीं था।

अल्बर्ट के शब्दों में जर्मन इतिहास यह था :

उस समय ऑस्ट्रिया और हंगरी एक ही एम्पायर था, जिसका नाम था ऑस्ट्रिच-उंगरी। उसके राजा का क़त्ल हुआ था और हथियार दिए थे रूस ने। ऑस्ट्रिच-उंगरी और

जर्मनी ने मिलकर रूस के ख़िलाफ़ जंग छेड़ दी। मैदान में रूस के साथ इंग्लैंड और फ्रांस कूद गए। रूस के साथ तो शांति-समझौते की बात हो गई 1917 में, लेकिन फ्रांस और इंग्लैंड के सामने जर्मनी को 1918 में सरेंडर करना पड़ा। जर्मनी की मिट्टी पलीद हो गई। सरेंडर करने से जर्मन बहुत ग़ुस्से में और दुखी थे। जर्मनों के साथ पोलैंड और चेक-रिपब्लिक में बुरा बर्ताव होने लगा। फिर आया हिटलर—सबको बचाने, बदला लेने। 1935 से 1939 में हिटलर ने सेना खड़ी की और 1939 में चेक और ऑस्ट्रिया गया; और उन्हें जर्मनी नाम दे दिया। वहाँ के लोगों ने भी हिटलर का ख़ूब स्वागत किया और ख़ुद को जर्मन कहने लगे। जाने क्या पागलपन था! हिटलर और और उत्तर पड़ोसी देशों पर कब्ज़ा करता चला गया। पोलैंड पर हिटलर ने कब्ज़ा कर लिया था। अब इंग्लैंड और फ्रांस ने फिर जर्मनी के ख़िलाफ़ जंग का ऐलान किया। लेकिन हिटलर को कहाँ रुकना था! 1941-42 में जर्मनी और उसके साथ के देश अपनी ताक़त के चरम पर थे। और तो और, रूस तक में घुसने लगा था हिटलर। फिर आया अमेरिका, मदद करने रूस, फ्रांस, इंग्लैंड और अलाइड देशों की। इंग्लैंड की एयर फोर्स का कोई मुक़ाबला न था। 1943 में जर्मनी की हरेक इमारत पर बमबारी की गई। अब जर्मनी पूरी तरह से पस्त था।

अल्बर्ट के दादा हिटलर की पलटन में सिपाही थे। वह बताते हैं कि वे उन दिनों का ज़िक्र नहीं करते। उनके लिए सब इतना काला और सफ़ेद नहीं है। वे समझते हैं कि अगर हिटलर पोलैंड जाने से पहले रुक जाता तो उनके अनुसार हिटलर ने देश का बहुत भला किया था। नयी पीढ़ी वाली हिटलर-घृणा उनमें नहीं है। उनसे ज़्यादा कुछ बुलवाना भी आसान नहीं। पूरी दुनिया उन्हें जज करने बैठी है, और जैसे इतिहास हमेशा जीतने वाला लिखता है—यह इतिहास शायद अमेरिका ने लिखा है।

सब ख़त्म हो जाने के बाद जर्मनी को फिर से खड़ा करने में भी मदद अमेरिका ने ही की—'मार्शल प्लान' के तहत। और बदले में डेमोक्रेटिक सिस्टम की शर्त रखी। यह अमरीका का क्या सिस्टम है, पता नहीं। यह अच्छा है या बुरा है? या फिर यह बस दादा है, जब मन करे अच्छा, जब मन करे बुरा।

विश्वयुद्ध के बारे में अल्बर्ट की संक्षेप में बताई बातें, सही या ग़लत जो भी थीं, लेकिन इससे मुझे हिस्ट्री म्यूज़ियम देखने की एक वजह और एक दिशा मिल गई। अब यह कच्चा-पक्का आइडिया लिए हुए कल Deutsches Historical Museum देखकर सब नए सिरे से जानूँगी।

और फिर 'गुड नाइट' हो गया!

***

आज का पूरा दिन बीता हिस्ट्री म्यूज़ियम में। अब इतिहास तो हम सबने पढ़ा ही है, नहीं तो गूगल सब कुछ बताने के लिए तैयार बैठा है। यहाँ मैंने जो देखा, वह यह कि हिटलर को गालियाँ ही गालियाँ पड़ी हैं और ठीक भी पड़ी हैं। इरादे चाहे कुछ भी रहे हों, तरीक़े बेहद घिनौने थे। गुनाह इतने बड़े थे कि शक की कोई गुंजाइश नहीं थी, और ना ही इस शहर ने रखी थी कोई गुंजाइश! जगह-जगह मारे गए यहूदी लोगों की याद में मेमोरियल हैं। मारने वालों के नाम और उनके गुनाहों का लेखा-जोखा—सब बताते हुए माफ़ी माँगता है यह शहर! आपको देनी है तो दो, यह अपने और अपनों के गुनाह छुपाता नहीं दिखता।

क्या यह अध्यात्म नहीं? यों दिल खोलकर माफ़ी माँगना क्या ढपोरशंख बजाने से ज़्यादा धार्मिक नहीं? क्या है आध्यात्मिक होना और क्या है भौतिकवादी होना? क्या अपनी ग़लतियाँ दबा-दबाकर उसे संस्कृति का लिबास उढ़ाना अध्यात्म है; या अपनी संस्कृति को उलट-पुलटकर ग़लतियाँ बाहर निकालना, उन्हें दूर करने की कोशिश करना अध्यात्म है? यह पुरानी बातें हैं कि पूरब आध्यात्मिक है और पश्चिम भौतिकवादी; इनका कोई ठोस आधार अब मुझे नहीं दीखता।

आज इस शहर को देखकर यह कहना मुश्किल है कि वर्ल्ड वार-II के ख़त्म होते-होते यह शहर भी ख़त्म हो गया था। आज कितना भव्य दिखता है यह शहर! अभी पूरे यूरोप की इकॉनोमी का बैंड बजा हुआ है, लेकिन जर्मनी अभी भी तरक़्क़ी कर रहा है। मिनीमम वेज पश्चिमी यूरोप से कम है, लेकिन लिविंग कॉस्ट और भी कम है, और सुविधाएँ भी ज़्यादा हैं तो क्वालिटी लाइफ़ जीना मुश्किल नहीं है। तभी तो हर कोई आसपास से आकर यहाँ बस जाना चाहता है। लेकिन बाहर वालों के लिए यहाँ बसना आसान नहीं है। वीज़ा लॉ बहुत सख़्त हैं और जर्मन लोगों को हर चीज़ में प्राथमिकता दी जाती है। देशभक्ति शायद लोगों के ख़ून में ही है यहाँ!

और लिबरल भी इतना कि सुनकर ही मज़ा आ जाए! अल्बर्ट ने बताया कि चार साल पहले सरकार ने मर्दों को मैटरनिटी लीव देना चालू कर दिया था। मुझे लगता है, बच्चे यहीं आकर पैदा करने चाहिए। एक बात और, यही पहला देश है जिसमें आदमियों के टॉयलेट में बेबी चेंजिंग की सुविधा बनाई गई है। नेशनलिस्ट और लिबरल का ऐसा कॉम्बिनेशन नहीं सुना-देखा था कभी!

आज के लिए बहुत। अब घर चलना चाहिए। घर जल्दी जाने की मेरी आदत अभी नहीं छूटी है। मैं बात तो सबसे कर लेती हूँ, लेकिन दोस्त आसानी से नहीं बनते मेरे, और बिना दोस्तों के रात को क्या घूमो! म्यूज़ियम वग़ैरह तो सब बंद हो जाते हैं, फिर तो सिर्फ़ पार्टी वाली जगहें बचती हैं। अकेले कैसे पार्टी करें? और क्या करें पार्टी में? हाँ, नाचना मुझे बहुत पसंद है, लेकिन उसके लिए मुझे जगह चाहिए होती है। और म्यूज़िक भी अपने टाइप का होना माँगता! यह सब तो फिर भी ठीक है, सबसे ज़्यादा मेरा दिल ललचाता है—सुबह-सुबह उठकर घूमने निकलने को। मैं शायद हमेशा से मॉर्निंग पर्सन रही हूँ। जब घर पर भी होती हूँ, कभी-कभी माँ के साथ चार बजे उठ जाती हूँ; उनके साथ सुबह की चाय पीने के लिए। उस सुकून का मजा लेने, जब सब सोए होते हैं और बस चिड़ियों की आवाज़ आ रही होती है। एक और दिन फिर से शुरू होने वाला होता है। उस पल को महसूस करने के लिए मैं सैकड़ों रातों की पार्टियाँ क़ुर्बान कर दूँ! और फिर किसी के घर भी रुकी हूँ तो मुझे लगता है, उनसे शाम में बात करना अच्छा होगा। रात को घर जाऊँ तो शायद उन्हें भी परेशानी हो। ये सब बातें भी रहती हैं, जब आप किसी के यहाँ रुके होते हैं। होटलों में यह एक टाइप की आज़ादी रहती है। ख़ैर, आज़ादी तो यहाँ भी है; लेकिन एक ड्यूटी-सी लगती है, दूसरे को परेशान ना करने की।

यों भी आज रात का खाना बनाने का मैंने वादा किया था तो घर जल्दी पहुँचना चाहिए। अल्बर्ट अभी घर नहीं आए थे। मुझे अच्छा लगा कि उनके आने तक मैं खाना बना लूँगी। उनके घर में कुकर भी था। यह तो एकदम कमाल था! कुकर तो किसी यूरोपियन घर में नहीं देखा मैंने आज तक! जब दाल ही ना हो तो कुकर का क्या काम? लेकिन अल्बर्ट खाने के शौक़ीन लगते हैं, तभी तरह-तरह के मसाले भी हैं! तो मैं जर्मनी के बर्लिन शहर में कुकर में छोले चढ़ाकर, एक पतीले में चावल उबलने के लिए रखकर, अदरक की चाय पी रही हूँ। अहा, जिंदगी!

जाने कुकर का खोट था या मैंने पानी ज़्यादा चढ़ा दिया था—एक सीटी आई और रसोई की पूरी सफ़ेद दीवार पीली! सारा हल्दी वाला पानी फर्र-फर्र कर के बाहर आ गया। धत्त तेरी की! कुकर खोलकर ठीक किया और अल्बर्ट के आने से पहले दीवार साफ़ करने की पूरी कोशिश की, लेकिन हल्दी वाले दाग वहीं के वहीं। खाना खा लेने के बाद मैंने अल्बर्ट को यह ख़ुशख़बरी सुनाई तो

वो हँसने लगे और बोले, चलो, मेरी रसोई में कोई पेंटिंग नहीं थी, अब ऑथेंटिक इंडियन पेंटिंग है।

फिर 'गुड नाइट' हो गया!

***

आज का कोई एजेंडा नहीं था मेरा तो सुबह आराम से उठी। अल्बर्ट ने रोज़ की तरह पास की बेकरी से ताज़ा ब्रेड ला रखी थी। अब मुझे सुबह ब्रेड-बटर और कॉफ़ी अच्छी लगती थी। काली कॉफ़ी में दो चम्मच दूध और एक चम्मच चीनी!

होता यूँ है कि जब आप शहर को जान रहे होते हैं, शहर भी आप को जान रहा होता है। आप शहर पर काम करते हैं, शहर आप पर काम करता है। थोड़ा शहर आपको अच्छा लगता है, थोड़े आप शहर को अच्छे लगते हैं। आप शहर को अपनाते हैं, शहर भी लगा-जुटा होता है आपको अपना बनाने में। अब जैसे शहर मेरा था, और शहर की मैं। कुछ करने या देखने का दबाव भी अब नहीं था। अब बस निश्चिंत चलना था। आप चले हैं कभी निश्चिंत? कहीं ना पहुँचने के लिए? किसी से ना मिलने के लिए? बिना समय की परवाह किए? चल के देखिए। एडिक्टिव होता है एकदम!

आज चलते-चलते मैं ब्रांडेनबर्ग गेट पहुँच गई। यह वही गेट है जो आपको हर गाइड बुक में बर्लिन के पेज पर मिलेगा। बर्लिन जाओ तो जैसे इस गेट के सामने फ़ोटो खिंचाना ज़रूरी है। सुबह-सुबह बड़ी संख्या में टूरिस्ट हैं यहाँ। कुछ भारतीय चेहरे भी दिखते हैं। दो लड़के साइकिल लिए खड़े हैं और मुझसे फ़ोटो खींचने की रिक्वेस्ट करते हैं। ये लोग एम्स्टर्डम से साइकिल पर आए हैं। आज ही आए हैं और आज ही वापस भी रवाना होंगे। ओह, कितना कुछ करना है इस ज़िंदगी में! साइकिल का तो नहीं पता, मोटर साइकिल से ज़रूर एक लंबा-सा ट्रिप करना है। एक फ़ोटो उनके साथ मैं भी खिंचा लेती हूँ। जाने क्यूँ?

फिर सड़कें छानते पहुँच जाती हूँ बर्लिन की सबसे पुरानी यूनिवर्सिटी। हुम्बोल्ट यूनिवर्सिटी बनी थी 1810 ई. में और आज तक 21 नोबेल पुरस्कार पाने वालों को पढ़ा चुकी है। अल्बर्ट आइंस्टाइन भी यहीं पढ़े और कार्ल मार्क्स भी! फ़िजिक्स-प्रेमी अल्बर्ट को तो शायद हिटलर से इसलिए नफ़रत है कि उनके हमनाम अल्बर्ट आइंस्टाइन को देश से निकलना पड़ा था, उस बददिमाग़ की वजह से! यूनिवर्सिटी में बुक फेयर लगा है, लेकिन सब किताबें जर्मन में

हैं। सोचती हूँ, साइंस की कोई किताब अल्बर्ट के लिए ले लूँ। लेकिन समझ में नहीं आता कुछ।

पास में स्प्री बहती है। उसके पास में है म्यूज़ियम आईलैंड और बर्लिन कैथेड्रल की बेहद आकर्षक बिल्डिंग, उसी के सामने है एक बड़ा-सा पार्क। पार्क में ख़ूब चहल-पहल है, जगह-जगह पर लोग म्यूज़िक बजा रहे हैं, पिकनिक मना रहे हैं। एक बेंच पर एक जोड़ा दुनिया से बेख़बर किस कर रहा है। बच्चे फाउंटेन के नीचे उछल-कूद कर रहे हैं। जाने क्यों मेरे मन में म्यूज़ियम जाने की बात आती है! सच कहूँ तो नाम भी याद नहीं, लेकिन इतने सारे म्यूज़ियम देख एक तरह का दबाव-सा बन गया कि एक-दो तो देख ही लूँ। लाइन में लगकर दस-पंद्रह यूरो की टिकट भी ली। फिर अंदर पहुँची तो लगा, ग़लत आ गई। बाहर पार्क में बैठकर म्यूज़िक सुनना चाहिए था। लेकिन अब तो टिकट भी ख़रीद चुकी थी। म्यूज़ियम एक शहर में एक ही देखना चाहिए। कम-से-कम एक ट्रिप में तो बस एक ही, या एक ही विषय से जुड़ा। अब यह जाने कौन इजिप्शियन टाइप का म्यूज़ियम था! मैं बस चीज़ें देख रही थीं, बिना कुछ पढ़े। थोड़ी देर बाद लगा, पैसे तो बर्बाद किए ही, समय तो बचा लूँ; और बाहर निकल आई। कुछ देर म्यूज़िक सुना और फिर घर।

रात को इंटरनेट पर प्राग में होस्ट ढूँढ़े और कई लोगों को लिखा। अभी तक कोई ठिकाने का इंतज़ाम नहीं हुआ था। लगा कि हॉस्टल में ठहरना पड़ेगा

तो कुछ सस्ते हॉस्टलों के भी नाम लिख लिए। ख़ैर, कल तक सब ठीक हो जाएगा।

***

आज कुछ नहीं करना था मुझे। बहुत-बहुत कुछ बाक़ी है, लेकिन मेरा कोटा पूरा हो चुका था। कहने को तो एक महीना भी कम था पूरा बर्लिन देखने के लिए, लेकिन मैं और देखती तो उकता जाती। जितना हज़म हो सके, शहर को भी उतना ही देखना चाहिए।

आज रात प्राग से एक होस्ट का बड़ा अजीब-सा जवाब आया। उसने लिखा था कि उसके घर में तीस और लोग रुके हैं। मेरा स्वागत है, लेकिन ज़्यादा पर्सनल स्पेस नहीं मिल पाएगा। तीस लोग? मज़ाक़ करता होगा! संयोग, गाड़ी का भी जुगाड़ हो गया। बर्लिन से प्राग ज़्यादा दूर नहीं है और बहुत से चेक लोग बर्लिन में पढ़ते हैं, उनका आना-जाना लगा रहता है। मुझे सिटी सेंटर से गाड़ी पकड़नी है। आगे है प्राग!

७

प्राग : रात की गलियाँ और नाचते-गाते लोग

बर्लिन से प्राग का सफ़र कार से लगभग साढ़े तीन-चार घंटों का है। कार में थे हम चार अलग-अलग देशों से कुल पाँच लोग, जिनमें दो भारतीय थे! जी हाँ, हम तो सर्वव्यापी हैं। दुनिया का कोई भी कोना ऐसा नहीं होगा, जहाँ जाकर भारतीय ना बसे हों। कहने को हम रिजिड लोग हैं, लेकिन फिर भी हर जगह फिट हो जाने की क्वालिटी रखते हैं। अक्षय एम्स्टर्डम के एक बैंक में काम करता है और छुट्टी लेकर अकेले प्राग घूमने आया है। इस ट्रिप के दौरान यह पहला भारतीय था जो मुझे अकेले घूमते मिला था, वरना हम तो ज़्यादातर झुंडों में घूमते हैं—'फलाना-फलाना जगह घूमने जा रहे हैं, चलोगे क्या ?', 'हाँ,हाँ, उनसे भी पूछा है। तुम भी कह देना एक बार।', 'अरे भई, जितने ज़्यादा लोग, उतना मज़ा!' हमें अकेले घूमने में जाने कैसा डर लगता है! अक्षय को अकेले घूमते देख आश्चर्य भी हुआ, ख़ुशी भी।

कार में मौजूद और लोगों से परिचय करा दूँ—एक लड़की एन्ना, प्राग की थी, काम बर्लिन में करती थी। वीकेंड पर घर जा रही थी। दूसरी लड़की किम्मी वियतनाम की थी जो स्कॉलरशिप पर बर्लिन पढ़ने आई थी, लेकिन पढ़ाई आधे में छोड़ दी थी। और एक कार वाला लड़का लुकस फ्रांस का था, रहता बर्लिन में था और प्राग के पास एक गाँव में हॉकी खेलने जा रहा था। सब लोग पच्चीस

से तीस के बीच की उम्र वाले थे और चूँकि सब-के-सब अकेले थे तो किसी भी टॉपिक पर बात करने में किसी को भी झिझक नहीं थी। सब ऐसी उम्र के पड़ाव पर थे तो रिलेशनशिप की बात चलना शायद सबसे स्वाभाविक था। मुझे छोड़कर सब छड़े थे।

लुकस वापस फ्रांस जाते-जाते इसलिए रह गया था, क्योंकि वह बर्लिन में एक लड़की के प्यार में पड़ गया था। जब उसने लड़की को बताया कि वह उसके लिए रुक गया है तो लड़की ने ब्रेकअप कर लिया। वह अभी इतनी कमिटमेंट के लिए तैयार नहीं थी। इस बात से लुकस परेशान तो था, लेकिन उदास नहीं था। वह परेशान था कि वह बहुत जल्दी किसी रिलेशनशिप में आगे निकल जाना चाहता है, जबकि लड़कियाँ हमेशा इतनी हड़बड़ी देखकर पीछे हट जाती हैं। गाड़ी में बैठी लड़कियों को लुकस पर काफ़ी दया आई। वो उसे समझा रही थीं कि अभी भी कुछ नहीं बिगड़ा है, थोड़े दिन अगर वह बेपरवाह रहे तो वह लड़की शायद उसे फिर से पसंद करने लगेगी। किम्मी लुकस के साथ आगे बैठी थी, और शायद उसे वह काफ़ी पसंद आ गया था। एशियन लड़कियों को देर करने वाले लड़के नापसंद होते हैं, हड़बड़ी करने वाले नहीं। हम पहले कमिट होने की सोचती हैं, नफ़ा-नुक़सान बाद में देखती हैं। तो शायद लुकस की यह बात किम्मी को बहुत पसंद आई।

इधर अक्षय को लुकस की प्रेम कहानी में कोई दिलचस्पी नहीं थी। मुझे और एन्ना को खिड़की वाली सीट चाहिए थी और अक्षय को हमने यह कहकर पटा लिया था कि दो लड़कियों के बीच में बैठने को मिल रहा है, उसे ख़ुश होना चाहिए। वह शायद ख़ुश भी था और एन्ना को इम्प्रेस करने की पूरी कोशिश में था। मुझे यों अकेला घूमते देख वह शायद थोड़ा घबरा गया था, सो मेरी ओर से खिन्न था और मुझसे बात भी अंग्रेज़ी में ही कर रहा था। इधर एन्ना ने साफ़ कहा कि वह प्रिंस चार्मिंग की तलाश में है। मैंने उसे उन मेंढकों की कहानी सुनाई जिन्हें लड़की को प्रिंस चार्मिंग मिलने से पहले चूमना पड़ता है। जाने कब कोई मेंढक प्रिंस में बदल जाए! लेकिन कब कोई प्रिंस वापस मेंढक में बदल जाए, इसकी भी कोई गारंटी नहीं है। मूल बात यह है कि चूमते रहना चाहिए। एक भारतीय लड़की के मुँह से ऐसी कहानी सुनकर सब काफ़ी चकित थे। मुझे लगा था कि पूरा वेस्ट लिबरल होगा, ऐसा बिलकुल भी नहीं है। ज्यों-ज्यों आप पूर्वी यूरोप में प्रवेश करते हैं, लोग थोड़े संकुचित होते जाते हैं। धर्म भी उधर बहुत हावी है, शायद इसी वजह से!

किम्मी अपनी बातों से सबको ख़ूब हँसा रही थी। लेकिन मुझे उसकी हँसी जाने क्यों उदास जान पड़ रही थी। वियतनाम वापस जाने के बाद वह बिजनेस करना चाहती है और सबको अपने प्लान के बारे में बता रही है। फ़िलहाल उसके स्कॉलरशिप के पैसे ख़त्म होने को हैं तो थोड़ी तंगी में है और कुछ दोस्तों से अपना उधार वापस माँगने जा रही है। उसे देखकर मुझे थोड़ी चिंता भी होती है और आश्चर्य भी। स्कॉलरशिप क्यों छोड़ दी ? पैसे नहीं थे तो उधार क्यों दिए ? वह हँस तो रही है, लेकिन मुझे उस पर जाने क्यों दया आती है। उधर लुकस उसे बिलकुल भाव नहीं दे रहा है।

बातों-ही-बातों में जाने क्या बात हुई कि एन्ना ने ज़ोर से कहा, ''बी केयरफुल, मिस्टर!'' एक बार को तो बिलकुल सन्नाटा-सा हुआ, फिर सब नॉर्मल हो गया। लेकिन अब अक्षय एन्ना को इम्प्रेस करने के बजाय मुझसे हिंदी में गप्प कर रहा था। मुझे तो हिंदी में बतियाकर ऐसा मज़ा आ रहा था कि मत पूछो! यह अजनबी अक्षय भी इतना अपना-सा लग रहा था। अक्षय ने बताया कि वह काफ़ी साल से एम्स्टर्डम में है और उससे पहले स्विट्ज़रलैंड में था। जब मैंने उससे कहा कि मैं तो अगले साल वापस भारत चली जाऊँगी तो वह सर हिलाने लगा। उसने कहा कि शुरू के दो साल सब ऐसा कहते हैं। मैं भी सोचता था, बस, दो साल बाद वापस निकल जाऊँगा। लेकिन उसके बाद एक आदत-सी हो जाती है। यूरोप आसानी से नहीं छूटता। मैंने कहा कि नहीं, मैं तो पक्का जाऊँगी। तुम देख लेना। वह बोला कि एक साल बाद पूछूँगा। मैं मन ही मन सोचती हूँ, क्या मैं सच में नहीं जाऊँगी ? मुझे बहुत अच्छा लगता है यूरोप। यों बेफ़िक्र, रात-बेरात घूमने की आज़ादी, साफ़-सफ़ाई, हरियाली, साफ़ हवा, पैसा—सब कुछ तो है यहाँ! क्या नहीं है, जिसको ढूँढ़ने मैं वापस भारत जाऊँगी ? कोई कुछ भी कहे, मुझे पक्का पता है कि मैं जाऊँगी, मुझे जाना ही है।

रास्ते में छोटे-छोटे गाँव हैं, झीले हैं, पहाड़ियाँ हैं, खेत हैं। घर हरे, लाल, पीले और जाने कितने रंगों के हैं। ऐसा लगता है, जैसे खिलौने हों। पहाड़ और झील के बीच में यों बिछे हैं जैसे इन्सान ने प्रकृति के साथ मिलाप किया हो। प्रकृति से अलग कोई इमारत नहीं दिखती है। सब जैसे किसी ने डिज़ाइन किया हो। जंगल और पहाड़ों के बीच इमारतें देखकर ज़्यादातर मुझे कोफ़्त होती है, लेकिन यह बहुत सुंदर है और प्रकृति से अलग नहीं लग रहा है। रास्ते में एक जगह सुसु ब्रेक लिया जाता है। यहाँ सिर्फ़ बाथरूम बने हैं। कोई खाने की जगह

नहीं है। हम अब चेक रिपब्लिक में हैं। यहाँ जर्मनी वाली कुशलता नहीं दिखती। दोनों शहर एकदम पास हैं, फिर भी कितने अलग-अलग। बाथरूम साफ़ हैं और मुफ़्त हैं। पास ही एक छोटी पहाड़ी है। सब उस पर चढ़ पड़ते हैं। पहाड़ी के दूसरी तरफ़ खेत हैं। जाने किस चीज़ के खेत हैं! ऐसा लगता है जैसे घास के खेत हैं। एकदम क़ायदे से कटी घास भर दिखती है, ऊँची-नीची लैंडस्केप है, और उस पर दूर-दूर बने घरों के झुंड हैं। आपने वह टीवी सीरियल—टेली-टब्बीस—देखा है? बिलकुल उसके जैसा लैंडस्केप है। हम सब थोड़ी देर पहाड़ी पर खड़े हो अपने पाँव सीधा करते हैं। अब आगे कोई ब्रेक नहीं लिया जाएगा। बस, सीधे प्राग!

गाड़ी वापस चलती है, लेकिन अब सब थोड़े शांत हैं। किम्मी चुपचाप-सी है। सबको उसकी चुप्पी सुनाई पड़ती है। सब उसका मन बदलने की कोशिश करते हैं। लेकिन लगता है, लुकस की बेरुख़ी से वह खिन्न-सी हो गई है। बाक़ी जन भी चुपचाप-से हो जाते हैं। एन्ना सिटी सेंटर से पहले उतर जाती है। उसका घर यहाँ से नज़दीक है। हम ना तो कोई फ़ोन नंबर, ना ही कोई ईमेल एड्रेस शेयर करते हैं। पूरा नाम भी नहीं पता तो बिना लास्ट नेम के फेसबुक पर भी नहीं ढूँढ़ा

जा सकेगा किसी को। शायद जीवन में साढ़े चार घंटे का ही साथ लिखा था हमारा। उसके जाने पर अक्षय थोड़ा रिलैक्स्ड दिखता है। लुकस तो आगे हॉकी खेलने चला जाएगा। प्राग में बचेंगे सिर्फ़ मैं, किम्मी और अक्षय। हम सब प्राग में फिर से मिलने का प्लान बनाते हैं। अक्षय किसी हॉस्टल में रुका है। मुझे अपने होस्ट का घर ढूँढ़ना है और किम्मी का पूरी रात एक बार से दूसरे बार में घूमने का प्लान है। अगली सुबह उसे दूसरे किसी गाँव जाने के लिए बस लेनी है तो वह हॉस्टल पर पैसा नहीं खर्चना चाहती।

***

लुकस ने हमें बस स्टैंड पर छोड़ा। यहाँ ख़ूब भीड़-भड़क्का है। निरे जवान लड़के-लड़कियाँ बैक-पैक टाँगे इधर-उधर फिर रहे हैं। बस स्टैंड पर करेंसी-चेंज की सुविधा है। क्यों ? पूरे यूरोप में तो यूरो चलता है! इस दुकान पर इतनी भीड़ क्यों है ? पूछने पर पता चलता है, चेक करेंसी 'कोरूना' है। भूख भी लगी है और आगे भी जाना है, तो हम भी कोरूना की क़तार में लग जाते हैं। मैंने बीस यूरो चेंज कराए तो मुझे पाँच सौ के लगभग कोरूना करेंसी मिली। वाह, मेरा दिल तो एकदम बल्लियों उछलने लगा! एकदम अमीरों वाली फीलिंग आ गई। यह तो बड़ा सही शहर दिखता है! यहाँ तो मैं रईस हो गई ! लेकिन मेरी ख़ुशियाँ जल्दी ही झाग की तरह बैठ गईं, जब एक कॉफ़ी, एक सैंडविच और गाजर के एक केक का बिल बना—दो सौ कोरूना! लो जी, यह करेंसी तो बड़ी कमज़ोर निकली। ख़ैर, किम्मी ने सिर्फ़ कॉफ़ी पी, और कुछ खाया नहीं। कहा कि उसे भूख नहीं है। मैंने और अक्षय ने तीस कोरूना में शहर का एक-एक मैप लिया, और शाम को चार्ल्स ब्रिज के सामने मिलना तय किया। किम्मी को भी वहीं आना था, उसने कहा कि वह बिना मैप के आ जाएगी।

***

मुझे उसी स्टेशन से मेट्रो पकड़नी थी और टिकट मशीन पर सिर्फ़ चेक भाषा में ही इंस्ट्रक्शन थे। कुछ देर माथापच्ची की, कुछ समझ में नहीं आया। फिर भीड़ में से एक स्थानीय चेहरा खोजा और मदद माँगी। एक टिकट दो घंटे चलती है। कोई भी मेट्रो, बस या ट्राम लो। अभी तो बैग इतना बड़ा था इसलिए मेट्रो लेनी पड़ी, नहीं तो प्राग इतना छोटा और ख़ूबसूरत है कि कहीं से कहीं

जाने के लिए कोई भी साधन लेना बेवकूफ़ी है। मैंने टिकट ली ही थी कि किम्मी भी सामने से आती दिखी। वह सुपर मार्केट से लिया एक ब्रेड का टुकड़ा खा रही थी। उस के पास सच में शायद पैसे नहीं हैं। मुझे उस पर दया भी आती है और चिढ़ भी होती है। मैं उसे शाम का प्लान फिर से याद दिलाती हूँ और निकलती हूँ।

मेट्रो से उतरकर मैंने बस ली और अपने होस्ट के बताए स्टॉप पर उतर गई। अब यहाँ से एक सड़क जाती है पहाड़ी के ऊपर, जिस पर घर बने हुए हैं। उसी दिशा में एक सड़क जाती है पहाड़ी से नीचे, जिस पर और भी घर बने हुए हैं। मेरे होस्ट टॉड ने बताया था कि बस स्टॉप से उसका घर महज़ तीन-चार मिनट का पैदल रास्ता है। लेकिन मैं उससे यह नहीं पूछ सकी कि तीन-चार मिनट पैदल ऊपर वाले रस्ते पर या नीचे जाने वाले रस्ते पर। बस, यहीं गड़बड़ हो गई। फिर मैंने सोचा कि इतना बड़ा बैग लेकर नीचे उतर गई और रास्ता ग़लत हुआ तो वापस चढ़ने में बहुत मुश्किल होगी। पर ऊपर वाला रास्ता ग़लत हुआ तो नीचे उतरना आसान रहेगा। और मैं पहाड़ी पर चढ़ने लगी। एक से सुंदर एक घर बने थे वहाँ। घरों में गार्डन थे और उनमें सेब के पेड़ लगे थे। सेब गिर-गिरकर पूरे गार्डन में बिछ गए थे। हर घर देखकर मुझे लगता, काश यही हो। लेकिन नंबर 106 तो नहीं आया! मुझे चढ़ते-चढ़ते दस मिनट ही हुए होंगे, पर लग रहा था जैसे कई घंटों से चढ़ रही हूँ। ऊपर चढ़ी तो लगा कि अच्छा है जो आ गई, रास्ता भले ग़लत हो। वहाँ से नीचे वल्तावा नदी दिखती है, उसके दोनों तरफ़ बसा शहर दिखता है। मुझे 'रॉकस्टार' मूवी की याद आ जाती है। ऐसे ही एक सुंदर घर में रहती है उसकी हीरोइन!

अब नीचे उतरना था, लेकिन अगर घर ऊपर ही हुआ और मुझे ही ना दिखा हो तो? तब फिर ऊपर चढ़ना पड़ेगा? नहीं-नहीं, दोबारा नहीं चढ़ पाऊँगी। फ़ोन कर लेती हूँ। इंटरनेशनल रोमिंग पर शायद यह पहला फ़ोन कॉल था! अभी तक तो मैंने सिर्फ़ फ़्री वाई-फ़ाई यूज़ किया था। यहाँ तो वाई-फ़ाई था नहीं, सो डायल किया फ़ोन नम्बर। कोई जवाब नहीं। फिर लगाया। फिर कोई जवाब नहीं। मैसेज लिखा—''गुम गई हूँ, मदद करो।'' जवाब आया—''उसी स्टॉप पर आओ। मैं आता हूँ।''

***

टॉड नाम था उसका। डॉक्टर टॉड। हँसता चेहरा, दुबला-सा शरीर, सर पर टोपी—अभी तक का मेरा सबसे जवान होस्ट! चालीस साल का रहा होगा। टॉड ने बताया कि वह तो किस्मत से घर पर कुछ काम कराने आया था, नहीं तो इस समय ना वह घर पर होता है और ना ही फ़ोन उठाता है। चलो, अब तो मैं पहुँच गई थी। टॉड ने मेरा नाम फिर से पूछा और पूछा कि मैं कितने दिन रुकने वाली हूँ, और वे डिटेल्स अपने कंप्यूटर में लिख लिए। बताया कि फ़िलहाल सभी गेस्ट्स बाहर घूमने गए हुए हैं। घर में वापस आना सिर्फ़ छः बजे के बाद ही मुमकिन है। दोपहर को सिर्फ़ नए गेस्ट्स आ सकते हैं। घर में मेरे अलावा क़रीब तीस लोग और रुके हैं।

कहाँ रुके हैं? घर कोई बहुत बड़ा दिखाई नहीं पड़ता! अगर नीचे तहख़ाने नहीं हैं तो कहाँ रुके हैं? कैसे रुके हैं और क्यों रुके हैं? सब अलग-अलग आए हैं या सब एक साथ ग्रुप में आए हैं? कितने दिन के लिए रुके हैं? बाथरूम कहाँ हैं? कितने हैं? यह सब मैं बस सोच रही थी। पूछना मुझे भला न जान पड़ा, एक तो मुझे जगह मिली है, ऊपर से मैं जासूस बन जाऊँ! टॉड ने मुझे मेरा कमरा दिखाया, और एक कंबल और तकिया दे दिया। मुझे तौलिया तो नहीं चाहिए, कुछ और तो नहीं चाहिए—पूछा और कहा कि मैं मुँह-हाथ धोकर सेटल हो जाऊँ। वह रसोई में कुछ काम कर रहा है। कमरे में नौ-दस बिस्तर और लगे थे। दो सिंगल बेड थे और सब नीचे बिछे थे। टॉड ने मुझे अपना डेरा बेड पर ज़माने को कहा। मैं सब बिस्तर और सामान लाँघते हुए बेड तक पहुँची। अपना बैग रखा और कैमरा निकालकर बाहर आ गई। सब के बैग यों ही पड़े थे। वैसे भी मेरे बैग में कोई क़ीमती सामान नहीं था।

टॉड ने कहा कि अगर मुझे टी-कॉफ़ी कुछ पसंद है तो मैं इस रसोई में बना सकती हूँ। रसोई क्या थी, तरह-तरह के खाद्य पदार्थों का जमावड़ा था। फ्रिज में तरह-तरह के जूस, बियर, वाइन, दूध, जैम, बटर, फल, सब्ज़ियाँ, अंडे, सब ठूसाठूस भरे थे। इतना सब कुछ एक इंसान का सामान तो नहीं हो सकता, एक फ़ैमिली का भी मुश्किल लगता है! तो मैं किसका सामान यूज़ करूँ, किसका नहीं? कोई लेबल भी नहीं लगा है। आख़िकार मैं टॉड से पूछती हूँ—"दूध और ब्रेड ले लूँ?" "जो मन करता है वह ले लो"—टॉड कहता है। "मतलब यह सब सामान आपका है"—मैं फिर पूछती हूँ। "नहीं, मेरा कुछ भी नहीं"—टॉड मुस्कुराता है। मैं चुप ही रहती हूँ कि आगे वही बताए, माज़रा क्या है। मेरी शक्ल

देखकर टॉड कहता है कि यों तो कुछ भी मेरा या तुम्हारा नहीं है, लेकिन जो सामान एक बार इस फ्रिज में आ जाता है वह सबका हो जाता है। उसका एक मालिक नहीं रहता। यह एक कम्युनिटी फ्रिज है। यह कम्युनिटी लिविंग है। यह घर एक कम्यून है!

पहाड़ी पर बने तीन-तीन मंज़िल के इस घर के हर कमरे में यात्री रुके हैं, तीन गुसलख़ाने हैं, जिन्हें सब लोग क़ायदे से इस्तेमाल करते हैं। कपड़े धोने की एक मशीन है, और ख़ूब सारा तरह-तरह का वाशिंग पाउडर रखा है। आप जितना चाहें, इस्तेमाल कर सकते हैं। पहले दिन जब मैं अपने कपड़े गुसलख़ाने में ही भूल गई तो जाने किसने धोकर सुखा दिए। कोई एक दिन के लिए आया है तो कोई चार, कोई अकेला है तो कोई झुंड में है। किसी को बेड मिला है तो किसी ने ज़मीन पर गद्दा डाल लिया है। इसके बाद भी कोई रह जाता है तो वह घर के बाहर पहाड़ी पर ही डेरा जमा लेता है। घर में दो कुत्ते भी हैं जो मेहमानों में ही घुलमिल-से गए हैं। जहाँ मन करे, वे भी आते-जाते हैं। सब लोग घूमने वाले यात्री ही हैं तो सबको सुबह नाश्ता करके ग्यारह बजे तक निकलना होता है। उसके बाद घर बंद हो जाता है और सिर्फ़ नए यात्रियों के लिए खुलता है; जैसे आज मेरे लिए खुला था। घर में रुके यात्री शाम को 7 बजे ही घर वापस आ सकते हैं। चाबी सिर्फ़ टॉड के पास रहती है और वह किसी का फ़ोन नहीं उठाता है। सही भी है, नहीं तो पूरा दिन फ़ोन पर ही रहता। शाम सात बजे के बाद टॉड घर पर होता और मिस्ड कॉल पर दरवाज़ा खोलता है। कोई घंटी नहीं लगी है, नहीं तो पूरा दिन झनझनाती रहती। रसोई में दो हॉट प्लेट हैं। ज़्यादा खाना नहीं बन सकता है, लेकिन ज़रूरत भर का बन जाता है। आप कुछ रसोई का सामान लाना चाहें तो ला सकते हैं, नहीं तो जो पड़ा है उसे इस्तेमाल कर सकते हैं। लाने वाला नहीं बताता है कि वह ले आया है, बस रख देता है। फिर उसे कोई भी इस्तेमाल करे! कमाल ऐसा है कि फ्रिज हर समय भरा रहता है। सब तरह की टी-कॉफ़ी शेल्फ पर रखी रहती हैं। बरतन साफ़ रहते हैं। गुसलख़ाने में साबुन बराबर होता है, और टॉयलेट में टॉयलेट पेपर।

और टॉड क्या करता है? यह घर कहाँ से आया? इस घर की मरम्मत कैसे होती है? टॉड का काम क्या है? ये सब सवाल मैंने टॉड से एक साथ पूछे। टॉड ने कहा कि मुझे घूमने जाना चाहिए, बातें वह बाद में फुर्सत से करेगा। वैसे भी मुझे अक्षय और किम्मी से मिलना था तो मैं जाने को तैयार हो गई। चलते-चलते

मैंने टॉड से पूछा कि वैसे तो मैं दस बजे तक घर आ जाऊँगी। पहला दिन है और शहर का ज़्यादा पता नहीं है तो दस बजे ज़्यादा लेट तो नहीं होगा? टॉड ने मुस्कुराते हुए कहा कि, "No way! You should experience the night life of Prague. You should come as late as you can."

काश, एक दिन दिल्ली में भी कोई मुझे यूँ बोले कि "जाओ, जितनी देर से आ सको, आना; It's very safe." मेरा कितना ही मन है रात की दिल्ली देखने का। चार दोस्तों के साथ गाड़ी में बैठकर नहीं, अकेले पैदल चल कर। रात के एक बजे कैसा होगा कमला नगर? और चाँदनी चौक जो दिन में इतना भरा रहता है, उसकी ख़ाली गलियाँ कैसी दिखेंगी आधी रात के बाद? बिना गाड़ियों की भीड़ के निज़ामुद्दीन कैसा होगा? इस ज़िंदगी में क्या आएगा ऐसा दिन कभी, जब घूमूँगी बेफ़िक्र अपने ही देश में, जैसे फिरती हूँ यहाँ अजनबियों के देश में?

***

मुझे जाना था पैदल, लेकिन दोस्तों से मिलने का एक समय तय था। कहीं लेट ना हो जाऊँ—इस आशंका से ट्राम लेने की सोचती हूँ। वैसे भी दिन छिपने वाला है और थोड़ी थकावट भी है। टॉड ने बताया कि उसके घर से ट्राम स्टॉप दस मिनट दूर है और वहाँ से ट्राम से सिटी सेंटर दस मिनट दूर है। उसने यह भी बताया कि रात बारह बजे के बाद ये वाली ट्राम बंद हो जाती है। उस वक़्त एक दूसरी मिलेगी, दूसरे किसी स्टेशन से। मेट्रो से आना भी ठीक नहीं, क्योंकि कनेक्टिंग बसें बंद हो जाती हैं। मैंने जाने वाली जानकारी तो ध्यान से सुनी, लेकिन आने वाली दिमाग़ ने रजिस्टर न की। सोचा कि जैसे जाऊँगी, वैसे आ भी जाऊँगी।

ट्राम स्टॉप तो मैं पहुँच गई। अब लेनी थी टिकट। लेकिन यहाँ तो कोई टिकट मशीन दिखती नहीं थी। कोई खड़ा भी नहीं है स्टॉप पर कि पूछा जाए। एक ट्राम आती है और निकल जाती है। अब? आसपास देखती हूँ, कुछ नहीं मिलता। दूर कुछ दुकानें दिखती हैं, उनसे पूछा जाए? क्या पूछा जाए? तभी उन्नीस-बीस बरस की, सुनहरे बालों वाली, मॉडर्न कपड़े पहने एक गजब की आकर्षक लड़की स्टॉप पर आती है। चलो, इससे पूछा जाए!

"Can you help me with the ticket, please; is there no ticket machine here?"—मैंने लड़की से पूछा। सुनहरे बालों वाली लड़की—जिसका नाम अब मुझे याद नहीं है! उसको मैं सुनहरी बुलाती हूँ—मुझे इंग्लिश में बात करते सुन

वड़ी ख़ुश होती है। वह मुझसे अपनी ख़राब इंग्लिश के लिए माफ़ी माँगती है, हालाँकि वह काफ़ी अच्छे से अपनी बात कहती है। वह थोड़ा शरमाते हुए मुझे बताती है कि उसे भी नहीं पता, टिकट मशीन कहाँ है! वह महीने भर के टिकट एक बार में ख़रीद लेती है। और उसे यह भी नहीं पता कि सब ट्राम स्टेशनों पर टिकट मशीन हैं कि नहीं। जब मैंने उससे पूछा कि एक अजनबी के लिए बहुत दिक़्क़त वाली बात नहीं है ऐसे ? तो वह सोचने लगी, और हँसते हुए बोली कि उसने ऐसा पहले कभी सोचा ही नहीं। वह मुझे बताती है कि यहाँ पंसारी की दुकानों पर टिकट मिलती है। मेट्रो, ट्राम और बस—सब की टिकट एक ही होती है। सुनहरी कहती है कि अभी तो चढ़ जाओ, आगे वाले स्टेशन पर उतरकर ले लेंगे। चलो तो फिर! मैंने पूछा कि टिकट इंस्पेक्टर नहीं आता ? उसने कहा कि उसके बीस साल के जीवन में तो आया नहीं है, आज का पता नहीं। वह आगे वाले गेट पर खड़ी हुई और मुझे पीछे कर दिया कि कोई आया तो वह मुझे आगाह कर देगी! जाने यह तरीका कितना कामयाब होने वाला था, लेकिन मुझे थोड़ी तसल्ली थी कि कोई लोकल साथ में है। अगर पकड़ी गई तो वह बचा लेगी। सोच ही रही थी कि स्टेशन आ गया।

सुनहरी भी मेरे साथ उतर गई। लेकिन यहाँ भी कोई मशीन नहीं थी। उसने कहा कि पास में एक मशीन है शायद, वहाँ चलते हैं। मेरी किस्मत में उस सुनहरी लड़की का साथ ही होगा, नहीं तो यह मशीन भी ख़राब कैसे मिलती! सुनहरी बताती है कि वह मिडवाइफ का कोर्स कर रही है और अपने माँ-बाप के साथ रहती है। अभी अपने दोस्तों के साथ पार्टी करने जा रही है। वहाँ उसका बॉयफ्रेंड भी होगा। अपने बॉयफ्रेंड के बारे में बताते हुए वह शर्माती है और कहती है कि वह जल्दी अपना कोर्स ख़त्म करके नौकरी करना चाहती है; ताकि दोनों लोग साथ रह सकें। दूसरी ट्राम आती है। हम बिना टिकट के फिर चढ़ जाते हैं।

सुनहरी बताती है कि उसे हील्स पहनना बहुत पसंद है और उसके बॉयफ्रेंड को यह बात पसंद है, लेकिन उसके बॉयफ्रेंड का क़द छोटा है इसलिए उसे हील पहनना अच्छा नहीं लगता। अरे वाह, यह तो हमारे टाइप की सोच है! मुझे यह जानने की दिलचस्पी हुई कि हममें कुछ और भी मिलता-जुलता है क्या। मैंने पूछा कि क्या वे शादी करके साथ रहेंगे ? सुनहरी शरमाते हुए कहती है कि अभी तो वह बहुत छोटी है। मुझे अपने पूछने पर झेंप होती है। फिर भी आगे पूछती

हूँ, "तो मतलब माँ-बाप को साथ रहने से कोई दिक़्क़त नहीं है?" सुनहरी मेरी तरफ़ हैरानी से देखते हुए कहती है, "अगर मैं ख़ुद कमाती हूँ और अपने घर का रेंट ख़ुद देती हूँ, बिल भरती हूँ तो उन्हें क्यों दिक़्क़त होगी? यह तो अच्छा ही है न कि उन्हें भी स्पेस मिल जाएगा।" हम्म्म... अच्छा तो है! मैं मन-ही-मन सोचती हूँ, जाने हमारे माँ-बाप को क्या दिक़्क़त होती है? जिस समाज की वो दुहाई देते हैं, क्या वह समाज उन्हीं जैसे सैकड़ों-हजारों माँ-बाप से नहीं बना है? अगर सब माँ-बाप बदल जाएँ तो क्या समाज नहीं बदल जाएगा? घरवालों की 'पसंद' की शादी क्या ऐसा रामबाण है जो एकदम से सब अच्छा और मंज़ूर करने लायक हो जाता है? हाथ पकड़ने, गले लगाने, साथ रहने, सेक्स करने, यहाँ तक कि मैरिटल रेप तक को मंज़ूरी मिल जाती है? शादी ऐसा भी क्या बदल देती है? मैं ख़ाली सोचती रहती हूँ। अगले स्टेशन के पास एक बड़ा मेट्रो स्टेशन है तो वहाँ तो टिकट मिलनी ही चाहिए—वह बोली। और मुझे टिकट मिल गई! मैंने दो ले ली, एक वापस जाने के लिए भी। सुनहरी ने मुझे भी अपने साथ पार्टी में आने को कहा। मैंने बताया कि मैं अपने दोस्तों से मिल रही हूँ। उसने तपाक से उनको भी न्योता दे दिया और बताया कि पार्टी चार्ल्स ब्रिज के सामने वाले बार में है।

"ठीक है, मैं आऊँगी"—मैंने कहा।

***

वल्तावा नदी पर बने चार्ल्स ब्रिज पर पहुँचते ही पहला ख़्याल आता है, "क्या सुंदर देश है यह!" यूँ तो ट्राम वल्तावा के किनारे चलती है और मैं पूरे रास्ते इस शहर के हुस्न पर हैरान थी। लेकिन सुनहरी मेरे साथ थी तो ज़्यादा रजिस्टर नहीं कर पाई थी। अब अकेली हुई तो दोस्तों को ढूँढ़ने से पहले इस ख़ूबसूरती को जी भरकर देख लेना चाहा। वल्तावा के किनारों पर बनी इमारतें, गोथिक स्टाइल की लंबी-लंबी नुकीली चोंच वाली हैं, और अँधेरे के बैकग्राउंड में पीली रौशनी में सोने-सी चमक रही हैं। पूरे ब्रिज पर लोगों ने अपने कैमरे ट्राइपॉड पर सेट कर रखे हैं। वे इस शहर के सौंदर्य को क़ैद करने की भरसक कोशिश में लगे हैं। चार्ल्स ब्रिज ख़ुद भी एक आर्ट गैलरी जैसा ही है। उसके दोनों तरफ़ दस से बारह फुट लंबी तीस प्रतिमाएँ लगी हैं। ये प्रतिमाएँ अलग-अलग संतों की हैं और ध्यान से देखने पर कुछ-कुछ कहानी कहती हैं।

अक्षय तो आ गया, किम्मी का कुछ पता नहीं था। हमारे पास उसका फ़ोन नंबर भी नहीं था तो सोचा ब्रिज के दूसरी साइड देख आते हैं। कहीं वह उस तरफ़ ना इंतज़ार कर रही हो। ब्रिज के दूसरी तरफ़ पुराना प्राहा है। अरे, एक बात का तो ज़िक्र करना भूल ही गई! अंग्रेज़ी में शहर का नाम 'प्राग' है, वहाँ के लोग इसे 'प्राहा' कहते हैं। और भी कई शहरों के नाम अंग्रेज़ी में अलग और लोकल भाषा में अलग हैं। ख़ैर, मुझे प्राहा प्राग से ज़्यादा पसंद आया, सो अब मैं प्राहा ही बोलूँगी। दूसरी तरफ़ जैसे मेला-सा लगा था! तरह-तरह के करतब हो रहे थे और लोग उन्हें झुंड में देख रहे थे। एक जनाब एक टेबल पर पच्चीस-

तीस छोटे-बड़े साइज़ के शीशे के गिलास रख, उन पर उंगलियाँ फिरा कर मधुर संगीत निकाल रहे थे। एक जनाब पानी के बुलबुले बना रहे थे और बच्चे उन बुलबुलों के पीछे पागल हुए जा रहे थे। जाने बच्चों का इन बुलबुलों के साथ क्या रिश्ता होता है! कहीं भी इन्हें देखकर यों पगलाते हैं, जाने कौन-सी जन्नत क़ैद हो इनमें। ऐसे पीछे भागते हैं पकड़ने को, जैसे बुलबुले नहीं आइसक्रीम के गोले उड़ रहे हों। खाने के स्टाल लगे थे। बड़ी-बड़ी अँगीठियों पर पूरे-का-पूरा सूअर भूना जा रहा था। नीचे रखे सुलगते अंगारों पर मांस गोल-गोल घूम रहा था और ख़रीदने वालों को उसी में से स्लाइस काटकर दिया जा रहा था। इसको तो खाने का मन हुआ, लेकिन फिर रहने दिया। एक दूसरी तरह की छोटी सपाट अँगीठी पर फिरकी जैसा कुछ घूम रहा था। यह यहाँ की ट्रेडिशनल स्वीट है। खाने में थोड़ी-थोड़ी शक्करपारे जैसी है, लेकिन कम मीठी और भुरभुरी। मुझे तो बिलकुल पसंद नहीं आई। कुछ लोग बीच में गाना गा रहे थे तो कुछ संगीत बजा रहे थे। मैं सोचती हूँ कि आज का दिन कोई ख़ास दिन है या रोज़ ही यहाँ यों मेला लगता है?

किम्मी तो मिली नहीं। मैंने अक्षय को सुनहरी के न्योते के बारे में बताया और हम उसके बताए बार की तरफ़ चल पड़े। बार में एंट्री फ्री थी और अंदर जाते वक़्त किसी ने कोई टोका-टोकी भी नहीं की। अंदर जाकर पता चला कि यह कोई ऐसा-वैसा बार नहीं था। अंदर सुरंग जैसे बड़े-से हॉल में कई सारे कमरे थे। कहीं डीजे लगा था और लोग डांस कर रहे थे, कहीं बार था और लोग पी रहे थे, एक जगह सोफ़े लगे थे और लोग बैठे बतिया रहे थे, एक जगह बड़े टीवी स्क्रीन पर लड़कियाँ बिना कपड़ों के पोल डांस कर रही थीं। नीली और लाल डिम लाइट पूरे हॉल में जल-बुझ रही थी। था तो यह बार, लेकिन एक तरह की शांति-सी थी यहाँ! लोग चुपचाप ऐसे बियर पी रहे थे और बतिया रहे थे, जैसे बार में नहीं, ऑफ़िस में हों। सुनहरी भी वहीं बार में बैठी थी और हमें देखकर एकदम खिल गई। उसने हमें अपने बॉयफ्रेंड से मिलवाया और फिर अपने भाई से भी, जो वहाँ फ़ोटोग्राफ़ी कर रहा था। जाने उनकी अंग्रेज़ी अच्छी नहीं थी या क्या बात थी, उन्होंने हमें नम्रता से हेल्लो कहा और फिर अपने काम में बिजी हो गए! सच में, ऐसा लग रहा था कि लोग काम करने आए हैं। कोई ऊँची आवाज़ में बात तक नहीं कर रहा था। ख़ैर, हमने कुछ ड्रिंक्स आर्डर किए, जो कि एक अच्छे बार के हिसाब से काफ़ी सस्ते पड़े। अक्षय काफ़ी ख़ुश था और सुनहरी

पर मर मिटा था। ''यार, पटवा दे, प्लीज़''—उसने कहा। मैंने सोचा कि ये (भारतीय लड़के) हर जगह एक ही जैसे होते हैं! मैंने कहा, उसका बॉयफ्रेंड और भाई दोनों यहीं हैं। ख़ुद ही पटा ले, भाई। और मैं उन दोनों को अकेला छोड़ बार के दूसरे कमरों को देखने आ गई।

इस कमरे में तीन लड़कियाँ गोलाकार स्टेज पर पोल डांस कर रही थीं। वे आतीं तो थीं कपड़े पहन कर, लेकिन एक-एक करके सब उतार देतीं और सिर्फ़ अंडरवियर में पोल को पकड़कर नाचतीं। उनके चेहरे पर कोई एक्सप्रेशन नहीं था, न कोई मुस्कराहट, न ही कोई शर्म या झिझक। यहाँ का माहौल एकदम नीरस था। एक आती, नाचती, पोल पर अपने लचीले शरीर को घुमाती और थोड़ी देर आराम करने चली जाती; फिर उसकी जगह दूसरी ले लेती। यह अदला-बदली चलती रहती। इस कमरे में पंद्रह-बीस लड़के थे, और काफ़ी कुर्सियाँ ख़ाली पड़ी थीं। वे चुपचाप बिना किसी हुड़दंग के बियर पीते, बात करते, बीच-बीच में नाचती लड़कियों को देख रहे थे। लड़कियों के कपड़े उतारने पर भी कोई हूटिंग या हल्ला-गुल्ला नहीं हो रहा था। मुझे लगा कि इस कमरे में शायद सबसे ज़्यादा ख़ुश और इक्साइटेड मैं ही रही होऊँगी। मेरे पीछे सुनहरी भी आ गई। उसने मुझसे पूछा कि मुझे कौन-सी लड़की अच्छी लगी। मुझे तो सभी अच्छी लग रही हैं, मैंने कहा। उसने बताया कि यह लाल बालों वाली नयी है, जो ज़्यादा मेहनत करती दिखाई पड़ती है। वह बताती है, इसकी बॉडी इतनी ख़ास नहीं है। मुझे तो ख़ास लग रही थी, मुझे तो सबकी ही ख़ास लग रही थी। सभी का शरीर तराशा हुआ-सा था। सिर्फ़ उनके स्तन अलग-अलग साइज़ के थे। मुझे कभी समझ में नहीं आया कि 'अच्छे' स्तन कौन-से साइज़ के होते हैं! दिखने में तो हमेशा छोटे साइज़ के बढ़िया लगते हैं। उनकी ब्रा भी आसानी से मिल जाती है और ना भी पहनो तो चल जाता है। दौड़ने-भागने में आसानी रहती है और रेडीमेड कपड़े आसानी से मिल जाते हैं। वैसे भी, स्तन का साइज़ अपने कंट्रोल में थोड़े ही होता है; और जिस चीज़ पर कंट्रोल ही नहीं, उसका क्या अच्छा और क्या बुरा? मैं यहाँ काफ़ी देर और रुकती, लेकिन तभी पीछे से एक हूटिंग की आवाज़ आई—हूऊऊऊ-हूऊऊऊ-ओऽऽ—यह अक्षय था! दो बियर पीने के बाद नंगी लड़की देखकर कोई बिरला ही भारतीय लड़का होगा जो इंसानों की क्वालिटी दिखाए। वह अब इनके साथ नाचना चाहता था या जाने लैप डांस चाहता था? अब उसे लगने लगा कि सुनहरी यहाँ आती है तो उसे भी यों नंगे नाचने में कोई दिक़्क़त नहीं होगी।

ये सब विचार जब अक्षय ने मेरे सामने प्रकट किए तो इससे पहले कि हमें बाहर धक्के मारकर निकाला जाता, मुझे बाहर निकलना ही था। सुनहरी ने भी हमें रोकने की कोशिश नहीं की।

***

रात के बारह बज रहे थे! आज तो बहुत 'नाइट लाइफ़' देख ली। अब वापस चलना चाहिए। अक्षय ने बताया, वह कुछ और बार देखने जाएगा। मैंने उसका न्योता नम्रतापूर्वक अस्वीकार कर दिया। इधर आने-जाने की हड़बड़ी में यह भूल गई कि टॉड ने आने का रास्ता अलग बताया था और यह भी कि मेट्रो से उतरकर जो बस मिलती है वह रात बारह बजे के बाद बंद हो जाएगी। मैं मेट्रो स्टेशन पर पहुँची और सोचा कि मेट्रो तो ले लूँ, आगे का आगे देखूँगी। आख़िरी मेट्रो का इंतज़ार करते लेट नाइट पार्टियों से लौटते और भी लोग थे। लड़के-लड़कियाँ अपने-अपने झुंड में गा रहे थे। स्टेशन का माहौल बार से ज़्यादा रोमांचक था। दो भूरे बालों वाले लड़के मेरे पास आए और मुझ से प्राहा में कहीं जाने का पता पूछने लगे। मैंने बताया कि मैं तो ख़ुद गुमी मालूम पड़ती हूँ तो दोनों शैतान वाली हँसी हँसे और बोले, "पता है, हम तो यूँ ही बात करने आ गए।" दोनों फुल टुन्न पिए लगते थे। फिर मुझसे पूछा कि मैं कहाँ से हूँ और यहाँ क्या कर रही हूँ। मैंने बताया कि इंडिया से हूँ और घूमने निकली हूँ। जाने क्या बात है लेकिन, लड़की इंडिया से है—सुनकर लोग थोड़ा सतर्क हो जाते हैं और हमें 'कंज़र्वेटिव' समाज का समझकर थोड़ा पीछे हो जाते हैं। दोनों ने एक साथ पूछा कि क्या मेरी शादी हो गई है? मैंने 'हाँ' कहा तो और भी सावधान हो गए। फिर पूछा कि ऑस्ट्रिया जाने का इरादा है क्या? मैंने बताया, हाँ, शायद वियना जाऊँगी। दोनों एक साथ चिल्लाए और बोले कि हर कोई वियना क्यों जाता है ऑस्ट्रिया में! मैंने बताया कि मेरा कोई फिक्स्ड प्लान नहीं है, और मैं ऑस्ट्रिया में वियना के अलावा और किसी शहर को नहीं जानती हूँ। मैंने उनसे ही पूछ लिया कि वो क्या सलाह देते हैं? वे दोनों वेस्ट ऑस्ट्रिया के थे। बोले कि मुझे इंसब्रुक जाना चाहिए। वह वियना के भीड़-भड़क्के से कहीं ज़्यादा शांत और सुंदर है। मैंने कहा कि ठीक है, तो इंसब्रुक चली जाऊँगी। इस तरह दो तमीज़दार शराबियों ने मेरी डायरेक्शन विएना की बजाय इंसब्रुक की तरफ़ मोड़ दी।

मेट्रो पकड़कर जहाँ आना था, वहाँ तो आ गई; लेकिन यहाँ से घर अभी बस से बीस मिनट दूर था। और बस बंद हो चुकी थी! यह वाली मेट्रो भी आख़िरी थी। मैं क्या सोचकर यहाँ आ गई थी? मुझे कुछ समझ नहीं आ रहा था और रह-रहकर ख़ुद पर ग़ुस्सा भी आ रहा था। इतना भी कैसे बेफ़िक्र हो गई कि रात के एक बजे, बिना डायरेक्शन, बिना फ़ोन, बिना मैप के नए शहर में पहले ही रोज़ गुम गई! इस मैप को भी आज ही छूटना था घर से निकलते वक़्त, जो मेरी कभी आदत नहीं रही! ख़ैर, बस स्टॉप पर खड़ी हो गई। दो लड़कियाँ और भी थीं तो हिम्मत बँधी। एक लड़की को एड्रेस दिखाया और पूछा कि बस आएगी क्या? उसने बताया कि एक ही आएगी अब और वह शायद इस पते पर नहीं जाएगी। मुझे लगा कि बस तो है, कहीं तो जाएगी; आसपास भी गई तो वहाँ से पैदल चली जाऊँगी। मुझे सच में पता नहीं था कि मैं सोच क्या रही थी। मेरे लिए यह बहुत नया था, यूँ बिना सोचे-समझे कुछ करना। मैं एक चैस-प्लेयर हूँ और अपने बिना जाने ज़्यादा सोचने से परेशान भी रहती हूँ। मुझे किसी भी सिचुएशन के चार क़दम आगे की सिचुएशन बिना कोशिश के पता होती है। मैं बेपरवाह होकर भी बेपरवाह नहीं हो पाती हूँ। आज शायद बीस साल में पहली बार ऐसा था कि मैं बिना सोचे हुए बस चले जा रही थी, और कहाँ-की-कहाँ पहुँच गई थी। मुझे चिढ़ भी हो रही थी और हँसी भी आ रही थी अपनी हालत पर।

बस आई और मैंने ड्राइवर को अपना पता दिखाया। इन जनाब को अंग्रेज़ी नहीं आती थी। जाने क्यों मुझे लगा कि इसके पास तो बस है, यह मुझे मेरे पते पर छोड़ देगा तो क्या बिगड़ जाएगा। लेकिन इन जनाब को तो पता ही न समझ में आए! अब क्या करूँ? कहीं दूसरी डायरेक्शन में तो नहीं जा रही? एक बार के लिए तो लगा कि बस मैं बैठी उस लड़की को अपनी सिचुएशन बताऊँ, शायद दया करके वह मुझे अपने घर ले जाए। शायद पूछ लेना चाहिए था। लेकिन जाने क्या सोचकर या बिना सोचे अगले स्टॉप पर उतर गई।

रात गहरा रही थी और इस स्टॉप पर एक परिंदा भी न था। अब मैं हर चीज़ से बिलकुल अनजान थी। अब मुझे यह भी पता नहीं था कि

मैं कहाँ हूँ और बस जाने के बाद तो लगा कि आख़िरी कनेक्शन भी छूट गया। एक के बाद एक बिना सोची हुई चालें चली जा रही थीं। यहाँ अकेले खड़े मुझे डर लगना चाहिए था, लेकिन जाने क्यों लग नहीं रहा था! डर तो दूर-दूर तक न था वहाँ; बस, यह जानना चाहती थी कि आगे क्या होगा? मैं जैसे किसी कहानी का कोई पात्र थी और उसकी रीडर भी। मुझे आगे भी जाना था और जानने की उत्सुकता भी थी कि कैसे जाऊँगी? कहाँ जाऊँगी? जाऊँगी भी कि नहीं? तभी दूर से दो आकृतियाँ चलती नज़र आईं। अच्छा लगा कि कोई तो आइडिया लगेगा इनसे, कुछ उम्मीद बँधी। वे डगमगाते आ रहे थे, और बीच-बीच में चिल्ला रहे थे। पास आने पर एक आकृति औरत निकली और एक मर्द। दोनों पिए हुए थे। मर्द ने शायद ज़्यादा पी थी, औरत सँभाल रही थी। बीच-बीच में उसी पर चिल्लाती थी और फिर सँभालती थी। पास आने पर आदमी रोता जान पड़ता है। फिर वे दोनों एक-दूसरे को चूमने लगते हैं। बीच-बीच में फिर झड़प करते हैं और फिर लाड़ करते हैं। इनसे भी कुछ पूछने का फ़ायदा नहीं दिखता! बस ये यहाँ हैं तो एक तसल्ली-सी है।

रोड पर इक्की-दुक्की गाड़ी आती-जाती है, लेकिन धीरे-धीरे कम होती दिखती हैं। सोचती हूँ, किसी को रोककर छोड़ने का रिक्वेस्ट करूँ, कोई-ना-कोई तो मान ही जाएगा। हर दूर से आती गाड़ी को मैं बड़ी आशा के साथ देखती हूँ कि इससे पूछूँगी। लेकिन पास आने पर वह तेज़ी से गुज़र जाती है। शायद दूर से हाथ हिलाना पड़ेगा। अबकी बार जो भी गाड़ी आएगी, उससे पक्का पूछूँगी। तो मैं तैयार खड़ी हो जाती हूँ। मैं निगाह जमाकर दूर से आती गाड़ियों की रौशनी को देखती हूँ, लेकिन ये दोनों तो ट्रक निकले। अब ट्रक में तो कोई ड्रॉप नहीं करेगा न! मैं लगातार आती हुई गाड़ियों की रौशनी को घूर रही हूँ कि एक गाड़ी पास आकर रुक जाती है। यह टैक्सी थी! ले लेनी चाहिए कि नहीं? शायद, हाँ। लेकिन मैंने नहीं ली। पूछेंगे—क्यों? पता नहीं क्यों, कोई भी काम सोचकर थोड़े ही कर रही थी आज। टैक्सी देखकर पहली इंस्टिंक्ट मना करने की आई तो मना कर दिया। लेकिन अब? मैं फिर से गाड़ियाँ घूरने लगी।

दस-पंद्रह मिनट और बीत गए। जाने वे दोनों इसी बीच कहाँ चले गए? अभी तो यहीं थे! अभी तक तो लगता था कि जैसे ये कहीं जाएँगे तो मैं भी चली ही जाऊँगी, लेकिन अब तो आख़िरी तिनका भी छूट गया! अबकी बार कोई भी टैक्सी आई तो पक्का ले लूँगी। गाड़ियाँ रुकती न थीं और ट्रक मुझे रोकने नहीं

थे। अब थकान भी हो चली थी और मैं वहीं सोने का मन बनाने लगी थी। तभी एक और टैक्सी सामने आकर रुकती है। मैं पहला सवाल करती हूँ, ''मीटर से चलोगे?'' और जवाब 'हाँ' में पाकर अपना पता बताकर बैठ जाती हूँ। जाने यह निश्चिंत होने का कैसा तो अहसास था!

रास्ते में मैं ड्राइवर से पूछती हूँ कि प्राहा कितना सेफ़ या अनसेफ़ है? ड्राइवर जो कि काफ़ी अच्छी अंग्रेज़ी जानता था, बताता है कि कुछ-कुछ इलाक़ों में रात में ज़्यादा कैश लेकर नहीं निकलना चाहिए। वह कहता है कि बाहर के लोगों के आने की वजह से चोरी की घटनाएँ बढ़ी हैं। मैंने पूछा कि लड़कियों के लिए कितना सेफ़ है, तो शायद उसको मेरा सवाल समझ में ही नहीं आया या जाने क्या, वह फिर वही कहता है कि क़ीमती सामान लेकर अकेले नहीं जाना चाहिए। शायद उसको लगा कि मैं उसको नहीं समझी हूँ, तो मैंने साफ़ शब्दों में पूछा कि अकेली लड़की के लिए यह शहर कितना सेफ़ है, छेड़खानी कितनी कॉमन है यहाँ? वह गर्व से मिली-जुली आवाज़ में बोला, "Prague is very safe. I have not heard of anything in my forty years of life!"

इस वक़्त घर में चहल-पहल थी। जो लोग पार्टियों से वापस आ गए थे, रसोई में बैठकर बतिया रहे थे। एक दूसरे से पहचान बना रहे थे। टॉड भी सबके साथ बैठा हुआ था। इस टाइम मेरा किसी से भी बात करने का जी नहीं था। मुझे परसों ब्रातिस्लावा जाना था, और न जाने का इंतज़ाम हुआ था और न ही रहने का, मुझे उसकी चिंता थी। मुझे टॉड का लैपटॉप ख़ाली दिखा तो मैंने उससे पूछा कि थोड़ी देर इस्तेमाल कर लूँ क्या? "Go for it," टॉड ने कहा तो मैंने फ़टाफ़ट दस-पंद्रह होस्ट्स ढूँढ़कर उन्हें रिक्वेस्ट भेज दी। लगे हाथ बुडापेस्ट, वियना, बर्न और इंसब्रुक में भी लोगों को लिख दिया। सबको एक ही मैसेज कॉपी-पेस्ट करके भेज दिया— "Hello, my name is Anu. I am travelling alone for the first time in Europe. If you could host me, I can make amazing Indian food for you and your family! I don't need a big place, a corner for my sleeping bag would be sufficient. A day or two would be great! Thank you!"

पहले भेजे रिक्वेस्ट का तो कोई जवाब आया न था, अब इतनी सारी फिर लिखी और यह सोचते-सोचते सो गई कि कल तक ज़रूर कुछ इंतज़ाम हो जाएगा।

***

सुबह उठी तो लगा कि किसी गाँव की शादी के घर में हूँ। अगल-बगल में सब बिस्तर डालकर पड़े थे। रात में सोई तो कोई भी नहीं था! ये सब कहाँ से और कब आ गए? सब के ऊपर से कूदते-फाँदते बाहर जाती हूँ तो रसोई में टॉड कंप्यूटर पर काम करता मिलता है। नाश्ता टेबल पर लगा हुआ है। ताज़ी ब्रेड, तरह-तरह की जैम, बटर, चीज़ और केले। यह सब कहाँ से आया? घर है कि जादू? कहाँ से ये सब सामान आ जाता है? टॉड ने बताया कि वह रोज़ सुबह सबके लिए ब्रेड बेक करता है और लोग कुछ-कुछ ले आते हैं और ख़ुदा के करम से सबको नाश्ता मिल जाता है। कौन लोग? मैं तो कुछ भी नहीं लाई। तो टॉड हँसता है और कहता है कि उसे भी नहीं पता कि कौन क्या लाया है, लेकिन अब तो सब यहाँ हैं तो तुम खाओ! अब तो जानना पड़ेगा, कौन हैं आप, जनाब?

वह एक डॉक्टर है जिसने उड़ीसा, कोलकाता के गाँवों से लेकर अफ्रीका के जंगलों और अफ़ग़ानिस्तान के बीहड़ों में काम किया है। टॉड 'डॉक्टर्स विदआउट बॉर्डर्स' (www.doctorswithoutborders.org) के साथ काम करता है और दुनिया के सभी कोनों में ज़रूरत पड़ने पर जाता है। ऐसे भी डॉक्टर होते हैं? वह अभी तीन महीने की छुट्टी पर है और इस घर को किराए पर लेकर उसने इसे कम्यून बना दिया है। वह ऐसा क्यों करता है? मेरे मन में भी पहला सवाल

यही था। लेकिन हम कुछ भी कभी क्यों करते हैं? मैं यों अकेले क्यों घूम रही हूँ? आप क्यों नहीं घूम रहे हैं? मैं वह करती हूँ जिसे करने में मुझे ख़ुशी मिलती है। आप भी शायद वही करते हैं। टॉड को रोज़ नये-नये लोगों से मिलने, उनके बारे में जानने, उनकी कहानियाँ सुनने, और जो पैसे की वजह से नहीं घूम पाते उनकी मदद करने में ख़ुशी मिलती है—इसलिए वह ऐसा करता है। वह रात में जाने कब सोता है? मेहमान रात में अलग-अलग समय पर घर में आते हैं। सबके लिए दरवाज़ा वही खोलता है। हलकी खटपट की आवाज़ पर भी जग जाता है। जो रात 2 बजे के लगभग तक मेरे देखे अपने मेहमानों से बातचीत कर रहा था वही सुबह 7 बजे से पहले उनके नाश्ते की तैयारी में लग चुका था! कोई भी मेहमान उसके घर 2 रोज़ ही रुक सकता है, बशर्ते कि उसके सामने कोई बहुत ज़रूरी वजह न आ जाए और रुकने की। टॉड रोज़ नाश्ते के बाद अपने काम पर निकल जाता है। न काम से समझौता है, न कम्यून चलाने में कोई ढिलाई! जब हम कुछ सार्थक काम कर रहे होते हैं, तब हममें ऐसी ही ऊर्जा लबालब भरी रहती है शायद, जो न थकने देती है न निराश होने देती है! टॉड और उसका यह घर मानो लोगों की अंदरूनी अच्छाई को बाहर लेकर आते हैं, तभी यहाँ कभी किसी चीज़ की कमी नहीं दिखती!

मैं चाय बनाने को रखती हूँ तभी टॉड के फ़ोन पर मिस्ड काल आती है; शायद नए गेस्ट आए हैं। टॉड के साथ बिखरे बालों वाले, थके हाल, तीन लड़के रसोई में दाख़िल होते हैं। हाय-हेलो होती है और मैं सबसे चाय पूछती हूँ। जवाब मिलता है, "Yes, of course, anything would do right now!" वो आगे बताते हैं कि उन्हें कल रात ही आ जाना था, लेकिन हिच हाईक करते आ रहे हैं तो कोई एक सीधी गाड़ी नहीं मिली और वे दो सौ किलोमीटर के डिस्टेंस में पाँच गाड़ियाँ बदल-बदलकर आए हैं। हम सब बैठकर चाय और ब्रेड खाते हैं। धीरे-धीरे लोग अंदर से उठ-उठकर आते हैं। सब एक-दूसरे से पहली बार मिल रहे हैं, एक-दूसरे को अपने-अपने हिसाब से अपनी-अपनी पहचान बताते हैं।

ये चार सहेलियाँ हैं। हैं तो जर्मनी की, लेकिन अलग-अलग शहरों में रहती हैं तो

बरसों से नहीं मिली थीं। अब एक साथ घूमने निकली हैं कुछ दिन। ये आपस में जर्मन में बात करती हैं और एक दूसरे के फ़ोटो खींचकर प्यार उड़ेलती हैं। मुझे भी घूमना है अपनी सहेलियों के साथ, ख़ूब तेज़ याद आती है अपनी सहेलियों की मुझे। एक दिन हम भी जाएँगी यों अकेले घूमने। ये दो चीनी लड़कियाँ हैं जो गुब्बारे फुला रही हैं, सिर्फ़ फुला नहीं रहीं, फुलाकर उन्हें तोड़-मोड़कर अलग-अलग शेप के खिलौने बना रही हैं। ये पूरी दुनिया इन्हीं गुब्बारों के दम पर घूमने निकली हैं। दोनों जनी गुब्बारों के खिलौने बनाती और बेचती हैं, चीनी भाषा में गाना गाती हैं और बेंजो बजाती हैं। ऐसा शहर की सड़कों पर करके, पैसे जुटाकर ये पूरा यूरोप घूमी हैं। प्राहा इनका आख़िरी शहर है। अब वापस चीन जाकर नौकरी ढूँढ़ेंगी, इससे थोड़ी उदास हैं। यह सब कहते-कहते उन्होंने एक नीला कुत्ता, एक पीला गिटार, एक हरी गुड़िया और एक लाल कुर्सी बनाकर सामने टेबल पर सजा दिए।

मैं सोच रही थी, क्या कमाल के न्यारे-न्यारे लोग हैं! क्या-क्या कमाल के काम करते हैं ये और अपने-अपने हिसाब से ज़िंदगी जीते हैं। मैं फिर अपनी तरफ़ देखती हूँ। दिल्ली में पढ़ती थी तो मुझे लगता था कि सब लोग पहले पढ़ाई करते हैं, फिर नौकरी ढूँढ़ते हैं, फिर शादी करके घर बसाते हैं, फिर पैसे जोड़कर घर ख़रीदते हैं, फिर नए-नए सोफ़े, परदे और गाड़ी लेते हैं, फिर बच्चे पैदा करते हैं और यों लाइफ़ मज़े में कटती है। और मैं बिलकुल तैयार थी यह सब करने को, अगर रमोना ने मेरे मुँह आज़ादी का स्वाद नहीं लगाया होता!

चलो, अब शहर चला जाए।

***

मैं टॉड के घर से ट्राम स्टेशन की तरफ़ जाती हूँ। रास्ते में पीले रंगों के घर हैं और लाल रंग की छतें, छोटी-छोटी पंसारी की दुकानें और बड़ी मुश्किल से इक्का-दुक्का इंसान दिखाई पड़ते हैं। प्राहा में टूरिस्टी जगहों पर ख़ूब भीड़-भड़क्का रहता है और टूरिस्ट को लुभाने के लिए घोड़ागाड़ी से लेकर स्ट्रिप क्लब तक सब हैं। जगह-जगह भिखारी भी दिखते हैं, जो अपना मुँह नीचे किए अज़ान की मुद्रा में टोपी सामने किए होते हैं। यूरोप की गिरती इकॉनोमी से प्राहा अछूता नहीं है। ऐसे में टूरिज़्म लोगों की रोज़ी-रोटी का बड़ा साधन बनता जा रहा है। हर साल पिछले साल के मुक़ाबले ज़्यादा लड़कियाँ स्ट्रिप क्लब और डांस बार में

नौकरियाँ करने आती हैं। बहुत-सी सेक्स ट्रेड के लिए एम्स्टर्डम जाती हैं। ईस्ट यूरोप की लड़कियाँ शरीर के बाज़ार में सबसे ज़्यादा हैं। बाक़ी का शहर उतना ही शांत है। हलके-हलके रंगों की इमारतें हैं। सड़क से चौड़ी फुटपाथ है और सड़क के दोनों तरफ़ गाड़ियाँ पार्क की हुई हैं। बीच-बीच में ट्राम साँप के जैसे इधर-उधर सरकती हैं। शायद शनिवार होने की वजह से सब कुछ ज़्यादा ही शांत है।

ट्राम-ट्रैक के साथ-साथ वल्तावा के किनारे चलो तो सिटी सेंटर आ जाएगा, शायद। सो मैं ट्राम-ट्रैक के साथ-साथ चलने लगती हूँ। यों तो वल्तावा साथ में है, लेकिन किनारे पर इतने सारे पेड़ और झाड़ हैं कि नदी बस बीच-बीच में ही दिखती है। यहाँ सेब के पेड़ भी हैं और सेब नीचे बिखरे पड़े हैं, बेरों जैसे! मैं कुछ चुनकर चखती हूँ। मीठे खाती हूँ, खट्टे नदी में फेंक देती हूँ और कुछ बढ़िया दिखने वाले अपने झोले में रख लेती हूँ। सुहावनी धूप निकली है, हलकी-हलकी हवा चल रही है। मैं अपनी लंबी-नीली स्कर्ट घुमा-घुमाकर चलती हूँ और गुनगुनाती हूँ—सुहाना सफ़र और ये मौसम हसीं... लला-ला लला-ला लला-ला... लला... यह कैसी ख़ुशी है, बिना कारण की! लला-ला लला-ला लला-ला लला... रास्ते में पानी के खेलों के रिसोर्ट हैं। पोस्टर से पता चलता है कि यहाँ नौका शायद किराए पर मिलती है। नौका में तो अकेले नहीं जाऊँगी। पानी और हवा में कोई साथ हो तो अच्छा लगता है। ज़मीन पर अकेले मन लगने लगा है...लला-ला लला-ला लला-ला लला...

आगे जाकर कुछ सीढ़ियाँ वल्तावा की तरफ़ नीचे उतरती दिखती हैं। नीचे से जाऊँ या ऊपर-ऊपर चलूँ? तभी नीचे से जैज़ संगीत जैसी कुछ आवाज़ आती है। इस सुबह कौन जनाब संगीतमय हुए जाते हैं? नीचे उतरकर देखती हूँ, एक

सुंदर बालिका बड़ी-सी ट्रम्पेट बजा रही है। उसके साथी भी अलग-अलग इंस्ट्रूमेंट बजा रहे हैं। यहाँ तो सैकड़ों लोगों का जमावड़ा है! मेला लगा है कि संगीत समारोह है? नदी पर बने पेवमेंट के दोनों तरफ़ स्टॉल लगे हैं। कहीं ताजे-ताजे पैनकेक बन रहे हैं तो हवा में मीठी-मीठी ख़ुशबू है, कहीं बड़ी-बड़ी परातों में मीट का सालन है, कहीं चाय-कॉफ़ी की टपरी है तो कहीं ब्रेड और चीज़ का स्टॉल, कहीं ताज़ा फलों और सब्ज़ियों के स्टॉल तो कहीं ताज़ा मछलियों के, कहीं केक और पेस्ट्री तो कहीं आइसक्रीम! लोग मोलभाव नहीं कर रहे हैं, सब अपनी-अपनी पसंद के स्टॉल की क़तार में खड़े हैं, लोग सब्ज़ियाँ लेने अपने-अपने झोले लेकर आए हैं। यों तो मैं नाश्ता करके निकली थी, लेकिन ख़ुशबू ऐसी मनमोहक थी कि मैंने ख़ुद को एक परांत वाली क़तार में खड़े पाया। जाने पोर्क था कि बीफ, मैंने पूछने की कोशिश भी नहीं की। जो भी था, आलू और प्याज़ में भुना था और स्वादिष्ट था।

हर शनिवार को लगने वाला यह किसान मार्केट है। यहाँ लोग अपना-अपना सामान, अपना-अपना हुनर सीधे कंज्यूमर को बेचते हैं। मैं सोचती हूँ, रोहतक में ऐसा कुछ किया जाए तो! देसी गीत हों, रागनियाँ हों, बाजरे की रोटी-साग, मिस्सी रोटी-कढ़ी, खीर-हलवा, लस्सी-जलेबी, चाय-मठरी की स्टाल्स हों—तो क्या आप नहीं आएँगे? लेकिन हरियाणा में कोई भी गाने-

बजाने, खाने–पीने का कार्यक्रम बिना हुड़दंग के मुमकिन है क्या? कुछ तो कोशिश करनी पड़ेगी; वापस जाकर एक बार ज़रूर कुछ ऐसा करने की कोशिश करूँगी। सोचती तो कितना कुछ हूँ, सब थोड़े ही कर पाती हूँ! लेकिन सोचने पर कंट्रोल थोड़े है?

शहर में आगे बढ़ती हूँ। वल्तावा के दूसरी तरफ़, जिसे पुराना प्राहा कहते हैं। मुझे तो कुछ ख़ास अंतर नहीं दिखता है! यहाँ एक पहाड़ी है जिसके ऊपर से कहते हैं, पूरा प्राहा दिखता है। चढ़ना तो है, लेकिन थोड़ा आराम करके। ग़लती से, बर्लिन से लिये नए जूते पहने हैं तो चढ़ने से पहले ही पैर घबराने लगे हैं। लेकिन चढ़ना तो है! मैं पैरों को समझाती हूँ। मौसम भी थोड़ा बारिश वाला जान पड़ता है, और सुसु भी करना है तो किसी कैफ़े की शरण में जाना चाहिए। टूरिस्टी प्राहा में तो ख़ूब सारे कैफ़े हैं, लेकिन यहाँ बार और रेस्त्रां ज़्यादा दिखते हैं। चार्ल्स ब्रिज की तरफ़ चलना शुरू करती हूँ। यहाँ पश्चिमी यूरोप की तरह जगह–जगह पर बरिस्ता या स्टारबक्स जैसी अमरीकी दुकानों का कब्ज़ा नहीं है। मैकडोनल्ड और केएफसी भी हर तरफ़ नहीं दिखते हैं। ज़्यादातर दुकानें स्थानीय लोगों ने ही खोली हैं और परिवार द्वारा ही चलाई जाती दिखती हैं। जिस कैफ़े में मैं बैठी, उसका मालिक भी अपने छोटे पप्पी के साथ बग़ल वाली टेबल पर बैठा था। वह बीच–बीच में बेयरों से बात करता है और सबकी टेबल को ध्यान से देखता है कि कहीं कुछ कमी तो नहीं रह गई है। एक चीज़ ग़ौर करने वाली है, यहाँ के कुत्ते बहुत ही छोटे हैं। कुछ महिलाएँ इन्हें अपने पर्स में लेकर चलती हैं और ट्रेन या बसों में गोदी में रख लेती हैं। ये कुत्ते बेहद शांत भी हैं, चाबी से चलने वाले खिलौनों जैसे! मैं उसे पुचकारती हूँ तो मालिक शायद चेक भाषा में कहता है कि मैं उसे अपनी टेबल पर ले जाऊँ। यही कहता होगा, नहीं तो मेरे ले आने पर यों मुस्कुराता नहीं। और इन पप्पी जनाब को तो जैसे फरक ही नहीं पड़ा! मैं उसे अपनी कॉफ़ी का झाग देती हूँ तो वह मज़े से चाटता है। मैं उसे ज़ोर से भींच लेती हूँ तो वह मेरे मुँह को अपनी झाग वाली जीभ से दुलारता है। यों अकेले घूमने में कुछ आत्मीय क्षण कितने गहरे लगते हैं, और बहुत ज़रूरी भी हैं शायद! ज़रूरी नहीं कि इंसानों के साथ ही हो, कभी कुत्तों, कभी बतखों, कभी कबूतरों, कभी फूलों और कभी पेड़ों के साथ बतिया कर, गले

लगकर, मुस्कुराकर यात्रा सरल और सहज लगने लगती है। नहीं तो कभी–कभी बहुत रूखा हो जाता है समय!

यहाँ से पहाड़ी की चढ़ाई लगभग एक घंटे की है, जाने को ऊपर ट्राली–ट्रेन भी जाती है, लेकिन टिकट काफ़ी महँगी है और उसके लिए लाइन भी बहुत लंबी है। जहाँ पैसे बच सकते हैं, वहाँ मैं बचाती हूँ! सो चढ़ना ही शुरू करती हूँ। हलकी–हलकी बूँदा–बाँदी शुरू हो चुकी है और हमेशा की तरह मेरे पास छतरी नहीं है। ऊपर बढ़ती हूँ, रास्ता आसान नहीं दिखता। ज़्यादातर लोग लाइन में ही खड़े हैं। पहाड़ी बहुत बड़ी है; और भी कई तरफ़ जाती है तो ज़रूरी नहीं कि सभी ऊपर चढ़ने वाले वहीं जा रहे हों जहाँ मुझे जाना है। तभी एक लाल बालों वाला लड़का मैप पकड़े पीछे–से कुछ पूछता है, "सॉरी, माय इंग्लिश बेड। यू नो अप डायरेक्शन," वह मुझे मैप दिखाते हुए पूछता है। चलो, गुमे हुए एक से दो भले। लड़का फ्रेंच है और अंग्रेज़ी में हाथ–पैर सब तंग हैं। वैसे भी मुझे चढ़ाई करते वक़्त बात करने में दिलचस्पी नहीं है, लेकिन ये जनाब फिर भी अपनी टूटी–फूटी भाषा में काफ़ी कुछ कहते चलते हैं। आधे रास्ते चढ़कर मुझे लगता है कि कैसे इनको 'नमस्ते' बोला जाए। अकेले घूमने की आदत बड़ी ख़तरनाक है। आप कहीं भी रुक कर, आँख मूँदकर लेट जाना चाहते हैं। अपनी डायरी में एक–आध लाइन लिख लेना चाहते हैं। बस यों ही बैठकर कुछ सोच–सहेज लेना चाहते हैं। लेकिन इसके साथ तो कुछ भी नहीं कर पा रही थी! अगर मन भी नहीं था यों अकेले बैठने का तो भी अकेले न बैठ पाने को लेकर मन परेशान–सा था।

स्टीव नाम था जनाब का, तीस–बत्तीस से ज़्यादा उम्र नहीं होगी। स्टीव बताते हैं कि वह एक ट्रक ड्राइवर हैं और यूँ ही छुट्टी मिलने पर यूरोपीय देशों की सभी राजधानियाँ घूम लेते हैं। कैसे–कैसे भ्रम टूटते हैं न घूमते हुए! इतना क्यूट, लाल बालों वाला ट्रक ड्राइवर, जिसे बस यूँ ही अकेले घूमना पसंद है! मुझे तो लगता ही नहीं था कि फ्रेंच लोग भी ट्रक ड्राइवर होते होंगे। लगता था, सब आर्टिस्ट होते होंगे। ख़ैर, ये जनाब यों बड़े नेकदिल जान पड़े तो मैंने भी ज़्यादा रूड ना होते हुए उन्हें 'नमस्ते' नहीं बोला।

पहाड़ी के ऊपर पहुँचकर एक टावर है; जहाँ अंदर सीढ़ियाँ लगी हैं और सीढ़ी चढ़ने की टिकट भी है। अब इतनी दूर आई थी तो यहाँ की टिकट नहीं लेने का ऑप्शन नहीं था। ऊपर पहुँचकर आपको पता चलता है कि इस शहर

को यूँ ही दुनिया का सबसे सुंदर शहर नहीं कहते। सब घरों की लाल छतें और बीच में नीली वल्तावा, जैसे किसी चित्रकार ने बनाया हो यह शहर! सब लोग धड़ाधड़ फ़ोटो खींचे जा रहे थे। मैं भी अपने कैमरे की आधी मेमोरी में यह शहर भर लेती हूँ। वापस तो आना होगा यहाँ, दो दिन और तीन रातों से तो ज़्यादा ही लिखे होंगे इस शहर के नाम!

अब नीचे उतरने का काम तो आसान था, मुश्किल था केवल स्टीव जनाब को 'नमस्ते' बोलना। जब मैंने कहा कि मुझे कुछ सोविनियर ख़रीदने हैं और वह फ़ालतू में बोर हो जाएगा तो जनाब कहते हैं, "कोई नहीं, बाहर वेट कर लूँगा"। मुझे लगा, उसका कोई एजेंडा फिक्स नहीं है। हम्म्म... अब लगता है कि भाषा कितनी ज़रूरी है। वह तो मेरे बोले अंग्रेज़ी के सिर्फ़ शब्द सुन रहा है, भावनाएँ थोड़े ही समझ रहा है! शायद वह भी रूड ना होने के चक्कर में मेरे साथ है? कहीं शायद मैं ही तो नहीं चिपक गई हूँ इसके साथ? ख़ैर, जो भी है, इस चिपका-चिपकी का नतीजा यह हुआ कि स्टीव जनाब शाम तक मुझे कंपनी देते रहे। खाएँ तो साथ, कॉफ़ी पिएँ तो साथ, दुकान भी जाएँ तो साथ। जब मैंने पूछा कि कहीं वह मेरी वजह से अपना प्लान तो नहीं चौपट कर रहे हैं? बोले, "नहीं-नहीं, आप मेरी चिंता ना करें!" लेकिन मेरी चिंता कौन करेगा, मैं मन-ही-मन सोचती हूँ! मुझे कहीं जाना भी था तो जनाब के साथ जाने का मन नहीं हुआ। और जाती तो इनका साथ चलना तो स्वाभाविक था ही। आख़िरकार, मैं कहती हूँ कि मैं तो यहाँ चौक पर बैठकर इस गिटार वाले को सुनूँगी देर तक, आप जाएँ शहर घूम लें। लेकिन जनाब स्टीव कहते हैं कि उन्हें मुझे कंपनी देने में कोई आपत्ति नहीं है। चलो, अगर ख़ुदा को यही मंजूर है तो यही सही! मैंने एक बार भीड़ में गुम होने की कोशिश भी की, लेकिन स्टीव इतने नेकदिल थे कि मुझे गुमने नहीं दिया।

"अच्छा जनाब, अब मैं घर जाती हूँ," आख़िरकार मैंने कहा; और जवाब की चिंता किए बिना फटाफट घर की तरफ़ क़दम बढ़ाने लगी।

८

ब्रातिस्लावा : तुम मेरे साथ सो सकती हो

प्राहा से ब्रातिस्लावा जाने का कोई साधन नहीं मिला। सोमवार का दिन था, शायद इसलिए। आख़िर में मैंने ट्रेन की टिकट कराई। रहने का भी ठिकाना लास्ट मिनट में ही तय हुआ। लगभग तीस लोगों को मैंने रिक्वेस्ट भेजे थे। जो जवाब आए, उनमें से ज़्यादातर लोग या तो ख़ुद घूमने निकले हुए थे या पहले से और लोगों को होस्ट कर रहे थे। एक होस्ट ने बताया कि उसके घर में और लोग शायद आने वाले हैं, लेकिन उन्होंने अभी पक्का नहीं किया है; इसलिए मैं आ सकती हूँ। अब तक लोगों के घरों में रहने का ऐसा चस्का लग गया था कि हॉस्टल या होटल में रहने के नाम से ही बेरुख़ी हो चुकी थी। जिस शहर में होस्ट न मिले, जाना ही नहीं वहाँ—मन ऐसा हो गया था। अजनबी शहरों में घर का मिलना, चाय बना पाना, स्थानीय जानकारी मिल पाना, शहर के बारे में बात कर पाना—यह कोई आसानी से छूटने वाली लत नहीं थी! अब तो नए शहर के साथ नए घर का भी उतना ही आकर्षण था।

दोपहर साढ़े तीन बजे की ट्रेन प्राहा से ब्रातिस्लावा रात आठ बजे पहुँचाती थी। मेरी टिकट पर सीट नंबर नहीं लिखा था। स्टेशन पर पहुँचकर पता चला कि सीट नंबर मिलने के लिए टिकट बुक कराते वक़्त थोड़े ज़्यादा पैसे देकर सीट नंबर लेना होता है। अब तो ले लिया था टिकट, सो मुझे थोड़ी घबराहट

थी कि जाने सीट मिलेगी कि नहीं। कोई कुली भी नहीं था, जिसको पैसे देकर सीट रुकवाई जा सके। वैसे एक बात है, यूरोप में कहीं भी रेलवे स्टेशनों पर कुली नहीं थे। लोगों के पास ज़्यादा सामान भी नहीं दिखता था। और यों भी इंसान को आत्मनिर्भर बनाती सुविधाएँ बहुत हैं यहाँ। हर जगह लिफ़्ट और बिजली से चलने वाली सीढ़ियाँ हैं, और तो और अपाहिजों के लिए भी सब इंतज़ाम रहते हैं। इन सुविधाओं के ज़रिये एक व्हीलचेयर पर बैठा इंसान भी उतना ही आत्मनिर्भर महसूस करता है, जितना कि दो पैरों पर खड़ा इंसान। एक इंसान को दूसरे इंसान की इतनी ज़रूरत नहीं है यहाँ, ख़ासकर जब मानवीय श्रम की बात आती है। जाने ठीक है या ग़लत, लेकिन जो है सो है।

हलकी-फुलकी भीड़ थी स्टेशन पर। मैं लाइन में सबसे आगे खड़ी हो गई, ट्रेन के आते ही सीट रोकने को तैयार। ख़ैर, ट्रेन आई और एकदम ख़ाली आई। मैंने आराम से खिड़की वाली सीट मलोक ली। मेरे सामने वाली सीट पर एक लड़की और लड़का बैठे थे, शायद बॉयफ्रेंड-गर्लफ्रेंड थे। मेरी बगल वाली सीट पर उन्हीं का एक दोस्त बैठा था। ऑइल की दूसरी तरफ़ अधेड़ उम्र की चार औरतों का एक झुंड बैठा था। जाने क्यों, सब-के-सब कुछ इस तरह थे कि मुझे कुछ-ना-कुछ सोचने और डायरी में पेन चलाने को मजबूर कर रहे थे!

सामने बैठा लड़का काफ़ी शांत था और लड़की बार-बार उसका ध्यान अपनी ओर आकर्षित करने की कोशिश कर रही थी। लड़की को शायद मैं पसंद नहीं आ रही थी, शायद नया-नया रिश्ता था। मैंने उसकी तरफ़ मुस्कुराने की कोशिश की, लेकिन उसकी बेरुख़ी देखकर मेरी मुस्कराहट आने से पहले ही चली गई। लड़की लड़के को कुछ-न-कुछ खाने के लिए दे रही थी। उनका खाना देखकर मुझे भी भूख लग आई। लेकिन उनके पास इतना सारा खाना होते हुए भी मुझे न्योता नहीं मिला। मुझे अपनी भारतीय रेलगाड़ियों की पुरानी मेहमाननवाज़ी याद आई। उनका खाना देख-देखकर थोड़ी देर में मेरी भूख एकदम असहनीय हो गई तो मैंने ट्रेन का चक्कर लगाकर पैंट्री कार ढूँढ़ने के बारे में सोचा। थी तो ज़रूर कहीं कैंटीन, क्योंकि एक-दो लोगों को मैंने गरम कॉफ़ी लाते देखा था। मैंने ट्रेन में चलना शुरू किया, वह विएना से होते हुए जा रही थी। अब तक काफ़ी भीड़ हो गई थी। कई सारे लोग ट्रेन के फ़्लोर पर बैठे थे। हर डब्बे में एक साइकिल स्टैंड था, जहाँ आठ-दस साइकिलें अपने एक पहिए पर सीधी खड़ी थीं। आगे दो डब्बे फर्स्ट क्लास के थे शायद, वहाँ चार-चार सीटों के केबिन बने थे। केबिन

के बाहर भिड़ी हुई-सी गली थी, यहाँ लोग फ़्लोर पर बैठे हुए थे। मैं सबको 'एक्सक्यूज़ मी', 'एक्सक्यूज़ मी' कहते आगे बढ़ती गई। कैंटीन में ज़्यादा सामान नहीं था। याद नहीं, कितना महँगा-सस्ता था, लेकिन मैंने सिर्फ़ पानी की एक बोतल ली तो ज़रूर मुझे महँगा ही लगा होगा। मैं सोचती हूँ, जाने यहाँ की ट्रेनों में सामान बाहर से महँगा क्यों होता है? मैं भारतीय रेल को याद करने लगती हूँ, जो अपने स्टेशनों पर चाय, समोसे, पूड़ी और पेड़े—सबका स्वाद चखाती चलती है। हालाँकि सुना है, अब वहाँ से भी ये सब चीज़ें ग़ायब की जा रही हैं!

***

सामने बैठी उस बीस-बाईस साल की लड़की की बगल में बैठीं ये चालीस-पचास साल की उम्र वाली औरतें कहीं ज़्यादा रिलैक्स्ड और ख़ुश दिख रही थीं। उन्होंने बहुत नए ढंग के आकर्षक कपड़े पहने हुए थे। दो जनी अपनी किताबों में मशगूल थीं तो दो जनी आपस में बतिया रही थीं। बीच-बीच में ज़ोर-ज़ोर से हँसती भी थीं; जैसे तमाम फिक्रों को टा-टा बोल चुकी हों, या उनसे ऊपर उठ गई हों, या शायद जान गई हों कि ना हँसने से कोई फिक्र दूर नहीं हो जाएगी। फिर सामने वाली को यों परेशान देखकर लगा कि उम्र के सही पड़ाव पर हूँ मैं। और मन-ही-मन काफ़ी देर तक मुस्कुराती रही।

लोग कहते हैं कि बचपन के दिन सबसे ख़ास होते हैं, कोई टीन-एज को ख़ास बताता है तो कोई ट्वेंटीज़ को! मुझे तो यही वाली उम्र सबसे ख़ास लगती है, जिसमें मैं हूँ। तीस को टच करती, सहज-सी, छुपी-सी, आसान-सी उम्र। हार्मोन्स रह-रहकर उबाल नहीं मारते, नए-नए क्रश रात-रात-भर नहीं जगाते, ब्रेक-अप्स रात-रात-भर नहीं रुलाते। कहने को आप बोरिंग कह सकते हैं, लेकिन मुझे बहुत ख़ास लगती है यह उम्र। किताब पढ़ते हैं तो बस पढ़ते ही जाते हैं, बिना कोई मिस्ड कॉल या बैकग्राउंड में किसी की याद लिए। अपना पैसा थोड़ा कमा लिया है तो पूरी आज़ादी लगती हैं—घूमने की, पहनने की, बोलने की, फिरने की।

मेरा तो पूरा बचपन चैस पर ही निसार था। जब बच्चे पार्क में खेलते थे या छुट्टियों में मामा-नाना के घर जाते थे, मैं कमरे में बंद अगले टूर्नामेंट की तैयारी में जुटी होती थी। सात साल की उम्र में खेलना शुरू किया था, सत्रह बरस की उम्र तक हर रोज़, दिन-दिन भर खेला। दिन में चार से लेकर बारह-बारह घंटे

तक। कोचिंग अफ़ोर्ड नहीं कर सकते थे पापा, तो उसकी सारी कसर मेरे साथ बैठकर मेहनत करने में लगाते। हम पापा-बेटी चैस के ऊपर लिखी गई हर किताब पढ़ते, फिर शाम को पापा मुझे साइकिल पर बिठाकर बाज़ार ले जाते और शहर के अच्छे चैस खिलाड़ी ढूँढ़ते। उनसे मेरा मैच लगवाते और इस तरह हमने भिवानी शहर के सब खिलाड़ियों को ढूँढ़-ढूँढ़कर हराया। यों ही सीखा था मैंने चैस। मेरा बचपन मुझे सिर्फ़ मेहनत के लिए याद है। पापा कहते थे कि अगर दूसरे खिलाड़ियों से आगे निकलना है, जिनके पास कोचिंग की सब सुविधाएँ हैं, तो तुम्हें उनसे दुगनी मेहनत करनी पड़ेगी। दूसरे खिलाड़ी अगर पाँच घंटे मेहनत करते हैं तो तुम दस करोगी, तभी उनसे मुक़ाबला कर पाओगी। चैस छोड़ने के बाद तो मुझे कुछ मुश्किल लगा ही नहीं, जैसे मेरे नाम की सारी मुश्किलें गुज़र चुकी थीं।

***

ब्रातिस्लावा हलावना स्टानिका अब तक का सबसे आम दिखने वाला रेलवे स्टेशन था। अंदर से एकदम पुणे स्टेशन जैसा, ज़रूरत जितना ही साफ़ और साइज़ में उसका आधा। बाहर निकलने पर कॉफ़ी, कोल्ड ड्रिंक और खाने-पीने के छोटे-छोटे स्टाल जाने क्यों लोनावला की याद दिला रहे थे। ज्यों-ज्यों दुनिया घूमती हूँ, एक ख़्याल पक्का होता जाता है कि जैसे धरती पर कोई भी समय ग़लत नहीं है। हर घड़ी, कहीं-न-कहीं, सही समय बता रही है। ऐसे ही न कोई शहर ग़लत है, न कोई गली ग़लत है, न ही कोई इंसान ग़लत है; कहीं-न-कहीं सब एकदम फिट हैं। जैसे कोई बड़ी-सी 'लेगो' पहेली हो और हमारे सारे जीवन की मशक़्क़त उस बड़ी-सी पहेली में फिट होने की ही हो।

अब इस शहर को ही लीजिये, कुछ दिनों पहले तक मुझे इसके अस्तित्व का भी पता नहीं था; आज मैं यहाँ मौजूद हूँ। छः देशों—पोलैंड, यूक्रेन, रोमानिया,

हंगरी, ऑस्ट्रिया और चेक रिपब्लिक के बीच बसा यह देश—स्लोवाकिया—बस बाइस साल पहले तो जन्मा है। प्रथम विश्वयुद्ध से पहले स्लोवाकिया ऑस्ट्रो-हंगेरियन एम्पायर का ही एक हिस्सा था। युद्ध में जर्मनी और ऑस्ट्रो-हंगेरियन एम्पायर की बुरी हार हुई, और एम्पायर टूट गया। उसके बाद चेक और स्लोवाकिया एक हो गए और बन गया चेकस्लोवकिया। लेकिन दूसरे विश्वयुद्ध के दौरान चेकस्लोवाकिया हिटलर के दबाव में उसकी कठपुतली बना और नाज़ी राज अपना लिया। फिर हिटलर की हार के बाद 1948 से 1989 तक चेकस्लोवाकिया में कम्युनिस्ट शासन रहा। 1989 में वेलवेट या जेंटल रिवोल्यूशन शुरू हुआ और कम्युनिस्ट सरकार को गिरा 1990 में वहाँ पहला लोकतांत्रिक चुनाव हुआ। कम्युनिज़्म से जो प्रेम हमारे देश के कुछ पढ़े-लिखे तबक़े करते हैं, वह यहाँ नहीं दिखाई पड़ता। एक तरह की नफ़रत ज़रूर दिखाई पड़ती है। शायद डेमोक्रेसी की तरह ही कम्युनिज़्म के भी कई रूप होते होंगे!

बहरहाल, मैं अब स्लोवाकिया में खड़ी थी, उसकी ज़मीन पर; और उसकी गलियाँ नापने जा रही थी। यहाँ भी लोग थे—हँसते, रोते, परेशान होते, काम करते, ख़ुश—बिलकुल अपने ही जैसे। जिनको न कभी टीवी पर देखा, न किताबों में पढ़ा, लेकिन वे लोग थे तो, और रहेंगे भी। आपके और मेरे जानने या नहीं जानने से कुछ फरक पड़ता नहीं है दुनिया को। जो हम जानते हैं वह भी है, और जो नहीं जानते वह भी है!

***

अँधेरा हो चला था और मुझे अपने होस्ट के घर बस पकड़कर जाना था। यहाँ स्टेशन पर टैक्सी वाले वैसे भी नहीं दिखते और ऑटो तो हैं ही नहीं। फिर तो बस लेनी ही थी। बाहर काफ़ी दुकानें थीं, लेकिन दुकानों पर लोग नहीं थे। सुनसान-सा माहौल था। किसी से कुछ पूछूँ तो पूछूँ कैसे? पुलिस की दो गाड़ियाँ खड़ी थीं। सफ़ेद रंग की लंबी गाड़ी पर काले रंग में 'Policia' लिखा था। स्टेशन के बाहर निकलते ही एक बस स्टॉप था, मैं किसी से बिना कुछ पूछे, वहाँ खड़ी हो गई। फिर याद आया कि मेरे होस्ट ने अपने पते के साथ-साथ यह भी बताया था कि कौन-सी बस कौन-से स्टॉप से लेनी है। डायरी पढ़कर पता चला कि यह तो वो स्टॉप नहीं है, फिर मैंने वहाँ स्टॉप पर खड़े एक जनाब से उस बस स्टॉप का रास्ता पूछा तो उन्होंने मुझे बाहर आगे सड़क पर दाईं ओर जाने के लिए

बताया। टिकट मशीन यहाँ दिख नहीं रही थी। सोचा, बस के अंदर मिलती होगी शायद। यहाँ बसें ट्राम की तरह बिजली से चलती हैं। हाँ-जी, हाँ, पूरे शहर के ऊपर तारों का जाल है, जिसे छूती बसें सरपट दौड़ती हैं।

दस मिनट के बाद बस आई तो ड्राइवर ने बताया कि यह दूसरी डायरेक्शन में जाने वाला स्टॉप है। मेरे पते पर जाने वाली बस इसके सामने वाले स्टॉप पर आएगी। एक बार को तो मुँह से गाली निकली ज़ोर से—साला, जब मालूम नहीं होता तो बताते क्यों हैं लोग पता किसी को ? जाने अब और कब तक इंतज़ार करना पड़ेगा! भूख जो मुझे रेलगाड़ी में लगी थी, वह अब भयंकर रूप धारण कर चुकी थी। बस से उतरकर ख़ूब ज़ोर-ज़ोर से दो-तीन गालियाँ और दीं। फिर एकदम-से ख़्याल आया कि मैंने जनाब से पता थोड़े ही पूछा था। ख़ाली बस स्टॉप पूछा था और दोनों बस स्टॉप का नाम तो एक ही है, बस डायरेक्शन अलग है! अब तो मुँह से गालियाँ निकल चुकी थीं! वापसी मुमकिन नहीं थी, सो बस हँसी आ रही थी। सोचने लगी कि कितनी जल्दी बिगड़ जाती हूँ! बिना कुछ सोचे-समझे दोष भी ठहराने लगती हूँ! ख़ैर, ख़ुद पर ज़्यादा कठोर न होते हुए मैं फिर से बस का इंतज़ार करने लगी।

इस बस स्टॉप पर एक टिकट मशीन भी थी। हालाँकि मशीन अंग्रेज़ी में नहीं, सिर्फ़ स्लोवाक में थी। फिर भी किसी तरह मैंने अंदाज़ से सबसे सस्ते वाला एक टिकट ले लिया। शुक्र भगवान का कि कोई टिकट चेकर नहीं आया। मुझे तो आख़िरी दिन मालूम पड़ा कि मैं दो दिन बच्चों वाले आधे टिकट पर ही शहर घूमती रही!

***

होस्ट के घर पहुँचते-पहुँचते रात हो गई और भूख भी मर गई। मेरा होस्ट विक्टर तीस-बत्तीस साल का रहा होगा। वह दो कमरों के फ़्लैट में रहता था।

विक्टर एक यंग प्रोफ़ेशनल था। मुझे ठीक से याद नहीं, लेकिन वह किसी कंपनी में मार्केटिंग या सेल्स डिपार्टमेंट में नौ से पाँच की दफ़्तरी करता था। अकेला रहता था और वीकेंड पर या तो माँ-बाप से मिलने दूसरे शहर जाता था या हाइकिंग या बाइकिंग जैसी कोई एक्टिविटी करता था। गाड़ी थी उसके पास लेकिन शहर में सिर्फ़ साइकिल चलाता था, और गाड़ी केवल दूसरे शहरों में जाने के लिए इस्तेमाल करता था। विक्टर नौकरी करने वाला और मेरा हमउम्र पहला होस्ट था।

अब तक मेरी एक अजनबी के घर में रुकने की झिझक और डर दोनों काफ़ी कम हो चुके थे। बस, एक आरामदायक सोफ़ा हो, साफ़ बाथरूम हो और चाय बना सकने भर का सामान हो—ये तीन चीज़ें काफ़ी थीं एक शहर को आसान बनाने के लिए। ऊपर से घर में वाई-फ़ाई हो और होस्ट अपना लैपटॉप इस्तेमाल करने दे तब तो सोने पे सुहागा!

अकेले घूमना इसलिए भी अच्छा लगता है। न शहर आपका है, ना लोग जाने-पहचाने हैं, ना घर आपका है और ना ही रसोई। अपने घर में होते हैं तब छुट्टी वाले दिन भी काम ढूँढ़ लेते हैं, अलमारी लगा लेते हैं, रसोई जचा लेते हैं, खाना पका लेते हैं, टीवी चला लेते है; और कुछ नहीं तो ख़ाली बैठे दोस्तों को फ़ोन घुमा लेते हैं। ख़ुद के साथ, यों ही बस ख़ुद के साथ, बैकग्राउंड में बिना कोई एजेंडा लिए कहाँ बैठ पाते हैं? जब अकेले किसी अनजान शहर-अनजान घर में होते हैं, तब न आलू-प्याज़ ख़त्म होने की चिंता होती है, ना ही बिजली का बिल भरने की—तब जैसे ख़ुद के साथ होते हैं। ख़ुद और केवल ख़ुद के साथ, बिना किसी बैकग्राउंड नॉइज़ के! यह एक अलग ही हाई है, नशा-सा है, जिसको महसूस करने के लिए मेरा बैग हर दो-तीन महीने में बार-बार ख़ुद ही जच जाता है।

विक्टर की रसोई में यूँ तो खाने का काफ़ी सामान था, लेकिन कुछ भी जाना-पहचाना न था। फ्रोज़न मीट, फ्रोज़न पिज़्ज़ा, फ्रोज़न पाई—और भी जाने क्या-क्या फ्रोज़न। लेकिन दूध की एक बूँद नहीं! बिना दूध का फ्रिज शायद मैंने पहली बार देखा था। वैसे भी देर रात पहुँची थी और अभी बातचीत हुई भी नहीं थी तो यूँ रसोई में घुसकर ज़्यादा छानबीन करना भी ठीक न लगा। हालाँकि मैं बेहद थकी हुई थी, लेकिन बिना बातचीत के अंजान होस्ट के सोफ़े पर यकायक पसर जाना भी तो ठीक न था। मुझे याद है कि मैं काफ़ी देर तक कुछ-न-कुछ बोलती

रही, क्या बोलती रही—बिलकुल नहीं याद! लेकिन जल्दी जान-पहचान बनाने के चक्कर में ख़ूब सारा बोलती गई और फिर थककर सो गई, बग़ैर खाए।

***

सुबह उठी तो पाया दो गुलाबी बटूर-सी आँखें मुझे घूर रही हैं। आधी दीवार के साइज़ का यह एक मेंढक का पोस्टर था, ठीक मेरे सोफ़े के पीछे! धीरे-धीरे और आँख खुली तो देखा कि हरे-हरे मेंढक और मेंढक जैसे पानी वाले जीवों के कहीं पोस्टर लगे थे तो कहीं खिलौने रखे थे। हर तरह के शौक़ हैं दुनिया में! इन जनाब को हरे खिलौनों का शौक़ मालूम पड़ता है। फ्रिज पर लगे मैगनेट भी मगरमच्छ, छिपकली या कछुओं के थे। टॉयलेट में बैठो तो लगता था कि जंगल में बैठे हैं! बस, बैकग्राउंड साउंड की कमी थी। कहीं से उसका भी जुगाड़ हो जाए तो एकदम जंगल ही हो जाए घर! कैसे अलग-अलग तरीक़ों से सजे होते हैं न अलग-अलग घर? आपका एक हिस्सा-सा होते हैं घर। एक घर को देख उसमें बसने वालों के बारे में काफ़ी कुछ पता चल सकता है। मुझे हमेशा से लगता है कि अपना घर ऐसे सजाऊँगी, वैसे सजाऊँगी, लेकिन आसान काम नहीं है। एक बार में नहीं होता! बरसों की कलाकारी और लगन लगती है। डिज़ाइनर-विज़ाइनर को बुलाकर घर को सजाया तो जा सकता है, लेकिन उसका कैरेक्टर केवल घर में रहने वाले ही बना सकते हैं। हालाँकि आना भी चाहिए घर सजाना। मुझे हमेशा अच्छे सजे घरों से जलन होती है—सुंदर लैंप, पेंटिंग्स, रंग-बिरंगे कुशन, कहीं कैंडल तो कहीं फूल और गुलदस्ते—जाने क्या-क्या और उनकी कैसी-कैसी योजना! जाने लोग कैसे इतने कुशल होते हैं? एक बार मैंने कोशिश की थी। अपने परदों को पेंट-वेंट किया। ख़ुद बीड्स वाले कर्टेन भी बनाए, लेकिन फूल-तितली के परदों के कारण घर ऐसा लगने लगा—जैसे किंडर गार्डन हो। उसके बाद मैंने कभी कोई कोशिश भी नहीं की। बस, किताबों के ढेर पड़े हों जगह-जगह तो घर अपना-सा लगने लगता है। जब लंदन आई थी तब घर सजाने के लिए बस बीस किलो किताबें ही तो लाई थी!

विक्टर ऑफ़िस जाने को तैयार हो रहा था। मुझे लगा कि उसी के साथ शहर निकल जाऊँ तो ठीक रहेगा। इसलिए मैं भी फटाफट तैयार हो गई। रोजाना का ब्रेकफ़ास्ट शायद पूरे यूरोप का एक ही है—ब्रेड-बन, जैम, बटर या चीज़ के साथ। कॉफ़ी, टी या फ्रूट जूस में से भी कुछ ज़रूर। ज़्यादातर लोग टी नहीं पीते,

सिर्फ़ काली कॉफ़ी पीते हैं—इंस्टेंट वाली नहीं, मशीन में बनी फ्रेश कॉफ़ी। लगभग सभी घरों में मैंने यह कॉफ़ी मशीन देखी। कोई भी डब्बा लेकर ऑफ़िस नहीं जाता। सभी लंच सलाद, सैंडविच या सूप वग़ैरह का करते हैं। फिर डिनर में फ्रोज़न खाने को गरम करके खाते हैं। सिर्फ़ वीकेंड पर ही ज़्यादातर लोग गरम-गरम खाना खाते हैं। एक और बात ख़ास लगी मुझे यूरोप में, वह यह कि यहाँ हाउसवाइफ़ वाला कोई कांसेप्ट नहीं है। अगर यहाँ कोई औरत पूरे दिन घर पर है तो वह या तो माँ होती है, और बच्चों की परवरिश के लिए घर रहने का निर्णय लिया होता है, या फिर घर से काम कर रही होती है।

मैं सोच रही थी कि अपने देश में अरेंज मैरिज का होना इस हद तक ज़रूरी क्यों हो जाता है? सिर्फ़ इसी हाउसवाइफ़ के कांसेप्ट के कारण तो? गृहलक्ष्मी से घर-मालकिन तक की ख़ुशी-यात्रा जो केवल जिम्मेदारियों के निर्वाह की भूमिका है। वरना उसमें और रखा क्या है? कोई विशेष अधिकार या कोई विशेष आज़ादी? कुछ नहीं। सोचिए, अगर इस अरेंज मैरिज का कोई कांसेप्ट ही नहीं हो, एकदम-से ख़त्म हो जाए यह व्यवस्था तो? तब तो यह गारंटी ही नहीं होगी कि सबकी शादी होगी ही होगी। मतलब, आपको ख़ुद शादी के लिए इस लायक बनना होगा कि कोई आपको पसंद करे। वे सभी गुण आपको अपने अंदर पैदा करने होंगे जिससे कि कोई आपको अपना जीवन-साथी बनाना चाहे। इससे क्या यह नहीं होगा कि लड़के-लड़कियाँ आपस में बातें करना सीखेंगे, एक-दूसरे को एक-दूसरे के लायक बनाना सीखेंगे? अभी जैसा तो नहीं ही हो सकेगा कि लड़के ने पूरी उम्र किसी लड़की से बात ही न की हो, या राह चलते सिर्फ़ कमेंट ही पास किए हों, किसी लड़की को दोस्त तक न बनाया हो, या किसी लड़की का हाथ पकड़ने तक का शऊर ना हो उसे, ना ही किसी से प्रेम करना सीखा हो उसने, फिर भी वह शादी को लेकर बेफ़िक्र रहे। क्योंकि उसे पता है कि वह जैसे ही कोई नौकरी पा लेगा या उसके घर में ठीक-ठाक इतनी ज़मीन है कि उसको बीवी कैसे भी मिल ही मिल जाएगी! आख़िर एक लड़के को एक लड़की के साथ बेहतर जीवन जीने की तैयारी पहले से क्यों नहीं करनी चाहिए? ठीक इसी तरह उसी समाज में एक लड़की भी है कहीं जिसने कभी किसी लड़के से बात ही नहीं की है, उसने न किसी को दोस्त बनाया है ना ही उसने घर बसाने का कोई ढंग-ढर्रा सीखा है, ना ख़ुद घर के इंतज़ामात करने की कोई कोशिश की है, न अपने घर के सब बिल भरने का सलीका है। क्योंकि

उसको भी पता है कि ठीक समय आने पर उसके माँ-बाप या रिश्तेदार उसको एक बसा-बसाया घर दिलवा ही देंगे। लेकिन अगर उसे इस बात की गारंटी नहीं दी गई होती, अगर उसको बना-बनाया घर या किसी घर बनाने वाले के साथ ब्याहने का प्रॉमिस नहीं किया गया होता तो शायद वह उस दिशा में ख़ुद मेहनत करती। आत्मनिर्भर होती और निर्णय लेने की क्षमता भी उसमें बेहतर होती।

ख़ैर, जो है सो है। मैं भी कहीं का दिमाग़ कहीं दौड़ाने लगती हूँ। इस व्यवस्था के भी ज़रूर कुछ कारण रहे होंगे और उसके भी। और बदल तो रहे ही हैं न धीरे-धीरे, ये भी और हम भी। एक दिन इन्सान ऐसे ही इवोल्व होते-होते एकदम परफ़ेक्ट हो जाएगा, या फिर ख़त्म ही हो जाएगा। मैं फिर सोचने लगी ? अच्छा दिमाग़, अब ऐसा करो कि शांत हो जाओ और आज इस शहर में मज़ा लो!

***

विक्टर के साथ मैं उसके ऑफ़िस के पास तक आ गई जो शहर के नज़दीक था। उसने मुझे रास्ते में बताया कि रात में शायद कुछ और मेहमान घर में आने वाले हैं और वह शाम छः बजे तक ही घर वापस आएगा। मतलब कि मुझे उसके बाद ही घर आना होगा, क्योंकि चाबी मेरे पास तो थी नहीं! चलो, यूँ भी मैं उससे पहले कहाँ आने वाली थी, अब शहर की रातें देखने का चस्का जो लग गया था!

ब्रातिस्लावा की सड़कों में गुम होना बाक़ी शहरों की सड़कों में गुम होने जैसा नहीं था। सिटी सेंटर की तरफ़ बढ़ते हुए जब मैंने एक ग़लत सड़क पकड़ ली तो आदतन पहला ख़्याल यही आया कि कोई नहीं, आगे से बदल लूँगी। लेकिन आधा घंटा चलने के बाद समझ में आया कि इस रास्ते पर तो 'आगे से बदल लेना' कैसे भी मुमकिन नहीं! ब्रातिस्लावा में ग़लत रोड लेने का मतलब हुआ—एक पहाड़ी के बजाय दूसरी पहाड़ी पर चढ़ जाना; और अगर सही रास्ता पकड़ना है तो वापस उसी रास्ते से पहाड़ी उतरनी होगी, तब जाकर आगे रास्ता मिलेगा। चढ़ते वक़्त क़तई नहीं लगा था कि पहाड़ चढ़ रही हूँ! सामने सिर्फ़ ऊँचाई दिखाई पड़ी कुछ, फिर उसके बाद समतल ज़मीन, और फिर हलकी-सी ऊँचाई। यों हलकी-हलकी ऊँचाई चढ़ते-चढ़ते अचानक-से शहर के एक हिस्सें की इमारतें जब मुझे खिलौने की माफिक दिखने लगीं, तब जाकर इस बात का अहसास हुआ कि मैं तो पहाड़ चढ़ गई हूँ!

लेकिन किसी नए शहर में रास्ता भूल जाने का ग़म 'नहीं' के बराबर ही होता है। क्योंकि ग़लत या सही रास्ता तो मंज़िल तय करती है न! नये शहर में तो रास्ते तय करते हैं मंज़िल। जहाँ रास्ता ले जाए, वही मंज़िल बन जाती है। यों भी एक हसीन ख़्वाब से कम नहीं थी यह मंज़िल। पहाड़ के ऊपर अंगूरों के बाग़ थे! काले अंगूर, हरे अंगूर, और इतने नज़दीक कि हाथ बढ़ाकर तोड़ लो। गलियों में सेब के पेड़ थे और बीच-बीच में अंगूरों की बेलों की छाँव। एक बार के लिए तो मुझे लगा जैसे मैं ''चार्ली फ्रूट फ़ैक्ट्री'' में चल रही हूँ। इधर सब बड़े-बड़े गार्डन वाले घर थे, जिनमें सेब के पेड़ों के बीच झूले पड़े थे। गिलहरियाँ फुदक-फुदककर फल कुतर रही थीं और मेरे भीतर आश्चर्य, ख़ुशी और जलन—यह सब भाव एक साथ उमड़-घुमड़ रहे थे। कैसा होता होगा न यहाँ रहना? सुना है, अमीर रूसी लोगों के घर हैं ये!

विक्टर को रूस नहीं पसंद, न ही उसे चेक रिपब्लिक पसंद है। उसे लगता है कि ये दोनों देश किसी भी वक़्त स्लोवाकिया को हड़प लेना चाहते हैं। उसका कहना है कि चेक लोग तो स्लोवाकिया को अलग देश मानते ही नहीं। और जिस तरह रूस यूक्रेन को हड़पने में लगा है, यह देख उसे लगता है कि अगला नंबर उसी के देश का है। देशभक्त होने के साथ-साथ मेहनती भी हैं स्लोवाक लोग। तभी यहाँ की इकॉनोमी बाक़ी यूरोप से काफ़ी आगे है। विक्टर ने तो बताया कि ब्रातिस्लावा में रोज़गार का प्रतिशत 98.2 है, और कारण है—फॉरेन इन्वेस्टमेंट। ब्रातिस्लावा के सर्विस सेक्टर में जहाँ ट्रेड, बैंकिंग, आईटी, टेली-कम्यूनिकेशन और टूरिज़्म सब हैं—इनमें शहर की 75 प्रतिशत आबादी काम करती है।

***

जाने किस कारण से मुझे स्लोवाक लोग बिलकुल याद नहीं हैं। बस, याद हैं तो वहाँ की गलियाँ, इमारतें, दुकानें, रेस्त्रां, बस स्टैंड और रूसी शहीदों के मेमोरियल, यहाँ का क़िला और क़िले से दिखती डेन्यूब नदी। यूरोप की दूसरी सबसे लंबी नदी—डेन्यूब! मुझे तो यह भी याद नहीं कि मैं ब्रातिस्लावा आई क्यों थी! नामी-गिरामी विएना छोड़कर अंजान-गुमनाम ब्रातिस्लावा। और आई भी तो बस एक दिन के लिए? कुछ देखने-दिखाने को नहीं था इस शहर में। मेरा होस्ट भी थोड़ा हैरान था कि भारत से ब्रातिस्लावा मैं क्या करने आ गई थी। अब मुझे लगता है कि वहाँ कुछ करने-वरने नहीं, मैं केवल इसलिए पहुँच गई थी

क्योंकि मैं वहाँ तक पहुँच सकती थी! दरअसल देखना तो मुझे यही था न कि मैं कहाँ तक एकदम बेफ़िक्र जा सकती हूँ? मुझे जानना तो यही था न कि धरती के ऐसे कोने जिनका हमें नाम तक नहीं मालूम, क्या मैं वहाँ भी बेफ़िक्र घूम सकती हूँ? तो बस, मुझे बेफ़िक्र घूमने की जो लत लग गई थी, उसी के लिए नए-नए शहरों का मन-मिजाज भाँप रही थी।

देखने-दिखाने को यहाँ कुछ न होने की वजह से इस शहर में एक अलग-सी आज़ादी थी। जब शहर में बहुत कुछ देखना होता है, करने को बहुत कुछ रहता है, तब एक तरह का दबाव-सा रहता है। कुछ देखने का एजेंडा नहीं भी हो तो भी दिमाग़ में कहीं ऐसी बात आ ही जाती है कि 'कुछ देखा नहीं' या 'इतनी दूर आए हैं तो कुछ तो देख लें'! यहाँ वह दबाव भी नहीं है। बस, चलते रहो। यहाँ कुछ भी छूटने का डर नहीं है, कुछ भी ना-देखने का दर्द नहीं है। यों ही एक गली से दूसरी गली फिरती रही मैं। कैमरे को ऑटो-टाइमर पर लगाकर ढेरों सेल्फ़-पोर्ट्रेट्स खींच लिए। ऐसा हुआ कि मैं एक ही गली में दस

मिनट तक फ़ोटो खींचती रही और एक भी इंसान उधर से नहीं गुज़रा। एकदम ख़ाली-सा था शहर; और इमारतों के रंग इतने सुंदर कि मेरा सामान्य कैमरा उन्हें क़ैद नहीं कर पाया—गुलाबी, संतरा, मेहँदी, जामुनी, पीले और फिर बीच में एकदम-से सफ़ेद! मैंने सभी इमारतों के साथ अपनी फ़ोटो खींची—सड़क के बीच में बैठ कर, लोट कर, कूद-कूदकर फ़ोटो खींची। उस दौरान न तो कोई गाड़ी आई, न कोई इंसान आया। कहने को यह शहर स्लोवाकिया का सबसे घनी आबादी वाला शहर है, जिसकी आबादी है कुल पाँच लाख! लेकिन लोग इतने कम हैं शहर में कि लगता है जैसे कोई नेशनल होली डे हो! मैंने जाना कि लोग यहाँ उम्र देखकर बच्चे पैदा नहीं करते। जैसे कि अपने यहाँ शादी के 1-2 साल के बाद तो ज़रूर और 30 के पहले-पहले बच्चे हो जाने चाहिएँ, और दो बच्चे तो होने ही चाहिएँ—जैसी बातें होती हैं, वैसा यहाँ नहीं है। यहाँ लोग बच्चे तब पैदा करते हैं जब वे वास्तव में माँ या बाप बनने की ज़रूरत महसूस करते हैं। और जब वे ऐसी ज़रूरत महसूस करते हैं तब भी शादी उसकी अनिवार्य शर्त नहीं है।

मैं चलते-चलते ब्रातिस्लावा के क़िले की तरफ़ आ गई। अब क़िला तो मुझे दिख रहा था, लेकिन रास्ता नहीं। क़िला ऊँची पहाड़ी पर था। मैं उसकी सीध में चलती गई। लेकिन यह क्या ? बीच में तो घर आ गए ? इससे पहले कि वापस मुड़ती, एक घर की दीवार पर ऊपर इशारा करता एक तीर का निशान दिखा। शायद रास्ता यहीं से है—ऐसा सोच मैं गेट खोलकर घर के अंदर घुस गई। यह एक जर्जर पुराना बड़ा-सा घर था; जैसे घर मैंने कलकत्ता में देखे थे, वैसा ही एक। लकड़ी के काम वाले छज्जे और रंगीन काँचों की खिड़कियाँ। दीवारों से उतरता पेंट, उसके भी नीचे से सीमेंट और उसके अंदर से झाँकती लाल-लाल ईंटें—बिलकुल अपने देश जैसी! इस घर की सीढ़ियाँ चढ़ते ही ऊपर दूसरी सड़क आ गई। अब क़िला और भी नज़दीक था! लगता है, पहाड़ पर गोल-गोल सड़के हैं और गोल-गोल सड़कों पर घर बने हैं।

चटक लाल और सफ़ेद रंग के क़िले के साथ मेरी नीली और सफ़ेद रंगों वाली ड्रेस ख़ूब जँच रही थी। इसलिए यहाँ भी मैंने ख़ूब सारे फ़ोटो उतारे और बिना क़िले के बारे में पढ़े या अंदर जाने की कोशिश किए पहाड़ी की दूसरी तरफ़ से नीचे उतर आई।

***

दीवारों पर कितनी ग्राफ़िटी बनाते हैं लोग यहाँ! जब नीचे आई तो एक पुल के नीचे ख़ूब सारी बसें खड़ी थीं और आसपास दीवारों और खम्भों पर तरह-तरह की चित्रकारी थी। एक बार को तो लगा कि बस स्टैंड है, फिर लगा कि यह चित्रकला की कोई प्रदर्शनी है, जिसको देखने लोग इन बसों में आए होंगे! लेकिन ध्यान देने पर समझ में यह भी आया कि शायद यह पुल के नीचे की बेकार ज़मीन को सुंदर और उपयोगी बनाने का सबसे सही इंतज़ाम है। काश, ऐसा अपने यहाँ भी हो पाए। सिटी सेंटर में ख़ूब चहल-पहल थी। छोटी-छोटी दुकानें, भीड़ी-भीड़ी पत्थर की गलियाँ और गलियों में बाहर लगी कुर्सियाँ। लगता है यहाँ गाड़ियाँ अलाउड नहीं हैं, तभी खाने-पीने की दुकानों की कुर्सियाँ बाहर सड़कों पर ही लगी थीं। तेज़ धूप के कारण कुर्सियों पर छतरियाँ भी लगी थीं। खाने-पीने की ज़्यादातर दुकानों के सामने पारंपरिक स्लोवाक खाने के पोस्टर और तस्वीरें लगी हुई हैं। किसी भी जगह का पारंपरिक खाना देखकर खाने को मन करता ही है, लेकिन यहाँ तो दर्जनों ऐसी दुकानें थीं जो सबसे ज़्यादा ऑथेंटिक ट्रेडिशनल खाना परोसने का वादा कर रही थीं!

मैं काफ़ी देर तक उस खाने-पीने की गली के चक्कर लगाती रही। बाहर लिखे मेन्यू को पढ़ती रही। पंद्रह से तीस यूरो तक में वहाँ लंच के लिए कोई एक पारंपरिक डिश मिल जा रही थी। कुछ पीने को लो तो वह अलग का ख़र्च। एक बार को तो लगा कि किसी भी दुकान में बैठ जाऊँ और बाहर पोस्टर पर छपी चीज़ें आर्डर कर दूँ। फिर लगा कि महँगा है और पता भी नहीं कि कितना

ऑथेंटिक होगा। कहीं पैसे भी लगें और स्वाद भी नहीं आया तो ? फिर पहले वाला मन कहने लगा कि ट्राई तो करो, क्या पता बढ़िया हो ! फिर बैठने को भी मिलेगा, पानी और सुसु का भी इंतज़ाम हो जाएगा। पानी से भी ज़्यादा सुसु की दिक़्क़त रहती है, घूमते वक़्त। पूरे दिन चलते हैं तो पानी पीते रहने में ही समझदारी है, लेकिन फिर सुसु की समस्या हो जाती है। पानी की बोतल की तरह एक सुसु की भी बोतल होनी चाहिए। घूमते वक़्त हर दो-तीन घंटे में प्रेशर बन जाता है, और तब 'उस' जगह की तलाश शुरू होती है। और आपकी आगे की जर्नी 'उसी' जगह की तलाश तय करती है। अगर पब्लिक टॉयलेट नहीं मिला तो किसी कैफ़े-वैफे की शरण लेनी पड़ती है। लेकिन वहाँ भी कुछ चाय-कॉफ़ी आर्डर करनी पड़ती है। अब एक दिन में कितनी चाय-कॉफ़ी पियेगा कोई भला ? किसी-किसी कैफ़े में वैसे 50 पेन्स यानी लगभग साठ-सत्तर रुपए में ख़ाली टॉयलेट यूज़ करने देते हैं, लेकिन हर बार इतने पैसे भी देने को मन नहीं करता जब तक कि मामला बिलकुल ही नाजुक ना हो जाए। ऐसे समय में फ़्री पब्लिक टॉयलेट दिखने पर हज़ार दुआएँ निकलती है वहाँ की सरकार के नाम !

ख़ैर, जब बात खाने-पीने से ज़्यादा की थी तो पहले वाला मन पूरी तरह हावी हो गया कि यहाँ पर पैसे खर्च कर ही दो ! फिर भी दो-ढाई हज़ार रुपयों का लंच करने के निर्णय के कारण कंजूस मन दुखी होकर अंदर-ही-अंदर अपनी

दलीलें जारी रखता है। मीट तो तुम्हें पसंद भी नहीं है! ज़रूर यहाँ का खाना अच्छा नहीं होगा, फिर तुम खाकर पछताओगी। अभी तक बुडापेस्ट में रहने का इंतज़ाम बस एक ही रात का हुआ है, दूसरी रात के लिए होटल लेना पड़ सकता है। यूँ फ़ालतू खर्चने को पैसे नहीं हैं तुम्हारे पास। लेकिन इन सब दलीलों के बावजूद अब मैं एक रेस्त्रां के अंदर प्रवेश कर चुकी थी। एक स्लोवाक ड्रेस में खड़ी वेट्रेस से मैंने इशारे से पूछा—टॉयलेट किधर है? यह भी मन की एक होशियारी ही थी कि पहले ही पूछ लूँ। कहीं टॉयलेट हो ही नहीं, और पूरे प्लान पर पानी फिर जाए!

ख़ैर, अब मैं ब्लैडर के बजाय दिमाग़ से सोच रही थी। यह तो ख़ाली-सा लगता है! ज़रूर यहाँ का खाना अच्छा नहीं होगा। लेकिन अब बाहर भी तो नहीं निकल सकती थी, सो मैं उस स्लोवाक ड्रेस वाली लड़की से बाहर बैठने का इशारा कर, बाहर रखी कुर्सी पर बैठ जाती हूँ। सोचती हूँ, कुछ छोटा-मोटा आर्डर कर लूँगी। लेकिन फिर कहीं और कुछ खाना पड़ेगा तो—दूसरा ख़्याल आता है। अब क्या करूँ? काफ़ी देर तक सोचती रही। तब तक मेरे पास कोई आर्डर लेने भी नहीं आया। शायद वह लड़की कहीं और मशगूल हो गई या मेरे मन की व्यथा समझ गई। मैं चुपचाप झोला उठाकर निकल ली।

अहा, क्या आज़ादी की साँस ली मैंने! बाल-बाल बची!

फिर पिज़्ज़ा की एक दुकान से एक यूरो का एक पिज़्ज़ा-स्लाइस खाया और डेढ़ यूरो की आइसक्रीम। कुछ देर और फिरती रही। कुछ सुवेनियर ख़रीदे। हाथ से बनी ज्वेलरी ख़रीदी। कुछ देर एक कैफ़े में बैठकर झुम्पा लाहिरी की किताब 'The Low land' पढ़ती रही और जब बज गए छः, घर की तरफ़ चल दी। मैंने सोचा कि रात के खाने में कुछ इंडियन बनाना चाहिए तो एक ग्रॉसरी की दुकान से कुछ इंडियन मसाले और सामान लेने की सोची। लेकिन नमक को छोड़कर कोई भी मसाला नहीं था! हल्दी भी नहीं! तो बस अपने होस्ट के लिए वाइन की एक बोतल खरीदी और कछुए के दो फ्रिज मैगनेट।

वापस जाने के लिए पूछ-पूछकर बस ली। यहाँ बहुत कम लोगों को अंग्रेज़ी आती है, लेकिन अगर आप स्कूल जाते किसी बच्चे से अंग्रेज़ी में बात करें तो वह बहुत उत्साहित होकर आपकी मदद करेगा। नयी पीढ़ी को अंग्रेज़ी बोलने का बहुत शौक़ दिखता है। हमारी नयी पीढ़ी की तरह ही!

***

घर पहुँची तो और भी मेहमान आए हुए थे। एक जर्मन लड़की जो कि एक्ट्रेस थी और उसका ऑस्ट्रेलियन बॉयफ्रेंड। ये वही मेहमान थे जिनको एक दिन पहले आना था। चूँकि लिफ़्ट माँग-माँगकर आ रहे थे तो एक दिन लेट हो गए थे। हिचहाईकर कहलाते है ऐसे लिफ़्ट माँग-माँगकर घूमने वाले। दोनों यों ही अकेले घूमते-घूमते मिले थे और अब साथ-साथ घूम रहे थे। विक्टर ने वाइन की बोतल खोली और मैंने हिंदी गाने स्पीकर पर लगा दिए। सब लोगों ने मिलकर खाना बनाया और ''लंदन ठुमकदा'' पर ठुमके लगाए। ऑस्ट्रेलियाई लड़के ने बर्तन और रसोई साफ़ कर दी।

अब आई सोने की बारी। एक बेडरूम जिसमें एक डबल बेड था, और एक ड्राइंग रूम जहाँ दो सोफ़े लगे थे। लोग थे चार। मुझे नीचे सोने में दिक़्क़त नहीं थी। सब अपने-अपने सुझाव दे रहे थे। किसी को भी नीचे सोने में दिक़्क़त नहीं थी। तभी विक्टर ने एक ऐसा सुझाव रखा कि सब लोग थोड़ा चौंक गए। "Anu, you can sleep with me inside"—विक्टर ने एकदम कैज़ुअल लहज़े में कहा। "No thanks, I'm fine here"—उतने ही बेपरवाह अंदाज़ में मैंने भी कह दिया।

यह मेरे लिए अटपटा होकर भी बिलकुल अटपटा नहीं था। आज हम इतनी देर से वाइन पी रहे थे, नाच-गा रहे थे, एक बार को भी मुझे कोई ग़लत हिंट नहीं मिली! एक बार को भी मैं अनकंफर्टेबल नहीं हुई। और फिर यह सवाल भी इतना सीधा और सरल था! इतनी सरलता और सीधेपन से तो किसी लड़के ने आज तक कॉफ़ी के लिए भी नहीं पूछा था। सवाल सीधा था तो जवाब भी सीधा दिया मैंने! और फिर न इसके बारे में कोई और बात हुई, ना ही माहौल टेंस हुआ। विक्टर 'गुड नाईट' बोलकर अंदर सोने चला गया और हम तीनों बाहर कुछ देर तक बतियाते रहे, फिर सो गए। बात ख़त्म!

सुबह उठी तो सब लोग अपने-अपने रास्ते जा चुके थे। रात को सामान और लोगों से ठसाठस भरा कमरा एकदम ख़ाली था। बस, मैं और मेरा बैग एक-दूसरे के साथ थे। मुझे ऑटो लॉक दरवाज़े को मूँदकर निकल जाना था। एक बार को तो लगा जितनी जल्दी निकलूँ, उतनी जल्दी बुडापेस्ट पहुँचूँगी। मेरी कोई बुकिंग भी नहीं थी तो रेलवे स्टेशन से टिकट लेनी थी। यहाँ से बुडापेस्ट के लिए हर घंटे की सर्विस है। लेकिन फिर ख़ाली घर देखकर मन हुआ कि थोड़ी देर रहूँ। गाने चला लूँ और चाय बना लूँ। फिर एक लंबा-सा शावर लूँ और रास्ते के लिए सैंडविच पैक करके निकलूँ। मैंने वह सब किया! आगे जाने कैसा घर मिलेगा, नहीं मिलेगा, शायद इसलिए मैं इस घर को थोड़ा और जी लेना चाहती थी।

और ब्रातिस्लावा के अधूरे-से रह जाने का भी एक अहसास था। एक दिन क्या होता है किसी भी एक शहर के लिए? न तो उससे ठीक से जान-पहचान हुई, न दोस्ती। अगर विक्टर ने रात अंदर सोने का प्रस्ताव न रखा होता तो शायद एक दिन और रुक जाती... जो बात रात में मैंने यों ही दिमाग़ से झटक दी थी, अंतर्मन में शायद वह कहीं रह गई थी। शायद वह एक भारतीय लड़की के कंडीशंड दिमाग़ के लिए इतना भी स्वाभाविक सवाल नहीं था! ख़ैर, विक्टर को एक 'थैंक यू' नोट लिखकर मैं बुडापेस्ट की ओर निकल पड़ी।

१

बुडापेस्ट : माँ के दोस्त अलग

घूमते-घूमते एक महीना होने को आ गया था। वापस जाने की तारीख़ भी नज़दीक आ रही थी। मेरी वापसी आज से ठीक दस दिन बाद पेरिस से थी। जाना था यूरोप के एकदम वेस्ट की तरफ़, और फिलहाल मैं थी यूरोप के एकदम ईस्ट में! तो अब वेस्ट की तरफ़ चलना भी शुरू करना था। प्लान के मुताबिक़ बुडापेस्ट मेरा आख़िरी ईस्ट शहर होना था।

लेकिन ज्यों-ज्यों दिन ख़त्म हो रहे थे, ज़्यादा-से-ज़्यादा शहर देखने की भूख भी बढ़ती जा रही थी। एक मन था कि रूस में घुस जाऊँ, अब दूर ही कितना था! दुनिया को नक्शे पर देखें तो कितना नज़दीक लगता है न सब? यूरोप तो बस मुट्ठी में आ जाता है; जैसे कूद-कूदकर सब जगह चले जाओ। एक तरह से है भी उतना ही आसान!

पैसा तो सच में कोई बड़ी बाधा नहीं है। बस, बना ली है हमने। लोग कह देते हैं और हम मान लेते हैं। लोग कहते हैं, 'एक बार पैसा कमा लो फिर जो चाहे करना', 'घर बना लो, गाड़ी ख़रीद लो, बैंक बैलेंस बना लो, फिर जो जी में आए करना।' लेकिन इस जोड़ने के चक्कर में हममें से कितने लोग जो जी में आए, वह कर पाते हैं? एक बार बस यों ही मन की करके भी तो देखे कोई! बस, एक बार लोगों के मशवरे-सलाहें नज़रअंदाज़ कर,

मन की उलझनों से पार पा कोई क़दम बाहर तो निकाले। कितना आसान है घूमना!

लेकिन मेरा एक मन और भी तो है—आलसी, सुस्त, आरामपसंद और ख़र्चीला मन। जिसका कहना है कि बस, एक अच्छा घर मिल जाए, एक अच्छा-सा होस्ट मिल जाए, बस! एक ही शहर में सारे दिन बिता लो। एक ही शहर की नदी के किनारे बैठकर लिखती रहूँ, पढ़ती रहूँ, गाती रहूँ, मुस्कुराती रहूँ, कुछ खाती रहूँ—यह भी चाहता है मन। वह कहता है कि बस, ठहर जा, अब थक गई हो। यहाँ आराम से मौज कर और यहीं से फ़्लाइट ले, सीधे लंदन चली जा। न और होस्ट ढूँढ़ने का झंझट, न वहाँ पहुँचने का। बस, अब और रिक्वेस्ट नहीं भेजी जाती!

लेकिन जो पहला मन है—बेफ़िक्र, आवारा, मेहनतकश, रोमांचपसंद, नए शहर देखने के लिए कुछ भी कर गुजरने वाला—वह तो वर्ल्ड मैप खोलते ही उछलने लगता है। कहता है कि इतने सारे शहर हैं, इतनी थोड़ी-थोड़ी दूरी पर, आई-उई हो, सब देख डालो! अब इतनी दूर फिर जाने कब आना हो। कब फिर रूस के इतने क़रीब होवोगी? जाने कब फिर इतने सारे देश इतनी पहुँच में होंगे? सब घूम डालो! सबमें अपने पैर घुमा लो!

दोनों की लड़ाई में जीतता हमेशा वही है जो कम ख़र्चे में ज़्यादा शहर घुमाता है। यहाँ से लंदन फ़्लाइट का ख़र्च मालूम है? इतने सारे दिन के लिए एक शहर में आख़िर होस्ट करेगा कौन? होटल का ख़र्च मालूम है? सारा बजट एक ही झटके में बिगड़ जाएगा। फिर पछताओगी कि शहर भी सारे नहीं घूमी और पैसा लग गया इतना। लो जी, बस हो गया डिसाइड! प्लान के मुताबिक़ धीरे-धीरे सेंट्रल यूरोप से होते हुए पेरिस पहुँचा जाएगा।

***

बुडापेस्ट में होस्ट का इंतज़ाम हुआ तो था, लेकिन बस एक रात के लिए। जाने क्यों मुझे कुछ ख़ास अच्छा महसूस हो नहीं रहा था! मैंने सोचा कि कोई सस्ता हॉस्टल मिल गया तो वहीं ठहर जाऊँगी। विक्टर वाली घटना शायद उस वक़्त ऐसी कोई बड़ी नहीं लगी थी, लेकिन मन में एक झिझक-सी पैदा कर गई थी। अब मुझे किसी से बात नहीं करनी थी और लड़कों से तो बिलकुल नहीं। मुझे अचानक अपनी सहेलियाँ याद आने लगी थीं। किसी लड़की से

बतियाये कितने दिन हो गए थे! मुझे किसी लड़की की गोद में सिर रखकर बतियाना था, बिना किसी लाग-लपेट के। मन में एक लड़की होस्ट की प्रार्थना अपने-आप चालू हो गई!

बुडापेस्ट स्टेशन पर पहुँचते ही मैंने अपना सामान लॉकर में डाला और निकल पड़ी शहर में। यहाँ ज़्यादातर स्टेशनों पर लॉकर की सुविधा है, जहाँ तीन यूरो में चौबीस घंटे के लिए अपना सामान रखा जा सकता है। मैं पहुँच वहाँ दोपहर में गई थी और मेरा होस्ट मुझे शाम सात बजे मिलने वाला था। सामान रखते ही लगा कि जैसे अब तो किसी ठिकाने की भी ज़रूरत नहीं है। यहाँ स्टेशन पर भी सोया जा सकता है। आपको नहीं लगता कि हम होटल या हॉस्टल बस सामान रखने के लिए ही लेते हैं? हम कहीं भी जाते हैं, साथ में दुनिया-जहान का सामान ले जाते हैं। फिर उसको रखने की जगह ढूँढ़ते हैं। अगर सामान ही इतना हो कि कंधों पर आ जाए तो? फिर तो कहना ही क्या!

बुडापेस्ट शहर में एक बड़े और पुराने शहर वाली बात थी, जैसी मुंबई के कोलाबा एरिया में दिखती है। सुंदर, पुराना, भीड़-भड़क्के वाला और तेज़! ख़ूब भव्य पुरानी इमारतें थीं, सड़कों के दोनों ओर गाड़ियाँ पार्क की हुई थीं और मेन रोड ट्रैफ़िक से भरा पड़ा था। यह स्टेशन आने-जाने वाला इस शहर का मेन रोड था, शायद इसलिए ऐसा था। वरना गलियों में इतनी भीड़ नहीं थी। मैं यों ही कुछ देर चलती रही।

फिर एक बिल्डिंग के बाहर 'हॉस्टल' लिखा देख उसके अंदर घुस गई। एकदम पुरानी लकड़ी के बड़े-से दरवाज़े वाली वह इमारत अपने यहाँ के किसी पुराने बड़े धर्मशाले और मुंबई के बड़े चालों की मिली-जुली बनावट की याद दिला रही थी। अंदर घुसते ही बड़ा-सा चौतरफ़ा बरामदा था और बरामदों के बाद वैसे ही चौतरफ़ा कमरों की क़तारें; जैसी अक्सरहाँ पुरानी इमारतों में होती हैं। हर कमरे में रहने वाले अपनी बालकनी से बरामदे और खुले

आँगन को देख सकते हैं, एक-दूसरे से अपनी-अपनी बालकनी से बात कर सकते हैं। पुरानापन यहाँ के वातावरण में ही था। सीलन वाली लकड़ी जगह-जगह दीख रही थी, लोहे की पुरानी ग्रिल वाली लिफ़्ट थी, लेकिन मैंने सीढ़ियाँ ही लीं। यह कमर्शियल और रेजिडेंशियल बिल्डिंग दोनों लगती थी। अंदर एक तरफ़ टूरिस्ट एजेंसी, ज़ेरॉक्स, इंटरनेट आदि की दुकानें हैं। एक कमरे से कुछ टूरिस्ट जैसे लोग निकलते दिखे तो मुझे लगा, ज़रूर यही हॉस्टल होगा। पूछने पर पता चला कि आज के लिए कोई कमरा नहीं है, लेकिन कल मिल सकता है। चालीस यूरो हर दिन के हिसाब से। मुझे लगा कि कल की तो कल ही देखूँगी, और बिना बुकिंग कराए बाहर आ गई।

अभी दो घंटे और यों ही घूमना-फिरना था। कुछ नहीं था करने को, क्योंकि सामान भी लॉकर में था। न मेरे हाथ में कुछ था, ना ही दिमाग़ में। यों ही एक गली से दूसरी गली में बढ़ती-निकलती रही। मेन रोड पर गाड़ियाँ थीं और गलियों में साइकिलें। थोड़ी देर और चली कि डेन्यूब नदी आ गई। ब्रिज के उस पार "बुडा" है, और इस तरफ़ "पेस्ट"। बुडा तो लगता है कि पहाड़ों में बसा है, पेस्ट प्लेन है, जहाँ बाज़ार और रेलवे स्टेशन हैं। उस तरफ़ तो बस हरे पहाड़ नज़र आते हैं! मेरा होस्ट मुझे बुडा में मिलने वाला था। चलो, मुझे लगा, इसी बहाने बुडा देख लूँगी।

अब मुझे शहर को केवल देखना भर था। देखना भी नहीं, सिर्फ़ चलना भर। हाँ, मैं शहर में यों ही चलना चाहती थी, जैसे टहलने आई होऊँ! नई-नई इमारतों के बीच, नए-नए लोगों के बीच से बस गुजरना चाहती थी। गुज़र ही जाना था सिर्फ़, और क्या! बिना कोई जान-पहचान बनाये। बिना कुछ लिए-दिए। बिना कुछ सोचे-समझे। बस, कोरी आँखों से देख भर लेना। मुस्कुराहट आई तो आई, नहीं तो उसकी भी ज़रूरत नहीं। अच्छा, यह भी है! —बस यह जान भर लेना। केवल इतना शायद। अब एकदम बेमक़सद हो चली थी। यों तो कोई ख़ास मक़सद पहले भी न था। कौन-सा मशहूर म्यूज़ियम, कौन-सी मशहूर इमारत, कौन-सा मशहूर रेस्त्रां—अब मुझे कुछ पता नहीं करना था। न ही उन्हें देखने की लगन थी। चलते-चलते सामने आ गया कुछ तो ठीक, नहीं आया तो भी ठीक।

***

अब जब किसी शहर में उतरती हूँ तो न ठिकाने की चिंता होती है, न ही चाय की। अब तो जैसे पता होता है कि ठिकाना तो मिलना ही है, कैसे और कहाँ—बस इसकी जानकारी भर करनी है। एक विश्वास-सा हो गया है कि सब तो अच्छे से होना है, कैसे होगा यह देखना है। जाने किस पर विश्वास था, लेकिन विश्वास था। भगवान पर ? मनुष्यता पर ? प्रकृति पर या ख़ुद पर ? किस पर यक़ीन था मुझे कि सब आराम से हो जाएगा ? और यह यक़ीन शुरू से नहीं था। यह बनता चला गया। ज्यों-ज्यों यक़ीन बनता गया, चीज़ें आसान होती गईं और ज्यों-ज्यों चीज़ें आसान होती गई, यक़ीन बनता गया। यक़ीन कि जो चाहूँगी वह होगा। इस विश्वास के बग़ैर कैसे मुमकिन था कि गाँव खेड़ी से निकलकर मैं यों बुडापेस्ट में अकेले घूम रही थी ! बिना किसी जान-पहचान के, बिना किसी ठौर-ठिकाने के !

एक बार की बात याद आती है जब पापा के गुरु—प्रोफेसर मदनगोपाल गांधी—ने मुझसे कहा था, "बेटी, तुम जो करना चाहोगी, करोगी।" तब मैं शायद पाँच या छह बरस की थी। उन्होंने कह दिया था और मैंने सुन लिया था। उन दिनों मैं चैस की वर्ल्ड चैंपियन बनना चाहती थी। मुझे वर्ल्ड चैंपियन के मायने नहीं मालूम थे, लेकिन पापा ने कह दिया था कि वर्ल्ड चैंपियन बनना है तो बनना है। बचपन में सुना था कि अपना लक्ष्य रोज़ याद करना चाहिए, और फिर उसकी ओर बढ़ने के लिए मेहनत करनी चाहिए। मैं रोज़ वर्ल्ड चैंपियन बनने का अपना गोल याद करती और जी-जान से जुटकर दिन में आठ-से-दस घंटे मेहनत करती। जब प्रो. गांधी ने कहा कि जो बनना चाहोगी बनोगी—मुझे एक बार के लिए लगा कि अगर यह इतना आसान है तो फिर इतनी मेहनत की ज़रूरत क्या है ? वह बात पुरानी हो गई, और नेशनल चैंपियन बनने के बाद मैंने चैस भी छोड़ दिया। मुझे लग गया था कि सिर्फ़ मेरे चाहने भर से कुछ नहीं होने वाला था।

अब जब मुड़कर देखती हूँ तो सोचती हूँ कि मुझे वर्ल्ड चैंपियन इसलिए बनना था, क्योंकि सबसे बड़ी उपलब्धि एक चैस प्लेयर के लिए वही है। अगर

उपलब्धि कुछ और होती तो मुझे कुछ और बनना होता। जैसे कोई एक्टर एक अच्छा एक्टर बनने के बजाय सीधे ऑस्कर को अपना गोल बना ले! दरअसल, वह लक्ष्य मेरा नहीं, समाज का था। वह सफलता मेरी नहीं, समाज की थी। तब मैं अच्छा चैस खेलकर भी, स्टेट या नेशनल चैंपियन बनकर भी असंतुष्ट ही रह जाती। मैं सात साल की उम्र से सत्रह साल तक लगातार हरियाणा स्टेट की चैंपियन बनती रही। हमेशा लड़कों में खेल कर। चूँकि हरियाणा में बहुत कम लड़कियाँ चैस खेलती थीं, मैंने अपनी उम्र के किसी लड़के को भी कभी पास नहीं फटकने दिया। लेकिन वह कोई अचीवमेंट नहीं थी, क्योंकि गोल तो वर्ल्ड चैंपियन बनना था। किसी टूर्नामेंट की जीत के बाद उसकी ख़ुशी मनाने के बजाय, उसके सेलिब्रेशन के बजाय अगले टूर्नामेंट की तैयारी शुरू हो जाती। फिर जब मैं पहली बार पंद्रह साल की उम्र में अंडर सिक्सटीन की नेशनल चैंपियन बनी तो मुझे लगा कि अब तो वह ख़ुशी बस मिल ही जानी चाहिए, वह सेलिब्रेशन आख़िरकार हो ही जाना चाहिए। लेकिन मेरी आँखों का पर्दा तब उतरा जब मैं अगले ही टूर्नामेंट में पहला मैच हार गई। तब तक थोड़े दिन पहले जीती गई वह टूर्नामेंट भुलाई जा चुकी थी। अख़बार कुछ दिन पहले मेरी तारीफ़ें करते नहीं थम रहे थे, आज मेरे टैलेंट को, मेरी मेहनत को शक की नज़र से देख रहे थे। किसी को याद नहीं था कि थोड़े ही दिन पहले मैं अपने खेल का लोहा मनवा चुकी हूँ। लेकिन वह जीत अतीत की बात हो चुकी थी और मैं वर्तमान में हार गई थी। उस रोज़ मैं माँ के पेट में सिर छुपाकर पूरी रात रोती रही। मैं जैसे वापस उसके अंदर चली जाना चाहती थी। मुझसे अब और होड़ बर्दास्त नहीं होनी थी!

मैं कोई अकेली खिलाड़ी नहीं हूँ जो जीतकर हार गई थी। यह हर खिलाड़ी के साथ जीवन भर होता है। लेकिन मैं वह जीवन और नहीं जी सकती थी। मुझमें इतनी ताक़त नहीं थी कि इस हार–जीत के खेल से ऊपर उठ पाऊँ। इस तरह सत्रह साल की उम्र में मैं सफलता और नाम से जिक चुकी थी। मैं अब कोई गोल नहीं बनाना चाहती थी। मेरा लक्ष्य एक आम जीवन जीना था। मुझे किसी अख़बार

की हैडलाइन बनने का शौक़ नहीं रहा था। मैं दुनिया की भीड़ में गुम होना चाहती थी। मैं ख़ुश रहना चाहती थी और मुझे यह पता चल चुका था कि सफलता का दूसरा नाम ख़ुशी नहीं है। बस, तब से मैंने कोई गोल नहीं बनाया है और सब गोल पूरे हो गए हैं! यह रहस्य कभी फिर...

***

मैं मेट्रो पकड़ नदी के उस पार बुडा में पहुँच गई अपने होस्ट से मिलने। मेरे मन में कोई एक झिझक तो थी ही पहले से, और मन हमेशा बेकार में थोड़े ही झिझकता होगा! कहीं-न-कहीं उसका कोई आधार होता होगा। चाहे हमारे मन में या चाहे बाहर की दुनिया में। मेरे नए होस्ट साहब लूसियन एक स्प्रिचुअल मास्टर थे या होने का दावा करते थे। एक अच्छा, सफल और ख़ुशहाल जीवन जीने के लिए क्या करें—इस बारे में लिखते थे। मौन में कैसे उतरें, आजकल यही पढ़ाते थे और ख़ुद उतर चुके थे। इधर हाल यह कि हम समझे बैठे थे—अध्यात्म भारत की बपौती है!

उनसे मेट्रो स्टेशन पर मिलना हुआ और अब आगे हमें बस लेकर उनके घर जाना था। मुझे उनसे हुई अपनी बातचीत ज़्यादा याद नहीं है, लेकिन यह याद है कि वे मेरी हर बात को तोड़ने की कोशिश कर रहे थे। जैसे अगर मैंने कहा कि बहुत अच्छा शहर है तो उन्होंने कहा कि तुम्हें क्या मालूम, अभी तो कुछ ही घंटे हुए हैं आए हुए! या अगर मैंने कहा कि मुझे 'योगा' आता है तो उन्होंने पूछा कि कौन-सा आता है? और जब मैंने कहा कि नाम नहीं मालूम तो मज़ाक़ बनाते हुए हँसे! लेकिन अब तो गधे को मजबूरी में बाप बनाने वाली बात सामने थी। यों भी सुनने के अलावा कोई और क्या कर सकता है? वैसे तो लूसियन मौन में उतरे हुए थे, लेकिन लगा कि मुझे समझाने के लिए उन्होंने अपना मौन त्याग दिया है। वे मुझे कुछ-न-कुछ मौन के बारे में बताते ही रहे। इतना कि मैं सच में मौन में उतर गई, न कुछ सुन पा रही थी, न कुछ समझ पा रही थी और न सोच पा रही थी। शायद यही था मौन!

हमें बस ने एक पहाड़ी पर छोड़ा और हम थोड़ा और चढ़ाई करके उनके घर आ गए। यह एक स्टूडियो अपार्टमेंट था। मतलब एक ही कमरे में रसोई, बैठक और बेड। रसोई में दूध तो क्या, चायपत्ती भी नहीं थी। फ्रिज में खाने को दाना नहीं और सब बरतन जूठे। यहाँ तो पानी पीने का भी बड़ी मुश्किल से मन

किया। एक तरफ़ उधर सिंगल बेड था और बीच में एक टाट का पार्टीशन, फिर इस तरफ़ एक सोफ़ा-कम-बेड। लूसियन ने कहा कि मैं यहाँ सोफ़े पर सो सकती हूँ। मैंने अपना सामान कोने में रखा और जल्दी से अगला दिन आ जाए, यह सोचने लगी। लेकिन लूसियन की बातें अभी ख़त्म नहीं हुई थीं। जनाब बताते रहे कि उनका एक प्लान है—एकांत में कॉटेज लेने का। उसके बारे में उनके पास कोई कांसेप्ट था जिसके बारे में अब मुझे ठीक से याद भी नहीं।

एकांत और शांति तो मुझे भी बहुत पसंद हैं। लेकिन किसी भी चीज़ का बतंगड़ बनाना, उसे दूसरे एक्सट्रीम पर खींच देना मुझे समझ में नहीं आता। मैं जानती हूँ, कुछ ऐसे लोगों को जो मौन रख लेते हैं और फिर लिख-लिखकर बातें करते हैं। आख़िर ऐसा मौन किस काम का जो बोलने की भूख से ही आपको मार डाले! ये जनाब तो बातचीत के ऐसे भूखे थे कि मैं जाने कब सो गई और वह जाने कब चुप हुए!

***

नया दिन था, ज़रूर कुछ नया लेकर आएगा। लूसियन जनाब ने बताया कि आज मुझे घर से चले जाना होगा, क्योंकि उनकी कोई दोस्त आ रही है। मैंने चार-पाँच लोकल लोगों को अपनी रिक्वेस्ट लिख भेजी थी। मुझे यक़ीन था कि शाम तक कुछ बात ज़रूर बन जाएगी, नहीं तो हॉस्टल तो ले ही लूँगी। मैं बिना कुछ खाए-पिए जल्दी ही घर से निकल ली। हालाँकि बारिश का मौसम था, लेकिन ठंड नहीं थी। मैं बिना सामान लिए निकल आई, बोलकर कि शाम को आकर सामान ले जाऊँगी।

बुडा के हरे पहाड़ों के बीच से मैं पेस्ट की तरफ़ उतरने लगी। रास्ता हरा और हरा होता जा रहा था। थोड़ी-थोड़ी दूरी पर मूर्तियाँ बनी हैं—कहीं राजा, कहीं रानी, कहीं साधु, कहीं मज़दूर, कहीं घुड़सवार, कहीं शेर तो कहीं चील। कहते हैं कि बुडापेस्ट इतिहास से लबालब है। यह एशिया और यूरोप के बॉर्डर पर बसा हुआ है तो दोनों की झलक मिलती रहती है। दुकानों के बाहर लाल मिर्चे टँगी हुई थीं। यहाँ के खाने में लाल मिर्च का ख़ूब इस्तेमाल होता है जिसको यहाँ पेपेरिका बोलते हैं। पेपेरिका मीठी और तीखी दो तरह की होती है। यहाँ की करी एकदम लाल-लाल राजस्थानी खाने के जैसे दिखती है, लेकिन स्वाद एकदम मीठा-मीठा होता है।

मैं हमेशा की तरह रास्ता भटक गई और यों ही अंदाज़ से चलने लगी। यहाँ भी घरों के बाहर झंडे लगे हुए थे—लाल, सफ़ेद और हरे रंग के झंडे; बिलकुल हमारे यहाँ जैसे। सारे झंडे इन्हीं रंगों से बने होते हैं क्या? मैं सोचती हूँ कि क्या गुलाबी रंग का झंडा नहीं होता किसी देश का? रास्ते में पब ही पब थे और अंदर अधेड़ उम्र के आदमी और एकाध औरतें अकेले बैठे बियर पी रहे थे—सुबह के नौ बजे! अँधेरे का-सा मौसम था। बारिश होने लगी थी। मैंने भी एक पब में शरण ली, लेकिन सुबह-सुबह बियर पीने की हिम्मत नहीं जुटा पाई। हालाँकि यहाँ बियर कॉफ़ी से सस्ती थी, फिर भी मैंने कॉफ़ी ही मँगवाई।

पब में मैं अकेली ही थी। एक पच्चीस-तीस साल का लड़का, जिसने शायद थोड़ी ही देर पहले दुकान खोली थी, दुकान जचा रहा था। पब में बहुत पुराने क़िस्म के बड़े-बड़े झूमर लगे हैं, कुर्सियाँ और सोफ़े भी पुराने काम वाले कपड़े के बने लगते हैं। डिम लाइट है और शायद यहाँ का कोई लोकल म्यूज़िक चल रहा है। लड़का गिलास साफ़ कर रहा है और अपने में मस्त-सा दिखता है। दुकान में किसी दूसरे देश की लड़की आई है, इससे उसे कोई मतलब नहीं दिखता। हालाँकि यह कोई टूरिस्टी इलाक़ा नहीं लगता, फिर भी उसे मुझमें कोई दिलचस्पी नहीं दिखती। मैं उससे कुछ सवाल-जवाब करती हूँ तो वह बड़ी तमीज से उनका जवाब देता है। उसकी अंग्रेज़ी इतनी बुरी नहीं है! जब मैंने उससे पूछा कि कितने लोग सुबह-सुबह बियर पीना चालू कर देते हैं तो वह थोड़ा झिझकता है और जवाब में चुप ही रहता है। मैं बारिश रुकने तक अपनी कॉफ़ी पीती हूँ। उसका एक और दोस्त आ जाता है और वे आपस में बात करने लगते हैं।

एकदम अनजान देश के अनजान शहर की अनजान गली के एक अनजान पब में दो अनजान लड़कों के साथ मुझे बिलकुल अनजानापन नहीं लगता। बल्कि लगता है जैसे मैं रोज़ ही इस बार में कॉफ़ी पीती हूँ और इन दोनों को जानती हूँ। डर तो आसपास तक नहीं फटकता। यह बेफ़िक्री मुझमें है कि आसपास के लोगों में है? डर हमें लगता है कि आसपास के लोग डराते हैं। हम जैसे हैं, वैसे हैं ही कि हमारा आसपास हमें वैसा बनाता है? कितनी ही ऐसी लड़कियों को मैं जानती हूँ जो कभी बिना बाँहों के सूट पहनते तक शरमाती थीं, आज लंदन में शार्ट स्कर्ट आराम से पहनती हैं। एक बात और, वे सब लड़कियाँ जो यूरोप में हनीमून के वक़्त एकदम बढ़िया, नए अंदाज़ के ड्रेस पहनते वक़्त बिलकुल नहीं शरमातीं, वापस घर जाकर फिर साड़ी में लिपट जाती हैं। वही शॉर्ट्स जो

पेरिस की गलियों में ज़रूरी थे, दिल्ली में उनके लिए बस टीस बनकर रह जाते हैं। तो फिर सोच किसी लड़की की दकियानूस है या समाज की? मैं जो बात कह रही हूँ वह बिना अपवाद के कह रही हूँ। मैं भारत से बाहर बसी जाने कितनी ही भारतीय लड़कियों को जानती हूँ। हर वर्ग की, हर समाज की। बैंक में काम करने वाली भी और बरिस्ता में कॉफ़ी बनाने वाली भी। मुंबई की भी हैं और राँची की भी। उनमें इंडस्ट्रियलिस्ट की बेटियाँ भी हैं और बस ड्राइवर की भी। मेरे जानने में बिना किसी अपवाद के कोई भी लड़की रोज़मर्रा के जीवन में सूट या साड़ी पहनना पसंद नहीं करती। साड़ी या सूट उनके लिए सिर्फ़ साल में एकाध बार त्यौहार पर निकलने वाले परिधान हैं।

ख़ैर, यह तो बात हुई बाहरी बदलाव की। क्या इंसान अंदर से भी बदलता है? समाज बना तो हमसे ही है न? जो इतने सारे माँ-बाप और हम उनकी संतानें मिलकर यह समाज बनाते हैं, क्या हमारे बदलने से समाज बदल नहीं जाएगा? फिर यह इंतज़ार क्यों कि समाज बदलेगा तभी हम बदलेंगे? ख़ैर, ज़रूरत के साथ-साथ बदलाव भी आएगा ही। अभी तो मैं बुडापेस्ट के समाज में थी और अकेले होकर भी सहज थी, डरी हुई नहीं थी। यह मेरे लिए किसी भी 'हनीमून' से कम न था! बल्कि उससे बढ़कर था, क्योंकि जहाँ जैसे थी, वह मैं ख़ुद अकेली थी, बेफ़िक्र।

***

मुझे शाम के लिए होस्ट मिल गया था; नहीं, होस्ट मिल गई थी! काटा ब्लैसोवस्ज़की—नाम था उसका। अभी-अभी नए घर में शिफ़्ट हुई थी। एक कमरा था, एक रसोई और एक गुसलख़ाना। ज़्यादातर सामान बक्सों में ही पड़ा था। वह पहली बार किसी को होस्ट कर रही थी और मेरे कंफर्ट को लेकर काफ़ी चिंतित थी। अपने छोटे घर के लिए बार-बार मुझसे माफ़ी माँगे जा रही थी। अब उसे मैं कैसे समझाऊँ कि मेरे लिए यह किसी महल से कम न था। इतने दिनों के बाद किसी लड़की का मिलना, उसके घर में रुकना, बेपरवाह कपड़े बदलना और बातें किए जाना, अपने सारे क़िस्से और गप्प खुले मन से कहना—अपने सुकून का सबूत कैसे दूँ उसको!

लड़कों से बातें करते हुए हज़ार ख़्याल रखने पड़ते हैं। इम्प्रेस इतना तो करना है कि सामने वाला इंटरेस्टेड रहे और आपको अपने घर में रुका कर पछताये

नहीं, और इतना भी इम्प्रेस नहीं करना कि वह आपके प्यार में ही दीवाना हो जाए! यहाँ तो मैं अकेली घूम रही थी; यहाँ तो और भी ज़्यादा ख़्याल रखना था। वैसे भी किसी नए लड़के से दोस्ती करने में, उससे बातचीत में ख़ुद-ब-ख़ुद एक अजीब-सी सावधानी आ ही जाती है—दोस्ती भी करनी है और प्यार भी नहीं होने देना! यों दोस्ती और प्यार के बीच में संतुलन बनाते-बनाते वह दोस्ती वाली बेपरवाही कहाँ रह पाती है? तभी तो लड़कियाँ होती हैं—लड़कियों के लिए ख़ास!

काटा के घर शाम को पहुँची और पहुँचते ही हम डिनर करने बाहर निकल गए। उसका घर पेस्ट के एकदम सेंटर में, मार्गरिट ब्रिज के पास था। आज शायद कोई ख़ास दिन था, तभी भीड़ के बड़े-बड़े झुंड ब्रिज की तरफ़ बढ़ रहे थे। काटा ने बताया कि नदी के ऊपर आतिशबाज़ी होने वाली है। मुझे कारण ठीक-ठीक तो याद नहीं! शायद यह दिन उनके पहले राजा सेंट स्टीवन—जिन्होंने हंगरी को बनाया था—की याद में मनाया जाता है। डेन्यूब पर हज़ारों लोगों की भीड़ थी। लोग बच्चों को कंधों पर बिठाकर लाये थे। जगह-जगह इक्के-दुक्के पुलिस वाले भी खड़े थे। लगभग आधे घंटे तक फुलझड़ी वाले पटाखे फूटते रहे। बच्चे तालियाँ बजाते रहे। आतिशबाज़ी ख़त्म होने के दस मिनट के अंदर ही भीड़ छँट गई, जैसे डेन्यूब में गुम हो गई हो! ख़ाली धुआँ रह गया...

पटाखों के शोर और रौशनी से सैकड़ों पक्षी जाग गए थे जो पार्लियामेंट की इमारत के ऊपर टूटे सितारों-से मँडराते रहे। बेचारे उस आधे घंटे के लिए भ्रम के शिकार हो गए होंगे कि सुबह हो गई है। अब आधी नींद उठकर परेशान मँडरा रहे थे।

काटा मुझे रात का शहर दिखाती रही। मेरी बातें सुनती रही, अपनी बताती रही। काटा के परिवार में सिर्फ़ वह और उसकी माँ हैं। काटा की माँ भी मार्गरिट ब्रिज के पास ही एक इमारत में रहती हैं। दोनों हर दो-तीन दिन में मिलती हैं। लेकिन साथ-साथ नहीं रहतीं। अलग-अलग किराया देती हैं, अलग-अलग खाना बनाती हैं। बहुत कोशिश करने पर भी मुझे समझ में नहीं आया कि ऐसा क्यों है! मैंने उससे कहा कि साथ में क्यों न रहें! साथ का साथ भी हो जाएगा और सबसे बड़ी बात, डबल किराया नहीं देना पड़ेगा। घर का ख़र्च आधा हो जाएगा। लेकिन जैसे उनका इंतज़ाम मुझे समझ नहीं आया था, उसे मेरा सुझाव समझ में नहीं आया!

काटा कहती है कि उसके और उसकी माँ के दोस्त अलग हैं, दोनों की पसंद अलग है, दोनों के तरीक़े अलग हैं। दोनों की अपनी-अपनी ज़िंदगी है और दोनों एक-दूसरे के स्पेस का आदर करते हुए अलग रहती हैं। किराया बचाने के लिए दोनों अपनी-अपनी ज़िंदगी तो क़ुर्बान नहीं कर सकते न?

माँ के भी अपने दोस्त होते हैं—मैं सोच में पड़ गई! मुझे पिछले बीस सालों से माँ के दोस्त नहीं दिखे थे। माँ के ख़ुद के दोस्त? वो तो पापा के दोस्तों की बीवियों की दोस्त बन जाती थीं या मेरी दोस्तों की माओं की। मुझे याद है, बचपन में कभी-कभार उनकी एक सहेली उनसे मिलने आती थीं। फिर वह भी कहीं गुम हो गईं। और जीने के अलग तरीक़े क्या? जो मुझे पसंद है वही तो उन्हें पसंद होता है। जो खाने में मुझे अच्छा लगता है, वही तो वे हमेशा बनाती हैं। माँ की पसंद की सब्जी कौन-सी है—मैं सोचने लगी...

***

घर वापस आने पर काटा ने सुझाया कि चूँकि घर छोटा है और बेड एक ही है तो वह अपनी माँ के घर चली जाएगी। लेकिन मुझे तो सुबह पाँच बजे निकलना है, और दो तो बज चुके हैं! उसने कहा कि वह सुबह पाँच बजे आ जाएगी। लेकिन मैं चाहती थी कि वह रुक जाए। मैंने कहा कि मुझे नीचे सोने में कोई दिक़्क़त नहीं है, और वह रुक गई।

वह एकदम सहज थी। काटा और मेरा साथ महज एक शाम और एक आधी रात-भर का था, लेकिन वह जैसे मेरी सहेली-सी हो गई थी। उसके व्यवहार में एक बड़ी बहिन जैसा कुछ अपनापन था। अपने-आप को वैसे मैं बहुत मैच्योर समझती हूँ और अक्सरहाँ सबकी बड़ी बन जाती हूँ, लेकिन काटा तो मुझसे बड़ी थी। वह मुझे अपने बारे में बताने के लिए व्याकुल नहीं थी। वह बस सुनना चाहती थी। उसके साथ चुप रहना भी आसान था। उसके सरल स्वभाव ने मुझे उसकी छोटी बहन बना दिया था। वह ख़ुश थी कि भारत देश की एक लड़की अकेले घूमते हुए उसके पास आ पहुँची थी। बुडापेस्ट शहर सुंदर तो था ही, उसने उसे नेकदिल भी बना दिया था। बुडापेस्ट मुझे अब हमेशा एक दयालु शहर के रूप में याद आता है।

अगले दिन मुझे इंसब्रुक जाना था और कोई सीधी ट्रेन नहीं थी। फ़्लाइट मुझे लेनी नहीं थी सो मैं आजमाने पहुँची अपना पुराना तरीक़ा—यानी लिफ़्ट!

अब कोई सीधी गाड़ी बुडापेस्ट से इंसब्रुक जाती हो, ऐसा भी नहीं था। लेकिन एक भलेमानुष म्युनिक जा रहे थे और म्युनिक से इंसब्रुक ज़्यादा दूर नहीं है। वहाँ पहुँचकर ज़रूर कुछ-न-कुछ जुगाड़ हो ही जाएगा, मैंने यही सोचा।

गाड़ी सुबह छह बजे बुडा से निकलनी थी और मैं थी पेस्ट में। मतलब, मुझे सुबह पाँच बजे उठकर निकल लेना था। सुबह-सुबह जाने ट्राम या बसें भी चलती होंगी कि नहीं? सीधे तो कोई बस थी भी नहीं! मैंने सोचा कि घर से साढ़े चार बजे ही निकल जाऊँगी। फिर भी मैंने गाड़ी वाले सज्जन को अपनी दुविधा बताई और पूछा कि अगर सुबह ट्राम जल्दी नहीं चलेगी तो क्या वे थोड़ा इंतज़ार कर सकते हैं। उधर से जवाब आया—"O, I can not wait because I have a date."

मुझे बड़ा अटपटा लगा। ग़ुस्सा भी आया कि मेरी यहाँ मजबूरी है और उन्हें अपनी 'डेट' की पड़ी है। थोड़ी देर में क्या बिगड़ जाएगा? ख़ैर, सुबह सब ठीक होगा—सोचकर मैंने आँखें मूँद लीं। सुबह चार बजे उठी तो धुंआधार बारिश हो रही थी। मेरा बड़ा-सा बैक-पैक था, न सीधे रास्ते का ज्ञान था और ना ही पता करने का मौसम और समय। यहाँ से इस मूसलाधार बारिश में निकली भी और थोड़ा लेट पहुँची तो बस! मेरा मन भारी हो रहा था और लग रहा था कि जाऊँ ही ना। बुडापेस्ट में ही रुक जाऊँ और ऑस्ट्रिया रहने ही दूँ। यहाँ से सीधे स्विट्ज़रलैंड चली जाऊँगी। ऊपर से मेरी बुडापेस्ट की होस्ट इतनी बढ़िया और दयालु और दूसरी तरफ़ वह कठोर इंसान जिसे अपनी डेट की पड़ी है!

मैंने मन बना ही लिया था कि काटा उठ गई और पूछा, कैसे जाओगी? मैंने उसे अपनी दुविधा बताई और 'डेट' वाली वह बात भी। वह जान गई कि मैं क्या सोच रही हूँ। उसने मुस्कुराते हुए कहा कि डेट का मतलब 'ज़रूरी मीटिंग' हो सकता है और बुडापेस्ट से म्युनिक दूर है इसलिए वह समय से निकलना चाहते होंगे। इसमें कठोरता वाली कोई बात नहीं है। उसने मेरे लिए टैक्सी मँगाई जो कि ज़्यादा महँगी भी नहीं थी। और इस तरह मैं शब्दों के जाल को फाँदकर इंसब्रुक के रास्ते में थी!

१०

इंसब्रुक : जाने क्यों!

इंसब्रुक जा रही थी। पता नहीं क्यों! अरे, पता कैसे नहीं? प्राग के उन तमीज़दार शराबियों की सलाह पर ही तो जा रही थी। जिसे भी बताया, वह चौंका—'इंसब्रुक क्यों? वियना क्यूँ नहीं'। मैं भी मन-ही-मन कई बार विचलित हुई कि इंसब्रुक क्यों? ख़ैर, अब तो रास्ते में थी। लेकिन इतना आसान नहीं था इंसब्रुक पहुँचना। लिफ़्ट तो सिर्फ़ म्यूनिक तक के लिए मिली थी। अब यहाँ से आगे के लिए बस या ट्रेन की टिकट-बुकिंग या उधर जाने वाले किसी सज्जन की गाड़ी में लिफ़्ट का जुगाड़ अभी-के-अभी करना था। मैंने अपनी रिक्वेस्ट इंटरनेट पर डाल दी कि कोई म्यूनिक से इंसब्रुक जाता हो तो मुझे साथ लिये चले। इस दौरान मैं म्यूनिक रेलवे स्टेशन के बाहर एक कैफ़े में बैठ गई कि किसी से लिफ़्ट नहीं मिली तो ट्रेन पकड़ूँगी।

सुबह चार बजे की उठी थी। रात मुश्किल से दो घंटे सोई थी और दिन में सात घंटे का सफ़र किया था तो थकान भारी थी। इस कैफ़े में मैंने अपना फ़ोन चार्ज होने के लिए लगा दिया। यहाँ वाई-फ़ाई फ़्री था और टॉयलेट भी था। इस जगह रुककर मुझे आगे जाने के लिए ताक़त बटोरनी थी। मैंने कॉफ़ी, केक और एक सैंडविच आर्डर किया। जाने क्यों मुझे लगा कि कैफ़े वाले लड़के ने मुझसे आधे ही पैसे लिये। काउंटर पर दो लड़के खड़े थे और दोनों ही बहुत फ़्रेंडली

थे। वह मुझसे मेरी यात्रा के बारे में काफ़ी सवाल करते रहे और मुझे 'जितनी देर आराम करना चाहूँ, कर लूँ'—का न्योता भी दे दिया। मैंने हाथ-मुँह धोया, ब्रश किया और नाश्ता करके, गाड़ी वालों के जवाब का इंतज़ार करने लगी। शहर दयालु होते जा रहे थे।

एक गाड़ी मिली जो निकलने वाली थी शाम पाँच बजे, फ्रॉटमैंनिंग करके एक जगह है—वहाँ से। मैंने कैफ़े वाले दोस्तों से पूछा तो उन्होंने बताया कि यहाँ से आधा घंटा दूर है और पास में बायर्न म्यूनिक का स्टेडियम भी है। मुझे यों तो फ़ुटबॉल के बारे में कोई ज़्यादा जानकारी नहीं है, लेकिन जर्मनी को फीफा में खेलते देख इस खेल से प्यार ज़रूर हो जाता है। और आप मानें या न मानें, बायर्न म्यूनिक मेरी फ़ेवरेट फ़ुटबॉल टीम है! इसके अलावा कुछ ख़ास मुझे यों भी दिख नहीं रहा था इस शहर में। किसी भी कंक्रीट के बड़े शहर जैसा तेज़ शहर था। जगह-जगह ऑडी, मर्सिडीज़, बीएमडबल्यू की इमारतें थीं। जैसे सिंगापुर या लंदन में बैंकों की ऊँची-ऊँची इमारतें होती हैं, यहाँ इन लक्ज़री गाड़ियों की थीं।

मेरी दिलचस्पी न गाड़ियों में है, ना ऊँची इमारतों में। सोचा, चलो, स्टेडियम देखा जाए। अभी दो बजे थे। मैं एक घंटे में फ्रॉटमैंनिंग के लिए निकल पड़ी। फ़ोन की बैटरी भी चार्ज हो गई थी और मैं भी! फ्रॉटमैंनिंग स्टेशन से बीस मिनट पैदल रास्ता है स्टेडियम का। कहीं बैग रखने की जगह तो थी नहीं इसलिए मैं बैग टाँगकर स्टेडियम की तरफ़ चल पड़ी। अब सिर्फ़ एक घंटा था, वापस भी आना था। मैं दौड़ने लगी। दूसरे लोग भी अपने बच्चों के साथ स्टेडियम देखने आए थे। मुझे देखकर शायद वे सोच रहे होंगे कि मैं आर्मी ट्रेनिंग कर रही हूँ। बड़ा-सा हरा पिट्ठू बैग टाँगकर दौड़ जो रही थी!

स्टेडियम में अंदर जाने की टिकट थी। मैं टिकट ऑफ़िस तक पहुँची, जाली की बाड़ से फ़ुटबॉल फील्ड की फ़ोटो खींची और वापस दौड़ पड़ी। बस, इतना ही समय था मेरे पास!

***

ठीक पाँच बजे तय ठिकाने पर पहुँच गई। शायद यह बर्लिन का बाईपास होगा या ऑस्ट्रिया जाने का मोड़। काफ़ी सारी गाड़ियाँ और भी खड़ी थीं और कुछ लोग मेरी ही तरह अपनी लिफ़्ट का इंतज़ार कर रहे थे। यह टैक्सी स्टैंड नहीं

था। यहाँ निजी गाड़ी वाले कुछ यूरो के बदले राहगीरों को लिफ़्ट देते हैं। अकेले ड्राइवर को साथ मिल जाता है और तेल के थोड़े पैसे अलग निकल जाते हैं।

हम भारतवासियों को कंजूस समझा जाता है, लेकिन हम कभी ऐसी समझदारी की बात नहीं करते। बड़ी एसी गाड़ियों में अकेले सफ़र करते हैं और ड्राइवर को नौकरी पर रखते वक़्त अपनी कंजूसी का परिचय देते हैं। ख़ैर, सिक्योरिटी का भी तो सवाल है। लेकिन इस तरह यक़ीन कर पाना बहुत सुखद लगता है। जिस समाज में इंसान इंसान पर भरोसा कर पाए, वहाँ जीना सहज हो जाता है।

मैं पंद्रह–बीस मिनट तक इंतज़ार करती रही, लेकिन मेरी गाड़ी का कहीं कोई पता नहीं था। वह शायद कहीं और से आ रही थी और बर्लिन क्रॉस करते हुए इंसब्रुक जा रही थी। मैंने गाड़ी वाले को मैसेज डाला कि मैं उसका इंतज़ार कर रही हूँ; पास में ही एक कैफ़े है, वहाँ उसे मिलूँगी। लेकिन मैसेज का कोई जवाब नहीं आया तो मैं वहीं बैठी रही। कहीं गाड़ी आए और मुझे न पाकर चलती बने तो! फिर तो वापस म्यूनिक में ठिकाना ढूँढ़ना पड़ेगा।

एक गाड़ी आकर मेरे सामने रुक गई। उसमें एक ही ड्राइवर है। हम दोनों एक–दूसरे को "हेल्लो" कहते हैं। इंसब्रुक—मैं कहती हूँ। इंसब्रुक—वह कहता है। मैं अपना बैग उसकी डिक्की में पटकने ही वाली होती हूँ कि वह मुझे किसी और नाम से पुकारता है। मतलब, यह किसी और के लिए आया है। मेरी ही तरह कोई और लड़की इंसब्रुक जा रही होगी। लेकिन मेरी गाड़ी लेट है और इसकी सवारी लड़की है।

एक बार के लिए तो लगा कि इसी के साथ निकल लूँ। फिर लगा कि मेरी गाड़ी आई और उसको मैं न मिली तो? फिर उसका विश्वास नहीं टूट जाएगा? जाने फिर जाने वह किसी और राहगीर को बिना एडवांस पैसे के लिफ़्ट दे या ना दे। मेरे जैसे लोग जिनका अकाउंट दूसरे देश में है, करेंसी दूसरी है, पास में सेफ़ इंटरनेट नहीं है, जो कैफ़े में फ़्री वाई–फ़ाई ढूँढ़ते फिरते हैं, उनके लिए मुश्किल नहीं हो जाएगी क्या इस तरह? आज तो मेरे लिए आसान हो जाएगा, लेकिन आगे औरों के लिए तो मुश्किल हो सकती है!

मैंने अपना बैग वापस ज़मीन पर पटक दिया और फिर से आती हुई गाड़ियों को ताकने लगी। दस मिनट और इंतज़ार के बाद मेरी गाड़ी भी आ गई। दस मिनट में कितने विश्वास बनते हैं और कितने टूट सकते हैं... ख़ैर!

***

मेरी गाड़ी वाला चौबीस-पच्चीस साल का है। इंसब्रुक की एक यूनिवर्सिटी से पासआउट है। अपनी गर्लफ्रेंड से मिलने जा रहा है। वह उसकी जूनियर थी और अभी भी वहीं पढ़ती है। वह बताता है कि चूँकि सुबह से ड्राइव कर रहा है, इसलिए कैफ़े में फ्रेश होकर चलेगा, दस मिनट में। मुझे भी थोड़ी भूख लग आई थी। कैफ़े में खाने का ज़्यादा सामान नहीं है तो मैं चाय और बटर प्रेट्ज़ेल लेती हूँ। प्रेट्ज़ेल यहाँ बहुत प्रसिद्ध है। यह एक तरह का बड़ा-सा, सूखी जलेबी जैसा दिखने वाला ब्रेड है। नमकीन होता है और भूखे पेट के लिए काफ़ी होता है। सस्ता भी है तो राह चलते लोगों को यहाँ ज़्यादा खाते देखा जा सकता है।

मुझे उसका नाम याद नहीं आ रहा, इसलिए मैं उसको निराला बुलाऊँगी। जब निराला के साथ गाड़ी में बैठ गई, तब उसने मुझे अपनी दादी के हाथ का बना सेब का पैन केक दिया। वाह, घर का बना कुछ! लगता है, बरसों हो गए मिले... मुझे अजब ख़ुशी हुई उस वक़्त!

निराला नाम मैंने ऐसे ही नहीं चुना है, कुल जमा तीन घंटों के उस हमसफ़र के लिए। वह सच में ऐसा था भी! निराला ने रास्ते में बताया कि वह को-आपरेटिव लिविंग में रहना चाहता है। वह क्या है? जैसे को-आपरेटिव स्टोर होते हैं? एक था हमारी दिल्ली यूनिवर्सिटी में। वहाँ सामान शायद बाहर से सस्ता मिलता था, मुझे बस इतना ही ज्ञान है। निराला मुझे एक हज़ार पन्नों की किताब थमा देता है—पढ़ लो, इसमें सब लिखा है।

किताब के बैक कवर पर वर्ल्ड मैप बना था और उस मैप पर हरे गोले बने थे उन-उन जगहों पर, जहाँ-जहाँ लोग को-आपरेटिव लिविंग में रहते हैं। उदाहरण के तौर पर समझ लीजिए कि यह एक नई चलन है या कि कोई नया धर्म ही है। वैसे तो धर्म की इतनी मिट्टी पलीद हो गई है कि किसी अच्छी चीज़ के लिए उसे उदाहरण बनाते वक़्त अब झिझक ही होती है। जाने देते हैं। हम ऐसे समझते हैं, ये लोग हिप्पियों की तरह शहर से बाहर रहते हैं, लेकिन उनकी तरह चलते-फिरते नहीं रहते। जैसे शहरों में लोग एक दूसरे से कट गए हैं, एक बिल्डिंग में एक पड़ोसी अपने दूसरे पड़ोसी को नहीं जानता, वहाँ ऐसा कुछ नहीं है। वे लोग आपस में लगातार संपर्क और संवाद में रहते हैं और मिल-जुलकर रहते हैं। एक तरह से कम्यून भी कह सकते हैं। ख़ुद की बिजली बनाते हैं और ख़ुद का खाना। ख़ुद के स्कूल और ख़ुद का ही रोज़गार। डॉक्टरों से दूर, बैंकों से दूर, गिरजाघरों

से दूर, गाड़ियों से दूर, प्रदूषण से दूर, समाज के नियमों से दूर, धर्म से दूर, प्रकृति के पास। ये बेहद पढ़े-लिखे लोग अपना नया आदिवासी समाज बनाते हैं!

बेहद रोचक आइडिया था, लेकिन जाने क्यों मुझे एकदम कटा हुआ-सा लगा। मुझे यहीं रहना है—इमारतों और कारख़ानों के बीच, यहीं के लोगों के बीच और यहीं संवाद पैदा करने की कोशिश करनी है। जो अलग बसने की बात सोचते हैं, अगर सब अलग जाकर बस गए तब तो दुनिया बिलकुल ही नीरस हो जाएगी। एक तरफ़ कम्यून या सीओ-ऑपरेटिव वाले आपस में मिल-जुलकर रहने वाले लोग होंगे, दूसरी तरफ़ कारख़ानों-ऑफ़िसों में कटे-कटे लोग। इन लोगों का साथ रहना ही अच्छा लगता है, अलगाव नहीं। मैं काफ़ी देर तक किताब को पढ़ती रही और निराला की बातें सुनती रही।

निराला अपनी गर्लफ्रेंड के साथ टेंट में रहने वाला था। उसकी गाड़ी की डिक्की में कैंपिंग के बाक़ी सामान के साथ एक छोटा स्टोव और खाने-पीने की चीज़ें भी थीं। वे लोग यूनिवर्सिटी के पास किसी एक पहाड़ी पर टेंट लगाएँगे। मेरा भी अभी तक रहने का कोई जुगाड़ हुआ नहीं है। मन-ही-मन मैं भी कैंपिंग करने की सोचने लगी। ध्यान आता है कि इनका टेंट तो दो जनों का है, और फिर इनके साथ कबाब में हड्डी क्यों बनना! हालाँकि मैं भी किसी पहाड़ी पर सो ही सकती हूँ। निराला को मैं अपना प्लान बताती हूँ तो वह भी उत्साहित होता है और मेरे प्लान को सपोर्ट करता है।

शाम हो चली थी। रहने की जो चिंता थी वह भी मिट गई। रास्ते में मैं ख़ूब सारे फ़ोटो और वीडियो बनाते हुए चलती हूँ। अब तक मेरे कैमरे में ख़ूब सारा माल जमा हो गया है। मुझे ज़रूर किसी पेन ड्राइव या हार्ड डिस्क में यह सब ले लेना चाहिए। कहीं संयोग से कैमरा इधर-उधर हो गया तो लेने-के-देने हो जाएँगे। वैसे हर बैक-पैकर के पास कैमरा गुम होने वाली कहानी ज़रूर होती है। सबको कैमरे का दुख कम और उसमें क़ैद ढेर सारी यादों के गुम होने का अफ़सोस ज़्यादा होता है। कितना दुख़द होता होगा न, मैं इसी ख़्याल में खो गई!

***

हम यूनिवर्सिटी पहुँच गए। इंसब्रुक से बीस मिनट दूर एक पहाड़ी की चढ़ाई पर बनी है यह यूनिवर्सिटी। शानदार जगह पर बनी इस यूनिवर्सिटी में समाज विज्ञान का एक कोर्स 'Peace and conflict studies' भी है। बहुत दिलचस्प लगा

मुझे! पहुँचकर लगा, यहाँ तो रात का इंतज़ाम हो ही जाएगा। निराला के स्वागत में बहुत से दोस्त आए, उसकी गर्लफ्रेंड तो ख़ुशी से रो ही पड़ी। काफ़ी पॉपुलर लगते हैं यहाँ निराला साहब! अब निराला ने मुझे यूनिवर्सिटी के स्टूडेंट्स के हवाले कर दिया और ख़ुद टेंट लगाने चले गए।

बारिश का मौसम हो गया था। जब मैंने बताया कि मैं बाहर सोने का प्लान कर रही हूँ तो सब एक साथ बोले, 'रात को बारिश ज़रूर होगी!' मेरे पास तो टेंट भी नहीं है। मैं मन-ही-मन सोच रही थी कि कोई अपने हॉस्टल रूम में इन्वाइट कर ले तो कितना अच्छा रहे। लेकिन किसी और के मन में यह ख़्याल नहीं आया शायद। हम काफ़ी देर तक बाहर गार्डन में बैठकर बातें करते रहे। अभी तक मुझे पता नहीं है ठिकाने का, लेकिन इतने सारे लोग हैं, हॉस्टल है, पहाड़ी है तो आशा ज़रूर है। अब अँधेरा हो रहा था और बारिश की बूँदें भी गिरने लगी थीं। सब अंदर की ओर बढ़ने लगे। चलते-चलते किसी ने मुझे भी अंदर बुला लिया। चलो, एक क़दम और ठिकाने की ओर तो बढ़े। कुछ और नहीं तो इस हॉस्टल के बाहर के छज्जे के नीचे सो जाऊँगी। कोई-न-कोई तो तकिया-रजाई दे ही देगा।

अंदर पहुँचे तो एकदम फाइव स्टार होटल जैसा माहौल था! रिसेप्शन था, विजिटर के लिए बढ़िया सोफ़े लगे थे, टेबल पर पानी रखा था, दीवारों पर शेल्फ में किताबें सजी थीं, बढ़िया कारपेट बिछा था और वाई-फ़ाई फ़्री था! स्टूडेंट्स की चहलकदमी जारी रही। कल कोई एलुमनी मीट था तो बाहर से यहाँ के पुराने स्टुडेंट आ रहे थे। ये सभी चौबीस-पच्चीस साल से लेकर तीस-पैंतीस साल तक के थे। तभी एक बेहद हसीन भारतीय नैन-नक्श वाला चेहरा मेरे सामने आता है। वह तो मेरी तरफ़ ही आ जाती है और कहती है, "मैं हीला नज़ीबुल्लाह, और आप?" यहाँ ऐसा सवाल हिंदी में! मैं कुछ देर हक्की-बक्की उसे ताकती रही।

उसे मैं अपना हाल बताती हूँ और वह बताती है कि उसने जामिया से पढ़ाई ख़त्म की, कुछ साल स्विटज़रलैंड में काम किया और अब यहाँ मास्टर्स कर रही है। उसने मुझे चाय ऑफ़र की और हम ऐसे ही काफ़ी देर तक हिंदी में बतियाते रहे। कैसा इत्तेफ़ाक़ था? इंसब्रुक की एक यूनिवर्सिटी जिसका नाम ही मुझे आज पहली बार पता चला था, उस यूनिवर्सिटी में मैं चाय पर, जामिया की एलुमनी से हिंदी में गप्पशप्प कर रही हूँ! अब रहने की दिक़्क़त ज़रूर नहीं होगी, मैं मन-ही-मन अपने ठिकाने की भी सोचती रहती हूँ। हालाँकि उसने मुझे रहने का ऑफ़र

नहीं दिया है, लेकिन उसके साथ होने से अब मुझे कुछ यक़ीन-सा है। फिर हीला भी अपने दोस्तों में व्यस्त हो जाती है और मैं सोचती हूँ,आख़िर मुझे अपने ठिकाने या बिस्तर के लिए किसी से सीधे-सीधे पूछ ही लेना चाहिए। अभी मैं ऐसा सोच रही होती हूँ, तभी मेरे फ़ोन पर इंसब्रुक शहर से एक होस्ट का मैसेज आता है। ख़ुशी यह कि वह लड़की है! वह मुझे अपने घर का पता भेजती है और मैं कब तक आऊँगी, पूछती है। वह इतनी आत्मीयता से पूछती है कि जाने का मेरा पूरा-पूरा मन बन जाता है। वैसे भी यहाँ अभी तक तो कुछ पक्का हुआ नहीं है। मैं विदा बोलकर निकलती हूँ। कल फिर आने की कह कर। मुझे आना नहीं था, फिर भी जाने क्यों बोल देती हूँ...

अब मुझे पहाड़ी से नीचे उतरना था। अँधेरा हो गया था और बारिश भी शुरू हो चुकी थी। कैसे उतरना है, कहाँ से बस जाएगी, कब जाएगी, इसकी जानकारी मुझे नहीं थी। लेकिन बस जाएगी, यह पता था। पहाड़ी है तो रास्ता नीचे उतरने का एक ही होगा, यह सोचकर आगे की मुझे ज़्यादा फ़िक्र नहीं थी। तभी पीछे से एक गाड़ी आती दिखाई देती है। नीचे आ रही है और नीचे है शहर, वहाँ से होस्ट के घर भी पहुँच जाऊँगी। मैंने हाथ बढ़ाकर लिफ़्ट माँगी और गाड़ी रुक रही। बड़ी गाड़ी लगती है। अंदर देखकर लगता है, जनाब गोल्फ-वोल्फ खेलकर आ रहे हैं। 'मुझे शहर छोड़ देंगे,' मैंने पूछा तो वे झट से मान गए। चलो, यह बढ़िया हुआ, बस का इंतज़ार भी नहीं करना पड़ा।

एक बात साफ़ है, इस शहर का मुझे किसी भी तरह का कोई आइडिया नहीं था। मैं आई भी तो बस या ट्रेन से नहीं थी! निराला गाड़ी में मुझे सीधा यूनिवर्सिटी ले गया था। मुझे शहर का बस स्टॉप, रेलवे स्टेशन या सिटी सेंटर कुछ नहीं पता था। टैक्सी, ऑटो, ट्राम, मेट्रो क्या चलता है यहाँ—यह भी नहीं मालूम। और यह शहर दिल्ली या मुंबई जैसा बड़ा भी नहीं था कि भीड़ में किसी से भी पूछ लो। यह शहर तो अपने सिक्किम के पेल्लिंग गाँव जैसा था। अँधेरा होते ही सोने वाला और भूगोल भी ऐसा ही था—पहाड़, घाटी, जंगल, फिर पहाड़। मैं यूनिवर्सिटी से निकल तो आई थी, लेकिन आगे कैसे पहुँचूँगी—इसका मुझे कोई आइडिया नहीं था। गाड़ी शहर आ गई तो जनाब ने पूछा कि कहाँ उतारूँ आपको। मैंने कहा, जहाँ से मुझे कोई साधन मिल जाए। उन्होंने पूछा कि मैं कहाँ जा रही हूँ। मैंने अपने फ़ोन पर लिखा एड्रेस दिखा दिया। 'अरे, मैं भी तो उसी साइड जा रहा हूँ!' एकदम से मुझे यक़ीन नहीं हुआ और थोड़ी झिझक भी हुई।

जब तक पहाड़ी से नीचे उतर रहे थे, सब ठीक था, क्योंकि रास्ता एक ही था। लेकिन अब ये कोई भी रास्ता ले लें, मुझे उसकी जानकारी नहीं है। इससे पहले कि मैं कुछ आगे कहती, जनाब ने मेरा एड्रेस अपनी गाड़ी के जीपीएस में डाल दिया। मुझे राहत मिली कि अब तो गाड़ी बताएगी कि कहाँ जाना है। यह भी सही, आज इन्सान से ज़्यादा गाड़ी पर विश्वास करना पड़ा मुझे!

***

नीना नाम था मेरी होस्ट का। अपने बॉयफ्रेंड के साथ दो कमरों के बेहद सुंदर घर में रहती है। मेरा बेड लगा हुआ था, साथ में एक धुला तौलिया रखा था। मेरे माँगने पर मुझे एक लैपटॉप दे दिया गया। मुझे रसोई दिखा दी गई और कहा गया कि मैं जब चाहूँ, टी या कॉफ़ी बना सकती हूँ। अगर मैं सुबह जल्दी उठती हूँ तो अपना ब्रेकफ़ास्ट ख़ुद बना सकती हूँ। या ख़ुदा, ये कैसा रहम है तेरा! कहाँ मैं यूनिवर्सिटी हॉस्टल के छज्जे के नीचे सोने की सोच रही थी, कहाँ इस घर के एक अलग कमरे के एक लगे-लगाये बिस्तर पर पहुँच गई! और साथ में चाय! ज़रूर कुछ अच्छा किया होगा पिछले जनम में मैंने कभी!

नीना की अंग्रेज़ी काफ़ी अच्छी थी, लेकिन उसका बॉयफ्रेंड बड़ी मुश्किल से अपनी बात अंग्रेज़ी में कह पाता था। शायद इसी वजह से मुझे उसका नाम भी अब याद नहीं। हम कुछ देर इधर-उधर की बातें करते रहे। उन्हें मेरे पूरे सफ़र के दौरान यों अनजान घरों में रुकने पर अचंभा हुआ। नीना ने पूछा, क्या मुझे डर नहीं लगता, क्या मुझे कभी कोई ग़लत इंसान नहीं मिला? मैंने कहा कि अभी तो तुम्हारे सामने सही-सलामत हूँ। आगे का पता कल चलेगा। वे दोनों सोने चले गए। मैं गैस स्टोव पर चाय चढ़ाकर नहाने चली गई। अच्छे से नहाकर लौटी तो चाय लिए लैपटॉप से अपनी पेन ड्राइव में फ़ोटो डाउनलोड करने बैठ गई। लेकिन मेरा कैमरा कहाँ है?

कैमरा मेरे पास नहीं था। मैंने हर जगह देखा। बैग को पूरा उलट-पुलटकर देखा, कैमरा नहीं था। मेरी तो जैसे साँस घुटने लगी। मेरे सारे-के-सारे फ़ोटो, सारे-के-सारे वीडियो! पेरिस, ब्रस्सल्स, एम्स्टर्डम, बर्लिन, प्राग, ब्रातिस्लावा, बुडापेस्ट—वहाँ मिले ढेरों लोगों के फ़ोटो! मेरी सेल्फ़ पोर्ट्रेट्स! सब कुछ तो! अब क्या? साँस रह-रहकर घुट रही थी। फिर से बैग ख़ाली करके देखा। फिर दिमाग़ को फ्लैशबैक किया। गाड़ी में तो नहीं छूटा होगा? बैग में था और बैग

मैंने खोला नहीं। फिर कहाँ? निराला की गाड़ी में? लेकिन यूनिवर्सिटी में तो शायद मेरे पास कैमरा था... कि नहीं था? अब ख़ुद की याददाश्त पर भी रह-रहकर शक हो रहा था। घटनाओं को एक ही क्रम में बार-बार सोचते रहो तो उसी पर यक़ीन होने लगता है। फिर जब दूसरी तरह से सोचो तो उस पर भी उतना ही यक़ीन होने लगता है। फिर दोनों पर शक होता है।

थोड़ी देर तक मैं किसी बावली की तरह अपने दिमाग़ में पीछे मुड़-मुड़कर सोचती रही। लेकिन सोचने से कैमरा थोड़े ही सामने आ जाता! तभी निराला को फ़ोन करने का ख़्याल आया। पर रात बहुत हो चुकी थी, और वह तो बाहर कैंपिंग कर रहा है! मुझसे फिर भी रहा नहीं गया, और मैंने फ़ोन लगा दिया। उठाना थोड़े ही था उसको उस वक़्त फ़ोन, नहीं उठाया।

अब हीला की याद आई। लेकिन उसका नंबर तो लिया ही नहीं। फ़ेसबुक पर ढूँढ़ती हूँ! लेकिन पूरा नाम याद नहीं आ रहा! गूगल पर हीला और जामिया और इंसब्रुक यूनिवर्सिटी सब लिखकर सर्च करती हूँ। किसी तरह लिंकडिन पर पूरा नाम मिलता है। अब फ़ेसबुक पर ढूँढ़ती हूँ। हाँ, यह रही; लेकिन फ्रेंड रिक्वेस्ट का तो ऑप्शन ही बंद है! अब? मैसेज लिखती हूँ। लेकिन वह भी अंदर फ़ोल्डर में जाता है। इनबॉक्स में जाने के पैसे माँगता है। शायद एक यूरो। मैं वह भी बैंक ट्रांसफ़र करती हूँ, ताकि हीला जल्दी-से-जल्दी मेरा मैसेज पढ़ पाये।

और क्या कर सकती हूँ? कैमरा और फ़ोटो गुम होने से ज़्यादा मुझे अब अपने दुख से परेशानी हो रही है! मुझे परेशानी इसलिए हो रही है कि मुझे इतना दुख क्यों हो रहा है! इतने सुंदर घर और बिस्तर का सारा मज़ा जाता रहा। बस, यही थी मेरी ख़ुशी? एक निर्जीव कैमरा और उसमें पड़ी निर्जीव तस्वीरों ने मेरी सारी ख़ुशी छीन ली? हमारी चीज़ें हमारी ख़ुशी से क्या ज़्यादा बड़ी हैं? अगर नहीं तो हमें चीज़ें इतना दुखी क्यों कर जाती है? साँस तक रोक दी थी इस चीज़ ने मेरी! बस, यही है मेरी साधना? बस, यही है मेरा विश्वास? मैं धीरे-धीरे अपनी साँसों को खोलने की कोशिश करने लगी। एक बड़ी लम्बी गहरी साँस... दूसरी बड़ी लम्बी गहरी साँस... तीसरी बड़ी लम्बी गहरी साँस... बस, यही है ज़िंदगी जो नाक से आ-जा रही है। बस, यही है जो क़ीमती है। इस ज़िंदगी को एक कैमरा और कुछ तस्वीरें हड़बड़ा गईं! छोटा और उथला कर गईं? अब मैं मुस्कुराने लगी थी। ख़ुद से कहा—कल नया ले लेना। अब

थोड़ी साँस ले ले। आख़िर तू कैसे बैक-पैकर कहलाएगी, जिसके पास कैमरा गुम होने की कहानी ही नहीं हो? शुक्र मना कि तू है।

सोचा कि सुबह ज़रूर कुछ अच्छा होगा!

***

सुबह आराम से उठी और नीना को अपने गुम हुए कैमरे के बारे में बताया। "अब तो मिलना मुश्किल है," उसने कहा। लेकिन मुझे ज़्यादा परेशान न देख वह थोड़ी परेशान हो जाती है। उसने मुझे बताया कि उसकी एक पसंदीदा जैकेट भी परसों ही एक मॉल में गुम हो गई, और वापस मिलने के कोई आसार नज़र नहीं आते। मैं उससे कहती हूँ, "जाने क्यों लगता है कि मेरा कैमरा मिल जाएगा।" वह हँसती है और कहती है कि काश, उसकी जैकेट भी मिल जाए।

मैं चाय पीकर सीधा यूनिवर्सिटी की ओर निकलती हूँ। अभी तक मेरे मैसेज का कोई जवाब नहीं आया था। मुझे जल्दी यूनिवर्सिटी पहुँच जाना चाहिए। क्या पता बाहर गार्डन में जहाँ बैठे थे, वहाँ रखा हो या बाहर छज्जे के नीचे या अंदर रिसेप्शन में, या निराला की कार में। मैं कैमरा ढूँढ़ने जा रही थी, लेकिन अब मेरी साँस नहीं रुक रही थी। मुझे पता था कि मिल जाएगा, और नहीं तो मैं आज ही नया ख़रीदने को तैयार थी। अभी लगभग पाँच मिनट ही चली थी कि फ़ोन पर मैसेज की घंटी बजी। जैसे मुझे पता था कि किसका था, और किस बारे में था—"Dear Anu, Your camera is safe with me, you can collect it when you come tonight. –Hila"

हुर्रे!!! मैं गली में नाचने लगी! अब मैं वापस घर की तरफ़ मुड़ जाती हूँ। अब क्या जल्दी है? आराम से ले लूँगी।

***

नीना की छुट्टी थी और उसने मुझे अपनी माँ के घर चलने का न्योता दिया। उसकी माँ अकेली एक पहाड़ी पर रहती है और नीना छुट्टी में उनसे मिलने जाती है। "क्यों नहीं, चलो," मैंने कहा। उसने बताया कि उसने अपनी माँ को मेरे बारे में बताया, लेकिन वह यों एक अजनबी को घर में रुकाने के ख़्याल से ख़ुश नहीं हैं। लगता है, उनमें आपस में बहस भी हुई है। वह कहती है—पुराने लोग एक-दूसरे पर ज़्यादा विश्वास करते थे, कहते तो यही हैं न? लेकिन मेरी माँ

तो उलटी ही है! मैं सोचती हूँ कि क्या सचमुच पुराने ज़माने के लोग एक-दूसरे पर ज़्यादा विश्वास करते थे? विश्वास करते होंगे, लेकिन मुझे जाने क्यों पुराने लोग अपने में घुटे हुए लगते हैं। वे दूसरों द्वारा जज किए जाने से डरते हैं। अपना दुख अपने अंदर रखते हैं। परिवार की बात परिवार में रहे—इस बात में यक़ीन रखते हैं। हम नये लोग? सॉरी, बीच के लोग, क्योंकि नया तो अब कोई और है! हम तो सब कह देते हैं, फ़ेसबुक पर लिख देते हैं। मैं तो जब तक अपनी परेशानियों का ढोल ना पीट लूँ, चैन नहीं मिलता। फिर जो सांत्वनाएँ मिलती हैं, उनके बारे में यह क्यों सोचना कि वे असली हैं या नकली! आपको तो मिली न, तो ले लो! मुझे अपने दुख चीख़कर कह देने में ही शांति मिलती है। मेरे दुख मुझे मेरी गलतियों के नतीजे नहीं लगते। और अगर हैं भी तो मैं उन्हें दूर करने की सोचती हूँ। यह नहीं कि 'दूसरे क्या कहेंगे'...। कभी-कभी दूसरों की परवाह होती भी है। लेकिन अब धीरे-धीरे कम हो रही है।

मैं इसकी भी परवाह नहीं करती कि सामने वाला सच में मेरे दुख में दुखी है कि नहीं। क्यों हो कोई आपके दुख में दुखी? आपकी ख़ुशी में ख़ुश? आपकी ख़ुशी आपके अंदर से ही निकलेगी, और आपका दुख भी आपके अंदर से ही निकलेगा। लोग कहते हैं कि सच्चे मित्र वही होते हैं जो आपके दुख में दुखी होते हों। मुझे नहीं लगता। किसी की नौकरी छूट जाए, किसी का पैर टूट जाए, उसमें दुख दिखाना कहाँ मुश्किल है? असल बात तो तब है जब आपकी ख़ुशी में कोई शामिल हो! आपकी लॉटरी लग जाए, आपकी प्रमोशन हो जाए और आपके दोस्त ख़ुश हो जाएँ! नहीं, मैं नहीं हो पाती। कोई नया बंगला बना ले, मुझे फ़र्क़ नहीं पड़ता; लेकिन कोई मुझसे ज़्यादा घूम ले—मैं चाहकर भी इसके लिए ख़ुश नहीं हो सकती। जलन मेरे मन का सबसे प्रभावी भाव है। जिस काम को मैं करना चाहूँ, कोई और उसे मुझसे पहले कर ले, बेहतर कर ले तो मैं ख़ुश नहीं हो पाती। जाने सही है या ग़लत? और कौन करेगा सही-ग़लत का फ़ैसला? लेकिन कई बार अपनी ख़ुशी और अपने दुख दूसरे से भी जुड़ जाते हैं। जैसे कोई कभी-कभार इतना महत्त्वपूर्ण बन जाता है कि वह ख़ुश तो आप ख़ुश, और वह दुखी तो आप दुखी। वह आज हँसकर बोल पड़ा तो आप सातवें आसमान पर, आज उसने अच्छे से बात नहीं की तो उदास! आज से छह-साढ़े छह साल पहले जब मैं पुणे में रह रही थी, तब अखिल भी मेरे लिए मेरी ख़ुशी और मेरा दुख बन गया था। जाने अखिल का नाम इतनी देर से क्यों आया है ज़िक्र में?

मैं तो शुरुआत ही उससे करना चाहती थी। उसी से तो शुरुआत हुई थी अकेले वैग टाँगकर मेरे बाहर निकल पड़ने की। जब उसका मूड मेरा मूड बनने लगा धा, तब की बात है। एक दिन मैं बहुत ख़ुश थी और ऑफ़िस से घर आते ही अखिल को फ़ोन किया। उसका दिन शायद अच्छा नहीं बीता होगा तो वह चिढ़ा हुआ था। नतीजा कुल मिलाकर यह हुआ कि मेरा अच्छा मूड एकदम-से फुस्स हो गया। उस दिन मुझे पहली बार लगा था कि मेरी ख़ुशी मेरी है या किसी और की ?

उस एक इंसान पर इतना निर्भर हो जाना कि ख़ुद की अपनी कोई भावना ही न रहे! उसके दिए फूलों के गुलदस्तों का बस इंतज़ार रहे और अंदर-ही-अंदर आप मनाते रहें कि उसका मूड काश, आज अच्छा हो! मेरी ख़ुशियाँ एक इंसान पर इतनी निर्भर हो गई थीं कि मुझे रह-रहकर डर लगने लगा। मैं अपनी ख़ुशी के साथ-साथ उसकी ख़ुशी का भी इंतज़ार करने लगी। और ऐसा नहीं

है कि मैं दुखी थी। लेकिन वह दुख भी जो था, वह भी उसी पर निर्भर था। वो भी मेरा नहीं था। मेरी ख़ुशी और मेरा ग़म—दोनों जैसे उधार के थे। वो जाने गहरा प्यार था कि गहरी लत! लेकिन वह अब मेरी बर्दास्त के बाहर होने लगी थी।

मैंने ऑफ़िस से इस्तीफ़ा दिया और पच्चीस हज़ार की बैंक-बचत के साथ अपना बैग कंधे पर टाँगा और बिना रिज़र्वेशन के ही निकल पड़ी। बस लेकर अहमदाबाद पहुँची और वहाँ से ट्रेन लेकर जैसलमेर। मैं अकेली एक महीने तक राजस्थान घूमती रही। मैं वहाँ अकेली घुमक्कड़ नहीं थी। अपने ही जैसे जाने कितने ही और अकेले घूमते लड़के-लड़कियों से मैं वहाँ मिली। लेकिन भारत में होकर भी एक भी भारतीय बैक-पैकर नहीं मिला वहाँ, जो थे वे सारे के सारे अकेले फ़िरते फिरंगी! घर ख़रीदने के आइडिया को छोड़ दुनिया घूमने निकली ब्राज़ील की एक डॉक्टर, रेगिस्तान के प्यार में पागल एक जर्मन लड़की, दुनिया-भर में साइकिल चलाता एक अधेड़ कपल, मेटल की ज़्वेलरी बनाता-बेचता एक ब्राज़ीलियन हिप्पी, लम्बी अनपेड छुट्टी लेकर घूमता एक अमेरिकन प्राइमरी टीचर—जीवन के हर पड़ाव से निकले लोग!

मैं अकेली थी और अपने-आप के साथ थी। मैंने अपना रास्ता ढूँढ़ा, अपने रहने के ठिकाने ढूँढ़े, अपनी मंज़िलें, अपने साथी और अपनी तन्हाई, अपनी ख़ुशी और अपने ग़म भी—सब कुछ ढूँढ़ा। जैसलमेर से कुलधरा गाँव तक साइकिल चलाते हुए मुझे लगा कि जैसे मेरा दिल नाच रहा है। मैं रेत के टीलों पर बने रोड पर साइकिल चलाती जा रही थी—अकेले, एकदम अकेले, और ख़ुश थी! वह ख़ुशी किसी और पर निर्भर नहीं थी। वह बस मेरी थी। ख़ुशी अब मुझे अपने अंदर मिल गई थी। मैं पूरे एक साल भी घूम सकती थी और पूरी उम्र भी।

वापस लौटकर मैं अपने से ख़ुश और एक निडर लड़की थी। मैं ख़ुद में ख़ुश थी और जब आप अपनी ख़ुशी ख़ुद में ढूँढ़ लेते हैं तो दूसरे पर बोझ नहीं, उसके साथी होते हैं। दूसरा भी ख़ुशी और दुख का कारण न होकर राह का एक हमसफ़र होता है। आप एक-दूसरे के लिए विक्रम और वैताल नहीं होते। एक-दूसरे से ख़ुशी निचोड़ने के लिए साथ नहीं होते। एक-दूसरे की ख़ुशी साझा करने, बढ़ाने के लिए साथ होते हैं। दोनों को अपनी-अपनी ख़ुशी से लबालब भरे रहना होता है, तभी प्यार प्यार रहता है, नहीं तो वह सिर्फ़ ज़रूरत होती है। आज छह साल बाद भी अखिल और मैं साथ ही हैं। शायद इसीलिए कि हम दोनों अपनी-अपनी ख़ुशियाँ ढूँढ़ना सीख गए हैं।

हाँ, तो मैं कह रही थी कि नीना की माँ उससे ख़ुश नहीं थीं। लेकिन नीना को उससे ज़्यादा फ़र्क़ पड़ता नहीं दिखता। तभी वो अलग-अलग रहते थे! विचार न मिलते हों तो सिर्फ़ किराया बांटने या बचाने के लिए साथ-साथ नहीं रहना चाहिए।

***

उसकी माँ ने तो हमें बुलाने से इंकार कर दिया, लेकिन नीना मुझे पूरे दिन शहर दिखाती रही। वह मुझे अपने फ़ेवरेट कैफ़े में लेकर गई। वह तीस साल से इस शहर में है तो यहाँ की गली-गली से वाक़िफ़ है। कभी-कभी मुझे जलन होती है ऐसे लोगों से। मैं शहर बदलती रहती हूँ इसलिए शायद इस तरह से जान-पहचान नहीं रहती। जब तक कुछ होती है, तब तक दूसरे शहर चली जाती हूँ। नीना को ऐसा नहीं लगता, वह अलग-अलग शहरों में जाना चाहती है। वह भी ठीक है। जब मैं दस साल पुणे में रही तो वहाँ से जाने के अलावा और कुछ नहीं सोचती थी। कहीं भी, बस वहाँ से दूर। सबका अपना-अपना स्वभाव होता होगा। मेरा तो बदलता रहता है।

शाम को मैं यूनिवर्सिटी जाकर अपना कैमरा ले आई और घर जाते वक़्त इंडियन डिनर बनाने का सामान भी। कई मसाले नीना के घर में थे, और कुछ मुझे बाहर मिल गए। डिनर हम दोनों ने मिलकर बनाया और उसके बॉयफ्रेंड जनाब बालकनी में मैगज़ीन पढ़ते रहे। भारतीय घरों में तो यह बात आम दिखती है। लंदन में भी किसी भारतीय घर में जाइए, रसोई में चाकरी करती महिलाएँ ही मिलेंगी। चाहे नौकरी करने मियाँ-बीवी दोनों ही जाते हों! यहाँ नीना के जनाब जब बालकनी में बैठे तो मुझे वाक़ई थोड़ा अजीब लगा। सोचा कि शायद इन्हें अंग्रेज़ी नहीं आती, इसीलिए अकेले वहाँ जमे हुए हैं। लेकिन खाने के बाद जनाब ने जब सारे बर्तन उठाकर ख़ुद ही साफ़ कर दिए तो मन कुछ हल्का हुआ।

***

रात में मैं यहाँ से स्विट्ज़रलैंड जाने के साधन ढूँढ़ती हूँ, लेकिन उस वक़्त कोई लिफ़्ट नहीं है। बस भी नहीं है। अगला सबसे सस्ता साधन है ट्रेन, लेकिन उसका भी टिकट यहाँ से सौ यूरो का है। मेरे पास कोई और चारा नहीं है। सुना है, स्विट्ज़रलैंड में ट्रेन का रास्ता बड़ा सुंदर है। मैं अपने इस सफ़र की पहली सबसे महँगी टिकट कटाकर सो जाती हूँ।

११

बर्न : इन्सानियत का वह ठिकाना!

स्विटज़रलैंड के बर्न शहर के लिए मैंने टिकट कटा ली थी। वहाँ रहने का इंतज़ाम पहले से ही था। अब केवल टिकट का प्रिंट आउट लेना बाक़ी था। सुबह ग्यारह बजे की ट्रेन थी तो मुझे लगा कि उससे पहले तो प्रिंट आउट ले ही लूँगी। यहाँ ज़्यादातर घरों में प्रिंटर होते हैं और ज़ेरोक्स और प्रिंटिंग की दुकान आम तौर पर नहीं दिखतीं। हालाँकि अभी जब नीना का प्रिंटर ख़राब पड़ा है तो मेरे पास कोई और चारा भी नहीं था। सुबह-सुबह बाहर निकली तो सामने एक फ़ोटो-स्टूडियो दिख गया। लगा, यहाँ प्रिंट मिल जाना चाहिए। लेकिन बाहर नोटिस लगा था कि किसी पारिवारिक वजह से आज वह बंद है। बीस-पच्चीस मिनट तक दुकान-दुकान घूमती रही, लेकिन कहीं प्रिंटर नहीं मिला। फिर एक-दो लोगों से यह भी पूछ डाला कि वे अपने घर का प्रिंटर इस्तेमाल कर लेने दें, लेकिन वहाँ भी कुछ बात नहीं बनी। मैं घर आ गई।

टिकट इतना महँगा था, प्रिंट नहीं मिलने से बेकार हो जाएगा तो बहुत बुरा होगा। नीना मेरी परेशानी समझ मुझे बताती है कि यहाँ टिकट कुछ समय तक वैलिड रहता है, अभी वाली नहीं तो शाम वाली ट्रेन ले लेना। यह जानकर मेरे मन को थोड़ी शांति मिली। मैं फिर भी नाश्ता कर के फटाफट निकल पड़ी। कहीं स्टेशन के आसपास या उसके अंदर ही प्रिंट लेने का कोई इंतज़ाम हो! स्टेशन

पहुँची तो जिस ट्रेन के लिए मेरा टिकट था, उसका ऑफ़िस एकदम सामने ही था। मैं अंदर गई और वहाँ बैठे सज्जन को अपने फ़ोन पर जैसे ही मैंने टिकट दिखाया, उन्होंने बिना कुछ कहे या पूछे मुझे मेरे टिकट का प्रिंट आउट थमा दिया। ये लो! इतनी भर बात की उतनी परेशानी सुबह से? कई बार बहुत बड़ी दिखने वाली मुसीबतें सबसे पिद्दी होती हैं!

मैं रास्ते के लिए पानी, फल आदि स्टेशन से ख़रीद लेती हूँ। अंदर खाना-पीना जाने कितना महँगा हो। डबल डेकर ट्रेन बहुत शानदार है। अंदर बढ़िया कुर्सियों के सामने टेबल लगे हैं। भीड़ बिलकुल भी नहीं है। मैं अन्दर सवार होकर एक बढ़िया खिड़की वाली सीट पर जम जाती हूँ। बर्न आख़िरी शहर है—यह सोचकर कुछ शांति-सी है, आगे कोई और होस्ट नहीं ढूँढ़ना है। बस, लिफ़्ट मिल जाए बर्न से पेरिस के लिए, फिर एक दिन सुमन के पास रुककर घर का खाना खाऊँगी। ख़ूब सारी बातें करूँगी, चाय पीऊँगी और सोऊँगी। अब बर्न की शायद फेरी भर लगा आना है। चलो, यह भी सही! स्विट्ज़रलैंड घूमी—कहने को यह तो हो ही जाएगा, और क्या?

मैं अपना खाने-पीने का झोला खोलने ही वाली होती हूँ कि टिकट चेकर आ जाता है। एक तो यह भी अजब बात है, ट्रेन में बैठते ही भूख लगती है! ख़ैर, मैं अपना टिकट दिखाती हूँ तो वह मुझे उठने को कहता है। वह कहता है कि यह फ़र्स्ट क्लास का डब्बा है! ये लो, तभी भीड़ बिलकुल नहीं है! मैं अपना बैग लटका, ट्रेन के अंदर-अन्दर नॉन-फर्स्ट-क्लास डब्बों की तरफ़ बढ़ती हूँ। यहाँ तो कोई सीट ख़ाली ही नहीं है। फर्स्ट क्लास में कोई बैठने वाला नहीं है और यहाँ कोई सीट ही नहीं है। टिकट चेकर ने कोई बढ़िया बात तो नहीं की! ख़ाली जगह से उठाकर भीड़ में भेज दिया। बहुत ढूँढ़ने के बाद एक बारह-तेरह साल की बच्ची के सामने वाली सीट मिली। वह भी अपने परिवार के साथ सीट न मिलने के कारण दूर बैठी थी या उसको अकेले बैठने का शौक़ था, पता नहीं! ख़ैर, जो भी हो, यहाँ टेबल-वेबल न थी।

रास्ते के दृश्य काफ़ी-काफ़ी पहलगाम और गुलमर्ग से मिलते-जुलते दिख रहे थे। सुंदर नीली झीलें और उनको घेरे हरे पहाड़। बीच में दो-एक क़िस्मत वालों के घर। जाने कैसे लोग होते होंगे जो यहाँ रहते हैं! झील के किनारे, पहाड़ों के बीचोबीच। ये भी क्या देश-विदेश घूमने जाते होंगे? इस जन्नत से दूर एक भी दिन कैसे बिताते होंगे या 'दूसरी तरफ़ की घास ज़्यादा

हरी'—वाली बात यहाँ भी लागू होती होगी? बहरहाल, यहाँ वाली घास है तो बेशक ज़्यादा हरी!

***

मेरी ट्रेन ज़्यूरिख होते हुए, बर्न लगभग चार बजे शाम पहुँच गई। राज की बात बताऊँ, बर्न स्विट्ज़रलैंड की राजधानी है—यह मुझे नहीं पता था। शनिवार का दिन था, मेरे होस्ट ने मुझे सात-आठ बजे घर बुलाया था। मेरे पास चार घंटे थे तो मैंने सोचा कि बाहर किसी कैफ़े में बैठकर समय बिता लिया जाए। शहर में फिरने को अभी इतना मन नहीं था। स्विट्ज़रलैंड एकदम स्विट्ज़रलैंड जैसा था, बाक़ी यूरोप से बिलकुल अलग। चौड़ी-चौड़ी सड़कों पर सरपट भागती नई-नवेली ट्रामें, ऊपर बिजली के तार, स्टारबक्स, कोस्टा, मैकडोनाल्ड चेन्स, हर जगह फ़्री वाई-फ़ाई और बेइंतिहा महँगाई! वैसे तो मुझे स्टारबक्स की कॉफ़ी में केमिकल मिले होने का शक होता है, लेकिन पानी और बाथरूम की फ़्री सर्विस पाने के लिए मजबूरी में यहाँ भी जा ही सकती हूँ। लेकिन यह क्या? जहाँ बाक़ी यूरोप में कॉफ़ी तीन यूरो की थी, यहाँ छह यूरो की। यह ठीक है कि स्विट्ज़रलैंड की करेंसी स्विस फ्रैंक है, लेकिन यूरो भी चल जाता है। फ्रैंक और यूरो का रेट वैसे भी बराबर ही रहता है।

छह यूरो की कॉफ़ी तो नहीं पी जाएगी अपन से, वो भी स्टारबक्स में! कोई बढ़िया लोकल कैफ़े-वैफे हो तो इंसान फिर भी सोच ले। केमिकल भरे कप

के लिए तो छह यूरो नहीं दिए जाएँगे। ख़ैर, मैं पानी पीकर निकल ली। पहले सोचा कि स्टेशन पर लॉकर रूम ढूँढ़ू, फिर थोड़ा इधर-उधर फिरूँगी, उसके बाद बस लेकर होस्ट के घर। फिर जाने क्यों लगा कि वापस स्टेशन जाने का मन नहीं है, और शहर देखने का भी नहीं। दरअसल, अब भीड़ में जाने का मन नहीं था। मेरा फ़ोन तो मर चुका था, लेकिन मुझे यह पता था कि यहाँ से घर लगभग सात-साढ़े सात किलोमीटर है। मैंने सोचा क्यों न पैदल बढ़ा जाए, गलियाँ भी दिख जाएँगी और घर भी पहुँच जाऊँगी। समय भी है और फ़ुर्सत भी।

मैं कुछ देर अंदाज़ से चली, फिर एक महिला से रास्ता पूछा तो उसने बताया कि ग़लत रास्ते बढ़ रही हूँ, और वापस मोड़ दिया। भाषा की दिक़्क़त नहीं है यहाँ, चार-चार ऑफ़िशियल भाषाएँ हैं। जर्मनी से लगने वाले हिस्से के लोग जर्मन बोलते हैं, फ्रांस के साथ लगने वाले फ्रेंच, इटली के साथ लगने वाले इतालियन और स्विट्ज़रलैंड की एक प्रतिशत एथनिक आबादी की भाषा है—रोमांश। जिस देश में इतनी भाषाएँ एक साथ हों, वहाँ इन सबके बीच सम्पर्क क़ायम करने के लिए तो आ ही जाती है अंग्रेज़ी। यह भी क्या अजब बात है न कि इंग्लिश लोग कहीं भी चले जाएँ, दुनिया के किसी भी कोने में, वहाँ भी लोगों से इंग्लिश समझने और बोलने की अपेक्षा रखते हैं? सोचती हूँ, हम कभी होनोलुलु जाएँ और वहाँ के लोगों से हिंदी जानने की अपेक्षा करें! वैसे चीनी लोगों ने काफ़ी बदला है इन हालात को। कोई अँगरेज़ अब चीन जाता है या चीनी लोगों से मिलने की सोचता है तो चाइनीज़/मैंडरिन जानकर ही मिलना चाहता है। लंदन में जगह-जगह बच्चों को मैंडरिन सीखते देखा जा सकता है। हिंदी तो ख़ैर, हमारे ही बच्चे नहीं सीखते, औरों को क्या कहें!

पहली बार हिंदी की कमी मुझे तब खली थी जब राजस्थान में मेरे साथ घूमती मेरी ब्राज़ीलियन और जर्मन दोस्त फटाफट अपनी-अपनी भाषा में वीडियो बना लेती थीं। जैसे रास्ते में चल रहे हों, कुछ सामने दिलचस्प दिखे तो कैमरा लेकर अपनी भाषा में रिकॉर्डिंग चालू! मैं ऐसा कभी नहीं कर पाती थी। मुझे पहले दिमाग़ में स्क्रिप्ट सोचनी पड़ती, शब्द खोजने पड़ते, वाक्य जचाने पड़ते। तब तक वह दिलचस्प चीज़ पीछे रह जाती या आगे निकल जाती। मैंने सुना था कि ब्लॉग तो इंग्लिश में ही लिखे जाते हैं, वीडियो तो इंग्लिश में ही फटाफट बोलकर बनाये जाते हैं। मैंने अपने देश में सिर्फ़ इंग्लिश ट्रैवल शो देखे थे। भारत देश में घूमने वाली भारतीय लड़कियाँ बढ़िया इंग्लिश में बात करती हैं और वही कूल समझा

जाता है। फिर भी मुझे इंग्लिश में बोलना तो ठीक, लेकिन साथ-साथ वीडियो बनाना, साथ में सोचना भी, बेहद कठिन लगता था। इधर हिंदी में तो कभी बारहवीं के बाद लिखा या बोला था ही नहीं। मैं अपना ब्लॉग इंग्लिश में लिखती थी। पहले लिखती, फिर कई दिनों तक एडिट करती। अपनी दोस्त अनुप्रिया से ग्रामर चेक कराती, फिर डरते-डरते पोस्ट करती। लेकिन उन लड़कियों को देखकर लगा कि अपनी भाषा में बोलना कितना आसान है। और वे तो बिना शर्म और झिझक के फटाफट फ़ेसबुक पर पोस्ट भी कर देती हैं! उनका तो फ़ेसबुक अकाउंट भी उनकी अपनी ही भाषा में है। उनका फ़ोन भी उनकी भाषा में है। वो मेल भी अपनी भाषा में लिखती हैं। हद है!

लेकिन मुझे हिंदी आती भी ठीक से कहाँ थी ? हिंदी के तो कितने सारे शब्द ही भूल गई थी। फिर मेरी भाषा क्या थी ? क्या है ? क्या मेरी कोई भाषा नहीं ? मुझे उस वक़्त इतना ठगा-सा महसूस हुआ कि मैंने ठाना कि अब इंग्लिश सीखने की उम्र तो नहीं है, हिंदी अच्छे से बोलना सीखूँगी। और चाहे लोग कूल बोलें या फूल, अपनी बात हिंदी में कहूँगी, हिंदी लिखूँगी। जिस भाषा में सोचती हूँ, उसी भाषा में लिखूँगी। और तब से यात्रा इतनी आसान हो गई है न कि क्या कहने! मैं अपनी बात हिंदी में बग़ैर एडिट किए या बिना ग्रामर की परवाह किए लिख देती। दिमाग़ से जैसे एक बोझ-सा उतर गया! तब मैंने ठानी कि अपने बच्चों को एक भाषा में तो माहिर बनाऊँगी, चाहे वह जापानी ही क्यों न हो। लेकिन एक भाषा जिसमें वे लिखना, पढ़ना, बोलना, सोचना, कहना, सपने देखना— सब कर पाएँ। बिना झिझक के। बिना कूल-फूल की परवाह किए अपने-आप को व्यक्त कर पाएँ।

***

अब मैं उस नेक महिला के बताए रास्ते पर बढ़ने लगी। वैसे मैंने अपनी डायरी में रास्ते में पड़ने वाली सड़कों के नाम नोट कर लिए थे तो एकदम से गुम होने के मौक़े कम थे। रास्ते लगभग ख़ाली थे। दो-चार गाड़ियाँ सड़कों पर थीं। मेरे रास्ते पर ट्राम भी नहीं

थी और चलने वाले लोग तो थे ही नहीं। रास्ते भर में जगह-जगह दीवारों पर ग्राफ़िटी बनी थी। यहाँ की ग्राफ़िटी थोड़ी अलग थी। यहाँ आक्रोश वाली ग्राफ़िटी नहीं थी। यहाँ की ग्राफ़िटी में ॐ बना था। एक नहीं, कई जगहों पर। ध्यान करती आकृतियाँ थीं। फूल बने थे। जंगल बने थे। 'ॐ शांतिः शांतिः' लिखा था। मैं सोचने लगी, क्या सचमुच आर्थिक पूर्ति के बाद ही आध्यात्मिक पूर्ति की तलब होती है! स्विट्ज़रलैंड दुनिया के सबसे अमीर देशों में है। यहाँ के लोगों की पर-कैपिटा इनकम दुनिया में आठवें नंबर पर है। 2015 में हुए एक सर्वे के मुताबिक़ यहाँ के लोग ख़ुश भी दुनिया में सबसे ज़्यादा हैं! जाने कैसे होते हैं ये सर्वे, मेरे पास तो आज तक कोई मेरा सुख-दुख जानने नहीं आया! क्या ऐसा सिर्फ़ शहर का एक कोना था? कई बार आप एक कोना देखते हैं और अपनी बात गढ़ लेते हैं। उसी शहर का दूसरा कोना कुछ और कह रहा होता है। फ़िलहाल मेरे कोने में सड़कों पर घूमती बिल्लियाँ थीं, घरों में सेब के पेड़ थे, खुली सड़कें थीं, दीवारों पर बना 'ॐ' था, और थी—शांति-शांति!

मुझे चलते हुए एक-डेढ़ घंटा हो चुका था। अभी तक मेरे होस्ट के घर वाली रोड नहीं आई थी। मुझे जाना था स्च्वार्जेनबर्ग स्ट्रास! मैं फ़िलहाल चल रही थी कोनिज़्स स्ट्रास पर। स्ट्रास ज़रूर स्ट्रीट से निकला होगा। मैं अभी लिख तो रही हूँ स्पेलिंग देखकर, लेकिन मैं इन्हें बोल नहीं सकती। तो मैं लिखा हुआ दिखाकर रास्ता पूछती हूँ। अभी तक तो ठीक ही रास्ते पर चल रही हूँ। लेकिन भूख ख़ूब ज़ोर की लग आई है। यहाँ घर एकदम खुले-खुले में बने हैं, बीच में ढेरों पार्क-वार्क हैं। साइकिल चलाने के मैदान हैं।

एक सुपर मार्केट जैसा कुछ दिखाई देता है। मुझे भूख लगी है। तभी मसालों संग कुछ फ्राई होने की महक आती है। शायद अपनी तरफ़ का कुछ है! अंदर जाकर पता चलता है कि यह एक तुर्की दुकान है। अंदर महिलाएँ और पुरुष दोनों हैं। शायद यह एक ही परिवार है। कुछ अधेड़ उम्र की महिलाओं ने सर पर हिज़ाब पहना है तो जवान लड़कियाँ कुर्ते में हैं। आदमी लोगों ने वेस्टर्न स्टाइल के कपड़े पहन रखे हैं। सहूलियत के अनुसार सबसे पहले आदमी ढलता है, संस्कृति का बोझ औरतों को सौंपकर। फिर धीरे-धीरे महिलाएँ भी बदलती हैं, लड़-झगड़ कर। आपने कभी ग़ौर किया है, आदमी को अपनी सहूलियत के अनुसार ढलने के लिए किसी से लड़ना नहीं पड़ता। वह जैसे चाहे बदल जाता है, क्योंकि उसके ऊपर संस्कृति को ढोने का भार नहीं होता। उसे अपने शॉर्ट्स या टी-शर्ट को

जस्टिफ़ाई नहीं करना पड़ता। लेकिन एक महिला को पर्दे से निकलने के लिए जाने कितने झंडे उठाने पड़ते हैं। वह उससे लड़ती है, जो ख़ुद जब चाहे बदल गया, लेकिन फिर भी 'कल्चर्ड' रहना चाहता है! ख़ुद जब चाहे दाढ़ी-मूँछ कटा ली, लुंगी पहन ली या पतलून, उसे झंडे नहीं उठाने पड़ते अपनी सहूलियत के मुताबिक़ बदलने के लिए।

***

यह एक बड़ा-सा सुपर मार्केट था, जिसमें एक तरफ़ तुर्की सामान था और दूसरी तरफ़ ताज़े खाने के स्टॉल। ऐसे शहरों में जहाँ बाहर के देशों से बहुत-से लोग आकर बस गए हैं, वहाँ ऐसी दुकानें आम होती हैं। लंदन में भी चाइनीज़, इंडियन, वियतनामी आदि देशों के सुपर मार्केट आम तौर पर देखने को मिल जाते हैं। ज़्यादातर ये ऐसी जगहों पर होते हैं, जहाँ उस देश के लोग ज़्यादा संख्या में रहते हैं। जैसे लंदन के ईस्ट हैम, वेम्ब्ली और साउथ हॉल इलाक़ों में बहुत सारी ऐसी दुकानें हैं। वहाँ गुड़, शक्कर, बेसन, आटा, दालें, पापड़, अचार, हल्दी, करी पत्ता, भिंडी, करेला आदि भारतीय चीज़ें आसानी से मिल जाती हैं, जो किसी और आम दुकान में मिलना मुश्किल होती हैं।

इस दुकान में खाने वाली जगह पर दो-तीन टेबल-कुर्सियाँ रखी थीं और कुछ गद्दियाँ नीचे बिछी थीं। गद्दियों पर बढ़िया साफ़-सफ़ेद कपड़ा बिछा था और बीच में कम ऊँचाई की एक मेज थी। यह शायद इस परिवार के खाने की जगह थी। लगता था, ये लोग अभी-अभी अपना खाना खाकर उठे हैं। खाने की ख़ुशबू तो थी, लेकिन खाना नहीं था। ख़ाली दो-चार नान दिखते थे। ख़ुशबू से और भी भूख लग आई थी। मुझे तो ये नान भी मिले तो चल जाएगा।

मैं कुछ खाने को माँगती हूँ तो एक महिला मुझे फालाफेल और मिर्ची की चटनी एक नान में लपेटकर दे देती है। उन्हें ज़रूर लगा होगा कि मैं उनकी तरफ़ की हूँ, तभी इतना तीखा बनाकर दिया है। उन्हें क्या पता कि एक भारतीय लड़की यूँ डोलते हुए उनकी दुकान में आ टपकेगी! एक अधेड़ महिला मुझसे तुर्की में कुछ बात करने की कोशिश करती है। जब मैं अपने तुर्की ना आने पर माफ़ी माँगती हूँ तो वह टूटी-फूटी अंग्रेज़ी में बात करने की कोशिश करती है। उसकी कोशिश सुनकर जवान लड़के-लड़कियाँ हँसते हुए, तुर्की में उसका मज़ाक़ बनाते हैं। वह भी हँसती है और अपनी कोशिश जारी रखती है।

आज शनिवार के कारण शायद इन्हें जल्दी दुकान बंद करनी है। वे मुझे थोड़ा जल्दी करने को कहती हैं। कहती तो वे तुर्की में है, लेकिन मैं समझ जाती हूँ। वो जल्दी में है, फिर भी आनन-फानन में मुझे तुर्की कॉफ़ी बनाकर देती हैं। वह इतनी कड़वी है कि मैं उनका मन रखने के लिए, एक घूँट में सारी की सारी गटक जाती हूँ!

चलते-चलते मैं रास्ता पूछती हूँ तो एक मर्द सामने आते हुए मुझे आगे से बाएँ मुड़ने को कहता है। आगे पंद्रह-बीस मिनट दूर मेरी मंजिल है।

***

पंद्रह-बीस मिनट हो गए हैं। मेरा बैग इतना भारी हो गया है कि क्या बताऊँ! सब देशों के सोविनियर भरे हैं। बीस किलो के तो वही होंगे! लेकिन मेरे ठिकाने का कोई अता-पता नहीं है। सड़क तो वही है, लेकिन नंबर क्यों नहीं दिख रहा है! अब पैर जवाब देने लगे हैं। मैं थककर एक दुकान में घुसकर रास्ता पूछती हूँ। और ये लो! मैं बीस मिनट से उलटे रास्ते पर चल रही हूँ। बाएँ नहीं, दाएँ मुड़ना था! इतनी गालियाँ मुँह से निकलीं कि क्या बताऊँ! मतलब, अब बीस मिनट वापस उसी दुकान तक जाने में, और फिर बीस मिनट वहाँ से आगे दूसरी दिशा में! क्यों-क्यों-क्यों, क्यों बताते हैं लोग रास्ता, जब नहीं मालूम होता तो! उन्हें मेरे कंधे पर लटका भारी-भरकम बैग नहीं दिखा? एक बार तो मन किया कि बस ले लूँ। लेकिन मैं भी तो इतनी अड़ियल न, कि सोचा—इतनी दूर आ गई, अब बस लेनी पड़ी तो क्या फ़ायदा? वैसे पता भी कहाँ था कि कौन-सी बस लेनी है। मैं किसी तरह अपने-आप को धक्का लगाते हुए चलती हूँ। बस, यह आख़िरी शहर। बस, एक बार ठिकाने पहुँच जाऊँ, फिर कल पूरा दिन कहीं नहीं जाना। बस, सोना और चाय पीना। बस, थोड़ी दूर और...

मैं बीच में रुक-रुककर लगभग पचास मिनट और चली, उसके बाद आख़िर मुझे अपने होस्ट के घर का नंबर दिखाई पड़ ही गया। जैसे हमारे यहाँ सरकारी क्वार्टर वाले घर होते हैं एकदम

वैसे थे! एक बिल्डिंग में तीन-तीन फ़्लैट। मेरे होस्ट के घर के दरवाज़े पर लिखा था—'Come as you are'—जैसे हो वैसे आना—मैं पढ़ती हूँ। मेरे होस्ट मैन्युअल ने दरवाज़ा खोला तो मैंने कहा कि बड़ी थकी हुई आई हूँ। फ़्लैट में तीन बेडरूम थे और एक हॉल। मैन्युअल जो कि चौबीस-पच्चीस साल का रहा होगा, उसका हमउम्र फ़्लैटमेट जोशुआ था। इन दोनों के अलावा एक और फ़्लैटमेट था जो छुट्टी पर गया था, दरअसल उसी का कमरा मुझे दे दिया गया था। जिस हिसाब का घर था, उससे यह लगता नहीं था कि किसी स्टुडेंट का घर होगा। सब सुख-सुविधाओं से लैस, अच्छा-ख़ासा घर था। रसोई में सब तरह के मसाले, दाल, चावल, यहाँ तक कि राजमा तक था! मैन्युअल बताता है कि वह तीन महीने इंडिया घूमकर आया है।

आप सोच सकते हैं, इंडिया में वह कहाँ घूमकर आया है? नहीं, कोशिश भी मत कीजिएगा। वह मार्च से जून तक—गर्मियों में भारत में रहा और रुका सहारनपुर में! फतेहपुर सीकरी में! हरियाणा, राजस्थान, यूपी और हिमाचल प्रदेश के और भी छोटे-छोटे गाँवों में! मेरा तो दिमाग़ ही जैसे सुन्न हो गया जान-सुन कर! यह गोरा-चिट्टा चौबीस बरस का स्विस लड़का सहारनपुर में क्या कर रहा था? ऐसे-ऐसे गाँवों में जहाँ होटल भी नहीं हैं। क्या खा रहा था वहाँ यह? क्या पहन रहा था? कर क्या रहा था वहाँ?

मन के सवालों को कुछ देर के लिए किनारे कर मैंने चाय चढ़ा दी। मैन्युअल अदरक वाली चाय से अच्छे-से वाकिफ था। जोशुआ भी आ गया था तो मैंने तीन कप बना ली। चाय लेकर हम छोटी बालकनी में बैठ गए। जोशुआ मेडिकल की पढ़ाई कर रहा है और मैन्युअल फिजियोथेरेपी की। ख़र्च निकालने के लिए वह रोज़ रात आठ बजे से ग्यारह बजे तक पिज़्ज़ा डिलिवरी करता है। यहाँ का मिनिमम वेज लंदन से दुगुना है। तभी कॉफ़ी का दाम भी दुगुना था! जोशुआ इंटर्नशिप करके अपना खर्चा निकालता है। जोशुआ के माँ-बाप भी इसी रोड

पर दूसरी तरफ़ रहते हैं। यह साफ़ बात है कि एक उम्र के बाद यहाँ लोग अपने माँ-बाप के साथ नहीं रहते। अपना घोंसला अलग बनाते हैं, इसीलिए काम ढूँढ़ने की भी जल्दी रहती है। ज़्यादातर लोग स्कूल के बाद एक-दो साल का गैप ईयर लेकर नौकरी करके, अलग रहने के लिए पैसे जोड़ते हैं। सीधे कॉलेज अधिकांश वही लोग जाते हैं, जिन्हें फुल स्कॉलरशिप मिला हो। वह भी इंटर्नशिप या पार्ट-टाइम काम करके, बिल भरने का ख़र्च जुटाते हैं। माँ-बाप के अमीर या ग़रीब होने से इसका कोई ताल्लुक़ नहीं है।

जोशुआ हर रविवार को अपने माँ-बाप से मिलने और उनके साथ डिनर करने जाता है। उसकी बहन भी पास ही रहती है। वह भी आ जाती है तो फुल फ़ैमिली डिनर हो जाता है।

मैन्युअल का कमरा क़ुरआन के अलग-अलग अनुवादों से भरा पड़ा है। गीता के भी दो छोटे एडिशन दिखते हैं। बाइबिल भी रखा है। कमरे के पर्दों पर गीता सार लिखा है। यह क्या चक्कर है? मैन्युअल मुझसे धर्म की बातें करने को आतुर है। वह धर्म पर मेरी राय जानना चाहता है। वैसे तो मैं स्पष्ट रहती हूँ धर्म को लेकर और काफ़ी हद तक मेरी अपनी दोटूक राय है उसके बारे में, लेकिन इसके घर का माहौल देखकर मुझे थोड़े धैर्य की ज़रूरत लगी। मैं अपने, मैन्युअल और जोशुआ के बीच हुई बातचीत यहाँ लिख दे रही हूँ :

मैं : धर्म में तुम्हारी काफ़ी दिलचस्पी दिखती है! इतनी सारी किताबें? सब पढ़ ली हैं या बस इकट्ठी करने का शौक़ है?

मैन्युअल : (मेरा सवाल नज़रअंदाज़ करते हुए) क्या तुम धर्म को नहीं मानती?

मैं : मुझे धर्मों में यक़ीन नहीं। होते होंगे अच्छे, लेकिन जितनी मार-काट धर्म के नाम पर मची है, उससे तो कोई-न-कोई बड़ी गड़बड़ दिखती है धर्म में।

मैन्युअल : लेकिन ज़रूरी नहीं कि हर धार्मिक इंसान बुरा हो या कट्टर हो!

मैं : बिलकुल ज़रूरी नहीं।

मैन्युअल : धर्म को अच्छे से समझने की ज़रूरत है। लोगों ने अपने अनुसार इसके ग़लत मतलब निकाले हैं, अपने फ़ायदे के लिए।

मैं : अगर बिना समझे काम चलता हो तो क्या बुराई है? अगर किसी चीज़ के इतने भयंकर मतलब निकल सकते हैं तो पढ़ने का रिस्क लिया ही क्यों जाए? और जिस तरह से औरतों को दबाने में धर्म

ने योगदान दिया है वह तो भयानक है। इस्लाम को ही लो, कैसे औरतों को धर्म के नाम पर काले कपड़ों में ढँक दिया है! और यह धर्म ही हो सकता है, जिसे लोग किसी भी रूप में स्वीकार लेते हैं। कोई और वजह होती तो औरतें लड़तीं, लेकिन धर्म के नाम पर ख़ुशी-ख़ुशी लिपट जाती हैं। वैसे ही हिंदू धर्म में सती-प्रथा भी कभी रही है और अभी भी बाल विवाह जैसी बुराइयाँ हैं ही। पति-परमेश्वर की रक्षा के लिए व्रत-उपवास तो जाने कितने ही रखने होते हैं, चाहे ख़ुद के शरीर में ख़ून की बूँद न हो!

मैन्युअल : (मुझे बीच में रोक कर) मैं मुसलमान हूँ और मैं कट्टर नहीं! मुझे भी औरतों के हालात पर दुख होता है। मैं जबरदस्ती कुछ भी थोपने पर यक़ीन नहीं करता। क़ुरआन को ग़लत समझा गया है।

अब मैं थोड़ा सकते में आ गई। मुझे नहीं पता था कि वह मुसलमान है। हालाँकि मैं अपने मुसलमान दोस्तों के सामने भी यह तर्क रखती हूँ, लेकिन वह मेरा दोस्त नहीं था। मैं उसके नाम में मुसलमान होने के सबूत ढूँढ़ने लगी। थोड़ा सहज होने की कोशिश करती हूँ।

मैं : मैंने क़ुरआन नहीं पढ़ी है। कहने को गीता भी नहीं पढ़ी है। लेकिन जिन किताबों को इतना जस्टिफ़ाई करना पड़े, उनमें कुछ-न-कुछ गड़बड़ तो ज़रूर है। मैं धर्म को नहीं मानती। इसका मतलब यह नहीं कि मैं इंसानियत को नहीं मानती। कोई किसी को मारे-काटे नहीं, धर्म के नाम पर जलाए नहीं, दूसरे इंसान की इंसान के नाते इज़्ज़त करे, धर्म के नाते नहीं—तो क्या यह ज़्यादा सही नहीं? तुम्हें नहीं लगता कि कोई भी धर्म जोड़ने से ज़्यादा तोड़ता है?

मैन्युअल : तुम इंसानियत की बात कहती हो। इस्लाम भी तो यही कहता है। जो सब इंसानों की इज़्ज़त करे, ख़ुदा के सब बन्दों से प्यार करे, क़ुरआन के अनुसार वही मुसलमान है। तुम भी मुसलमान हो। इस बात को मानने वाले सभी मुसलमान हैं। नाम महत्वपूर्ण नहीं है, सन्देश महत्वपूर्ण है।

मैं : हिंदू धर्म के लोगों से भी मैंने कुछ इसी तरह की बातें सुनी हैं। वो भी कहते हैं कि सब हिंदू हैं! बग़ैर किसी धर्म का नाम लिए-दिए नहीं चल सकता क्या? तुम भले इंसान हो या धर्म ने तुम्हें भला बनाया है? मैं मानती हूँ, अच्छा इंसान बिना धर्म के भी अच्छा है और बुरा धर्म के बावजूद भी बुरा।

मैन्युअल : क्या तुम हिन्दू हो?

मैं : पता नहीं।

मैन्युअल : तुम्हारे माता-पिता ?

मैं : शायद। तुम्हारे ?

मैन्युअल : मेरे माता-पिता पहले काफ़ी लिबरल थे। लेकिन अब मेरे पिता काफ़ी कट्टर हो गए हैं। वे एक प्रोटेस्टेंट ईसाई हैं। मैंने अभी नौ महीने पहले इस्लाम अपनाया है।

मैं : कैसे अपनाया ?

मैन्युअल : मुझे चर्च की बातें नहीं जमती थीं। सब ढकोसला लगता था। बाइबिल का डोग्मा मुझे जमा नहीं। एक दिन मेरे बॉस के भाई ने मुझे क़ुरआन की एक कॉपी दी। मैंने धीरे-धीरे उसे पढ़ना शुरू किया। मैं इंडिया गया तो सब धर्मों के बारे में जानने ही गया था। क़ुरआन अपने साथ लेकर गया था। मैं बनारस में धार्मिक हिन्दुओं के घर और फ़तेहपुर सीकरी में सलाफी मुसलमानों के घर पर रुका। फिर मैंने नवंबर में इस्लाम कबूल कर लिया। यह शांति और प्यार का धर्म है।

मैं : हम्म्म।

मैन्युअल : मैं बहुत कट्टर मुसलमानों के साथ में था। सुन्नी बनने के चार महीने बाद मुझे पता लगा कि क़ुरआन ही असली है, और सब सेकेंडरी लिखाइयाँ जो हैं उनकी कोई प्रामाणिकता नहीं है। सुन्नाह मोहम्मद के बाद हुए इमामों की बात सुनते हैं। ये कहीं-कहीं क़ुरआन को कंट्राडिक्ट भी करते हैं। तब मैंने उन लोगों का साथ छोड़ दिया। मैं मुसलमान नहीं, सबमिटर हूँ। मैं क़ुरआन को इलहाम मानता हूँ, जैसा रशद ख़लीफ़ा कहते हैं। कुछ दिनों से मुझे कन्वर्ज़न शब्द अटपटा लगने लगा है। मैं तो वैसा ही हूँ, मैं बदला नहीं हूँ!

मैं : तुम्हारे घर वालों, दोस्तों और आस-पास के लोगों का क्या रिएक्शन था ?

मैन्युअल : पापा शुरू में थोड़े निराश हुए, लेकिन अब ठीक हैं। मेरे और उनके अच्छे संबंध हैं। मेरी माँ काफ़ी कुछ मेरे जैसी ही हैं, उनका बॉयफ्रेंड तो ध्यान करता है, भगवद्गीता और वेद भी जानता है।

यह जानकारी भी मेरे लिए नई थी कि उसके माँ-पापा अलग हो चुके हैं और वह अपनी माँ के बॉयफ्रेंड से प्रभावित भी है।

मैं : और दोस्त ?

मैन्युअल : मेरे दोस्त कट्टर ईसाई भी हैं, मुसलमान भी, नास्तिक भी और संशयवादी भी। हमारी ख़ूब गरमा-गरम बहस होती थी, लेकिन ज़्यादा एग्रेसिव मैं ही होता था, मेरे दोस्त नहीं।

जोशुआ : (जो अब तक सिर्फ़ हमारी बातें सुन रहा था) मैन्युअल मेरा दोस्त है। यह एक मुसलमान है। एक बेहद नेक इंसान है। मुसलमान सुनकर ही किसी को ग़लत ठहरा देना तो ग़लत है न! मैं धर्म को नहीं जानता, लेकिन उसकी इज़्ज़त तो कर सकता हूँ।

मैं : जो चीज़ हज़ारों-लाखों लोगों के क़त्ले-आम की जिम्मेदार हो, औरतों को पत्थर से मारने, जलाने की जिम्मेदार हो, मैं उस चीज़ की इज़्ज़त नहीं कर सकती। मैं किसी भी धर्म की इज़्ज़त नहीं करती। कोई एक फ़ायदा बताओ धर्म का, बस एक जो सिर्फ़ धर्म ने किया और उसके बिना वह मुमकिन नहीं होता ?

मैन्युअल : चर्च के नाम पर लोग चैरिटी करते हैं। वह ग़रीबों में जाती है। लोग धर्म के नाम पर बीमारों की सेवा करते हैं। तुम नाम पर मत जाओ, सन्देश देखो।

मैं मन-ही-मन सोचती हूँ, ग़रीब आख़िर हैं ही क्यों ? लोग बिज़नेस और पॉलिटिक्स में लूट-खसोट करते हैं, फिर चर्च जाकर सेवा कर देते हैं। अपना पल्ला झाड़ लेते हैं। अगर धर्म सच में ग़रीबी मिटाना चाहता तो सोने-चाँदी के मंदिरों के बजाय, लोगों के रहने के लिए घर क्यों नहीं बनाता ? धर्म को किसी ने अच्छाई करने के लिए बनाया होगा या लोगों को डराने लिए ? या डरकर लोगों ने ही ख़ुद इसे बना लिया था ?

मैं : क्या सन्देश है बाईबल का ?

मैन्युअल : ख़ुदा से पूरे दिल और दिमाग़ से, आत्मा से प्यार करो। अपने पड़ोसी से अपने जैसा प्यार करो।

मैं : कौन है ख़ुदा ? बिना जाने कैसे प्यार करूँ ? और पड़ोसी से जलन होती हो तो ? नफ़रत होती हो तो ? जबरदस्ती कैसे प्यार करूँ ?

मैन्युअल : ख़ुदा की बनाई चीज़ें ख़ुदा हैं। ख़ुदा की चीज़ों से प्यार करो और पड़ोसी नहीं अच्छा लगता तो उसको अकेला छोड़ दो! (अब वह हँस रहा था)

मैं : इतनी कम उम्र में तुम्हारी धर्म में कैसे इतनी दिलचस्पी हो गई ?

मैन्युअल : पता नहीं, लेकिन मैं शुरू से ही ऐसा था। मुझे—मैं कौन हूँ—जानने में दिलचस्पी थी। मेरा और दुनिया का क्या कनेक्शन है, मुझे यह जानना था। और धर्म के पास कुछ जवाब थे। तुम क्या किसी चीज़ में यक़ीन नहीं करती ?

मैं : अरे, बिलकुल करती हूँ! हम यूँ ही थोड़ी हैं! मैं अपने होने पर यक़ीन करती हूँ। मैं तुम्हारे होने पर यक़ीन करती हूँ। मैं जिस पर यक़ीन

करती हूँ, उसका शायद कोई नाम नहीं है। लेकिन कुछ है तो जो बड़ी-बड़ी चट्टानों के नीचे छिपे फूल से लेकर सूर्यमंडल तक का ध्यान रखता है। मैं उस पर यक़ीन करती हूँ। मैं अपने अंदर बैठे सुख, दुख, ग़ुस्से, जलन, नफ़रत, प्यार, वासना, लालच, दया, ईमानदारी, बेईमानी पर यक़ीन करती हूँ। मैं यह सब हूँ, इस पर यक़ीन करती हूँ। मेरे कर्म मेरे हैं, नतीजा मेरा नहीं हैं, इस पर यक़ीन करती हूँ। मैं सिर्फ़ मैं ही नहीं, इस बड़े ब्रह्मांड का एक हिस्सा भी हूँ, इस पर यक़ीन करती हूँ। मुझे कुछ पता है, और बहुत कुछ नहीं पता, इस पर यक़ीन करती हूँ। मैं तुम्हारी सचाई और झुठाई दोनों पर यक़ीन करती हूँ। मैं बहुत यक़ीन करती हूँ। (अब हम दोनों हँस रहे थे।)

जाने क्या कारण है, सेक्स और धर्म दो ही ऐसी चीज़ें हैं, जिनके ऊपर मैं पूरा-पूरा दिन बतिया सकती हूँ। One that I love and One that I hate!

***

सुबह जोशुआ ने शहर के कुछ मैप निकाल रखे हैं। वह मुझे शहर की देखने लायक ख़ास जगहों के बारे में बताता है। वह कहता है कि स्विट्ज़रलैंड शहरों में नहीं, पहाड़ों पर है। लेकिन मुझे वह वाला स्विट्ज़रलैंड नहीं देखना था, मुझे तो इसी शहर वाले स्विट्ज़रलैंड में दिलचस्पी थी। मैन्युअल मेरे लिए एक सैंडविच बना देता है। वह बताता है कि शहर बहुत महँगा है, पानी भी साथ लेकर जाऊँ तो अच्छा रहेगा। उनकी बातों में ऐसी आत्मीयता थी, उनके कर्मों में ऐसी नेकी थी, उनके हाव-भाव में ऐसी इज़्ज़तअफ़ज़ाई थी कि मेरे पास शब्द नहीं थे उन्हें धन्यवाद करने को। ऐसे धार्मिक लोगों से मुझे कोई दिक़्क़त नहीं है!

दो जवान अनजान लड़कों के घर में मैं ऐसा महसूस कर रही थी, जैसा मैंने कभी अपने रिश्तेदारों के बीच भी नहीं किया था! वे मेरे दोस्त, भाई, गाइड, होस्ट सब बन गए थे। यह जिसे दुनिया संस्कृति या कि कल्चर कहती है, अगर ऐसी हो तो मैं उसको सर पर रखकर नाचूँ! अगर कोई धर्म इंसान को ऐसा बनाता हो तो मैं उसको पलकों पर बिठाऊँ, सबको कन्वर्ट करने वाली मिशनरी बन जाऊँ!

मैं शहर की ओर नाचते हुए बढ़ रही थी। जैसे इस शहर में मुझे वह "चीज़" ज़रूर मिल जाएगी जिसकी मुझे तलाश है। वह एक चीज़ जो मुझे एकदम अनजान शहर में आज़ादी का ऐसा अहसास दिला रही है। मैं एकदम नए शहर

में एकदम अनजान लोगों के साथ रुक कर, अनजान सड़कों पर देर-सवेर, रास्ते-बेरास्ते चलते-भटकते, नाचते-गाते, सोते-जागते, एकदम सुरक्षित और निश्चिंत महसूस कर रही हूँ! वह चीज़ मुझे यहाँ ज़रूर मिलेगी जिसे मैं दिल्ली और रोहतक की गलियों में छोड़ देना चाहती हूँ। जहाँ मैं पैदा हुई, पली-बढ़ी, पढ़ी-लिखी, जहाँ मैं तमाम लोगों को जानती हूँ, जहाँ के क़ायदे-क़ानून, भाषा-ढंग पहचानती हूँ; लेकिन इस उम्र तक जहाँ इस तरह निश्चिंत, बेफ़िक्र, बेपरवाह नहीं चल-घूम पाई।

मैं उस चीज़ के बिना वापस नहीं जाऊँगी! मुझे इस आज़ादी को अपने खेतों, अपने गाँवों, अपने शहरों में महसूस करना है। मुझे यूँ ही निश्चिंत बेफ़िक्र घूमना है, रोहतक की गलियों में। मुझे वह चीज़ 'विकास नगर' की उस गली में छोड़ देनी है, जहाँ वह लड़का मेरी छाती पर हाथ मारकर भाग गया था। सोनीपत बस स्टैंड के उस मोड़ पर छोड़ देनी हैं, जहाँ से गुज़रते वक़्त मुझे गंदे इशारों, टिप्पणियों से नवाज़ा जाता था। दिल्ली की उन बसों में छोड़ देनी है, जहाँ वह आदमी जिप खोलकर मेरे पीछे रगड़ने की कोशिश कर रहा था। उस घर में छोड़ देनी हैं, जहाँ मेरी दोस्त के पिता ने मेरा क़द और वजन नापने के बहाने मेरे पूरे शरीर पर अपना लिजलिजा हाथ फिराया था। उस ट्रेन के स्लीपर कोच में छोड़ देनी है, जहाँ वह आदमी रात को मेरी चादर के नीचे कुछ ढूँढ़ने आ गया था।

क्यों नहीं चलने देते तुम मुझे? क्यों मुझे रह-रहकर नज़रों से नंगा करते हो? क्यों तुम्हें मैं अकेली चलती नहीं सुहाती? मेरे महान देश के महान नारी-पूजको, जवाब दो। मेरी महान संस्कृति के रखवालो, जवाब दो! मैं चलते-चलते जैसे चीख़ने लगती हूँ। मुझे बताओ मेरी कल्चर के ठेकेदारो, क्यों इतना मुश्किल है एक लड़की का अकेले घर से निकलकर चल पाना? जो समाज एक लड़की का अकेले सड़क पर चलना बर्दाश्त नहीं कर सकता, वह समाज सड़ चुका है। वह कल्चर जो एक अकेली लड़की को सुरक्षित महसूस नहीं करा सकती, वह गोबर कल्चर है। उस पर तुम कितने ही सोने-चाँदी के वर्क चढ़ाओ, उसकी बास नहीं रोक पाओगे, बल्कि और धँसोगे। मेरी बात सुनो, इस गोबर को जला दो। मैं चीख़ रही हूँ ज़ोर-ज़ोर से...जला दो, जला दो!

चीख़ते-चीख़ते अब मैं रोने लगी थी—मैं वह चीज़ लिए बिना नहीं जाऊँगी ...मैं ज़ोर-ज़ोर से गालियाँ देती रही। मैं चीख़-चीख़कर रोती रही। मैं रास्ते में चलते लोगों से वह चीज़ माँगती रही। प्लीज़, मुझे वह चीज़ दे दो। मैं अपने देश

ले जाना चाहती हूँ। मैं अपने देश में जीना चाहती हूँ। मैं अपने देश में चल सकना चाहती हूँ। वैसे जैसे चलना चाहिए किसी भी मनुष्य को, क्या मर्द, क्या औरत! बेफ़िक्र, बेपरवाह, स्वतंत्र मन और स्वतंत्र विचार से, स्वतंत्रता के अहसास से!

***

मैं बर्न से ट्रैन में बैठकर आ गई फ्रांस के बॉर्डर से लगते एक गाँव में। सुबह-सुबह पेरिस के लिए लिफ़्ट मिलनी थी। स्टेशन पर आधा घंटा पहले ही पहुँच गई थी। दुकानें अभी-अभी खुल रही हैं। ताज़े ब्रेड और गरम दूध की ख़ुशबू आ रही है। मेरा चाय पीने का मन है। मेरे पास फ्रैंक नहीं हैं, कियोस्क चलाने वाली महिला के पास सिर्फ़ फ्रैंक हैं। मेरे पास सिर्फ़ बँधे यूरो हैं, और वह छुट्टे उतना ही चाहती थी जितने की चाय थी। कार्ड चलता नहीं! मैं बिना चाय लिये चुपचाप बाहर आकर बैठ जाती हूँ।

थोड़ी देर में वह मुझे चाय देने आ जाती है—"अब बना दी थी, यों ही वेस्ट हो जाती।" हम दोनों मुस्कुराते हैं।

***

सुमन छोले-चावल बनाकर मेरा इंतज़ार कर रही है। हम जैसे कभी अलग हुए ही नहीं थे। हम दोनों शाम की चाय पर बतिया रहे थे। मेरे पास बताने को बहुत कुछ था और जैसे कुछ भी नहीं था। एक महीने बाद मैं वहीं थी, जहाँ से शुरुआत की थी। लग रहा था, जैसे बीच में एक उम्र बीत गई या वह रात का कोई हसीन सपना था? मैं जाने कैसे इतना कुछ जानकर भी हलकी थी। मैं कुछ जी कर आई थी, कुछ जीना सीखकर आई थी।

लंदन पहुँचकर मेरा एक स्कूल में इंटरव्यू था। मुझे जैसे पहले से पता था, क्या होना है। उन्हें मुझसे क्या पूछना है, मुझे क्या बोलना है।

स्कूल की गर्मियों की छुट्टियों में फिर दुनिया में दूसरी ओर जाऊँगी। मैं फिर से बताऊँगी।

***

सबके बाद, हमवतन लड़कियों के नाम

मेरी ट्रिप यहीं ख़त्म होती है। यहाँ से पेरिस और फिर वहाँ से वापस लंदन, बस! लेकिन मेरी यात्रा अभी शुरू हुई है और तुम्हारी भी। तुम चलना। अपने गाँव में नहीं चल पा रही तो अपने शहर में चलना। अपने शहर में नहीं चल पा रही तो अपने देश में चलना। अपना देश भी मुश्किल करता है चलना तो यह दुनिया भी तेरी ही है, अपनी दुनिया में चलना। लेकिन तुम चलना। तुम आज़ाद बेफ़िक्र, बेपरवाह, बेकाम, बेहया होकर चलना। तुम अपने दुपट्टे जला कर, अपनी ब्रा साइड से निकाल कर, खुले फ्रॉक पहनकर चलना। तुम चलना ज़रूर!

तुम चलोगी तो तुम्हारी बेटी भी चलेगी, और मेरी बेटी भी। फिर हम सबकी बेटियाँ चलेंगी। और जब सब साथ चलेंगी तो सब आज़ाद, बेफ़िक्र और बेपरवाह ही चलेंगी। दुनिया को हमारे चलने की आदत हो जाएगी। अगर नहीं होगी तो आदत डलवानी पड़ेगी, लेकिन डर कर घर में मत रह जाना। तुम्हारे अपने घर से कहीं ज़्यादा सुरक्षित यह पराई अनजानी दुनिया है। वह कहीं ज़्यादा तेरी अपनी है। बाहर निकलते ख़ुद पर यक़ीन करना। ख़ुद पर यक़ीन रखते हुए घूमना। तू ख़ुद अपना सहारा है। तुझे किसी सहारे की ज़रूरत नहीं। तुम अपने-आप के साथ घूमना। अपने ग़म, अपनी ख़ुशियाँ, अपनी तनहाई—सब साथ लिए-लिए इस दुनिया के नायाब ख़जाने ढूँढ़ना। यह दुनिया तेरे लिए बनी है, इसे देखना ज़रूर। इसे जानना, इसे जीना। यह दुनिया अपनी मुट्ठी में लेकर घूमना, इस दुनिया में गुम होने के लिए घूमना, इस दुनिया में खोजने के लिए घूमना। इसमें कुछ पाने के लिए घूमना, कुछ खो देने के लिए घूमना। अपने तक पहुँचने और अपने-आप को पाने के लिए घूमना; तुम घूमना!